Uni-Taschenbücher 1323

W0190556

Eine Arbeitsgemeinschaft der Verlage

Birkhäuser Verlag Basel · Boston · Stuttgart
Wilhelm Fink Verlag München
Gustav Fischer Verlag Stuttgart
Francke Verlag München
Harper & Row New York
Paul Haupt Verlag Bern und Stuttgart
Dr. Alfred Hüthig Verlag Heidelberg
Leske Verlag + Budrich GmbH Opladen
J. C. B. Mohr (Paul Siebeck) Tübingen
R. v. Decker & C. F. Müller Verlagsgesellschaft m. b. H. Heidelberg
Quelle & Meyer Heidelberg
Ernst Reinhardt Verlag München und Basel
K. G. Saur München · New York · London · Paris
F. K. Schattauer Verlag Stuttgart · New York
Ferdinand Schöningh Verlag Paderborn · München · Wien · Zürich
Eugen Ulmer Verlag Stuttgart
Vandenhoeck & Ruprecht in Göttingen und Zürich

Hans Peter Henecka

Grundkurs Soziologie

Leske Verlag + Budrich GmbH, Opladen 1985

CIP-Kurztitelaufnahme der Deutschen Bibliothek

Henecka, Hans Peter:
Grundkurs Soziologie / Hans Peter Henecka. –
Opladen: Leske und Budrich, 1985.
(UTB für Wissenschaft: Uni-Taschenbücher; 1323)

ISBN: 3-8100-0494-4

NE: UTB für Wissenschaft / Uni-Taschenbücher

© 1985 by Leske Verlag + Budrich GmbH, Leverkusen
Gesamtherstellung: Presse-Druck Augsburg
Einbandgestaltung: Alfred Krugmann, Stuttgart
Printed in Germany

Vorwort

Dieses Buch soll als „Grundkurs" eine elementare Einführung in den Gegenstand, die Grundbegriffe und die Methode der Soziologie vermitteln. Es richtet sich deshalb vor allem an Studienanfänger, die sich – im Haupt- oder Nebenfach – auf das Wagnis der Soziologie eingelassen haben. Darüber hinaus zählen zu den Adressaten dieses einführenden Textes Studenten aller Lehrämter, für die im Rahmen ihrer erziehungswissenschaftlichen Ausbildung soziologische Inhalte in den Studienplänen und Prüfungsordnungen zum verbindlichen Kanon gehören. Und – last not least – ist dieses Buch geschrieben worden für alle jene interessierten „Laien", die sich – aus welchen Gründen auch immer – einen handlichen und verständlichen Zugang zur soziologischen Perspektive erhoffen.

Didaktisch orientiert an der Konzeption von Peter L. Berger, demzufolge die wissenschaftliche Erstbegegnung mit der Soziologie durchaus als „Einladung" realisiert werden kann, soll dieser Grundkurs sowohl von der sprachlichen wie von der inhaltlichen Seite den Leser für soziologische Fragestellungen und Sichtweisen motivieren.

Durch die Annahme dieser „Einladung" soll der Leser neue Einsichten gewinnen in das mitmenschliche Zusammenleben, in die sozialen Prozesse des Handelns, Denkens und Fühlens sowie in gesellschaftlich-politische Zusammenhänge, die der Alltagserfahrung gemeinhin versperrt bleiben. Da das tägliche Leben in der Gesellschaft betriebsblind macht, sind besondere Anstrengungen notwendig, die soziale Welt in ihrer Entwicklung und Struktur, ihrer Dynamik und Beharrlichkeit, ihren Wirkungen und Anforderungen neu zu entdekken. Hierzu gehören beispielsweise Fragen, was Menschen veranlaßt, sich zusammenzutun, welche Formen des sozialen Lebens dabei entstehen, was sich in diesen abspielt, wie der einzelne dadurch in seinem Verhalten beeinflußt wird usw.

Mit dieser Einführung sollen zunächst die notwendigen Grundlagen geschaffen werden für die soziologische Perspektive, mittels derer gesellschaftliche Erscheinungen und Vorgänge betrachtet und „verstanden" werden können (= Beitrag zur diagnostischen Qualifikation). Ferner soll der Grundkurs in exemplarischer Absicht eine Hinführung zu den sozialwissenschaftlichen Erkenntnis- und Untersuchungsmethoden leisten (= Beitrag zur methodischen Qualifikation). Und schließlich sollen über eine bloße Vermittlung semantischer Bedeutungen hinaus pragmatische Benutzungsregeln vermittelt werden, die es dem Leser erlauben, gesellschaftliche Phänomene und Prozesse in ihren vielfältigen Zusammenhängen und Verursachungen besser beobachten, erklären und beurteilen zu können (= Beitrag zur professionellen Qualifikation).

Einladungen sind häufig mit neuen Bekanntschaften verbunden, die neue Einladungen auslösen. Diese Funktion erfüllen die am Ende jedes Abschnittes angebotenen Hinweise zur vertiefenden und ergänzenden Lektüre. Die Annahme dieser Einladungen seien dem Leser herzlich empfohlen, da dem Autor die Unvollständigkeit und die Subjektivität seiner thematischen Auswahl sehr wohl bewußt ist: Das Ausmaß an Systematik und fachwissenschaftlicher Information erfuhr sein Korrektiv durch die gewählte didaktische Orientierung.

Entstanden ist das vorliegende Buch aus einem Fernstudienprojekt des Deutschen Instituts für Fernstudien (DIFF) an der Universität Tübingen. Den Kollegen aus dem wissenschaftlichen Beirat sowie den Mitarbeitern der Projektgruppe „Politische Bildung" bin ich für ihre anregende und ermutigende Kritik sehr verbunden.

Heidelberg, im August 1984   *Hans Peter Henecka*

Inhalt

1. Kapitel
Ansatzpunkte und Grundthemen soziologischen
Denkens 11

4. Kapitel
Soziologisches Messen und Prüfen 141

Übersicht über Abbildungen und Tabellen

1. Kapitel: Ansatzpunkte und Grundthemen soziologischen Denkens

1.1 Wir und die anderen: Das Rätsel der Gesellschaft

Mit Adam und Eva kann man auch in der Soziologie beginnen. Denn als sich die beiden im Paradies zum ersten Mal begegneten, waren sie vermutlich außer sich vor Staunen über dieses erste Rendezvous. Und in ähnlicher Weise mag es einem neugeborenen Kind ergehen, das zum ersten Mal seiner Mutter oder seines Vaters gewahr wird und im ersten Lächeln die „Taufrische dieses ersten gesellschaftlichen Erlebnisses" (*Berger & Berger* 1974:12) zum Ausdruck bringt. Kurz: die Verwunderung über die Tatsache, *daß* Menschen *miteinander* leben ist unser erster Schritt auf dem Weg zur Soziologie.

Da wir nicht allein auf dieser Welt leben, sondern in irgendeiner Form immer mit einzelnen anderen und in Gruppen verbunden sind, stellt die Erfahrung des anderen und der anderen — längst bevor wir darüber nachdenken und grübelnd forschen — den Zusammenhang her zu allem, was uns umgibt: die Natur, die Technik, die Kunst und Wissenschaft, die Politik und die Wirtschaft, die Religion usw. Denn auch die Erfahrungen mit diesen Bereichen werden uns von anderen vermittelt, aufbereitet und interpretiert. So sind die „anderen", auf die wir zeitlebens angewiesen sind und mit denen wir — wenn auch manchmal unter Mühen und Enttäuschungen — zusammenleben und zusammenarbeiten, für uns eine grundlegende und lebenslängliche Erfahrung, die wichtigste und entscheidenste Lebenserfahrung obendrein. Oder anders ausgedrückt: *Wir befinden uns immer schon in einer von Menschen gestalteten Kultur. Ohne sie ist menschliche Existenz nicht denkbar.*

Manchmal denken wir über uns selbst und die anderen nach. Ausgelöst werden solche „besinnlichen" Anlässe meist durch unerwartete oder krisenhafte Situationen, durch persönliches Betroffensein und durch ein unerklärliches Unbehagen: Wir wundern uns oder ärgern uns gar über unsere Mitmenschen, die sich plötzlich ganz anders verhalten als wir gehofft oder befürchtet haben. Wir durchschauen unsere eigene Situation nicht mehr und beginnen an uns selbst und unseren Fähigkeiten zu zweifeln. Wir kommen aus dem Gleichgewicht des Alltagstrotts, weil sich Entwicklungen abzeichnen, mit denen wir nicht gerechnet haben. Einschlägige Alltagserfahrungen aus dem privaten Bereich wären etwa eine unvorhergesehene Konflikt- oder Entscheidungssituation, der Verlust eines geliebten Partners, eine Veränderung unserer vertrauten Umwelt; im öffentlichen Bereich könnten solche „Anstöße" beispielsweise ausgelöst werden durch zunehmende Arbeitslosigkeit, Inflation und Energiekrise, durch politische Spannungen oder das Aufkommen von neuen Technologien, die unser bisheriges berufliches Wissen in Frage stellen und uns zum Umdenken und Umlernen zwingen usw. usf. Wir verstehen die Welt plötzlich nicht mehr und fühlen uns abhängig oder bedroht von anonymen, gesichtslosen Mächten und Kräften oder undurchschaubaren Entwicklungen, deren Ursprung, Absichten und Wirkungen wir nicht mehr erkennen und auch nicht mehr kalkulieren können.

Daneben stehen unsere gewöhnlichen Routineerfahrungen mit anderen und uns selbst. Es sind die Erfahrungen des üblichen Alltags, die wir im großen und ganzen gemacht haben und immer wieder in gleicher oder sehr ähnlicher Weise machen. Alltägliche Erfahrungen und Erlebnisse, Vorgänge ohne Überraschungen und voller Selbstverständlichkeiten, die uns (darum) auch kaum noch bewußt werden, erregen oder zu einer Auseinandersetzung herausfordern. Wir kennen ja das Leben und wissen, „wo es lang geht".

Wir haben feste Vorstellungen darüber, wie die anderen beschaffen sind, meinen die anderen deshalb auch „richtig" einschätzen zu können und verhalten uns ihnen gegenüber jeweils entsprechend. Ohne viel darüber nachzudenken wissen wir, daß es Menschen und Gruppen gibt, die „über uns" stehen und denen „es besser geht" und andere, die „schlechter dran" sind als wir; wir wissen, daß damit auch in unterschiedlichem Maße Macht, Einfluß und gesellschaftliches Ansehen verbunden ist. Wir argumentieren bei der Verteilung der häuslichen Arbeiten mit dem „Wesen der Frau" und haben recht gute Vorstellungen darüber, was hierbei dem Mann zukommt. Wir haben gelernt, daß unsere Lebensbereiche in der *Familie*, im *Beruf* oder in der *Freizeit* teilweise recht verschieden sind und wissen ziemlich genau, wie „man" sich jeweils in typischen Situationen zu verhalten hat, wie „man" sich beispielsweise zu bestimmten Anlässen zu kleiden pflegt, wie „man" sich eben hier oder dort begegnet und grüßt, wie „man" bei dieser oder jener Gelegenheit miteinander umgeht und miteinander spricht, ob „man" sich kühl und distanziert gibt oder sich persönlich einbringt, mitteilt und engagiert usf.

Wir und die anderen folgen hierbei weitgehend denselben *Spielregeln* und *Routinen*, deuten unsere jeweiligen Handlungen und Verhaltensweisen gleich oder zumindest ähnlich. Der Großteil unseres Alltags und unserer Begegnungen mit anderen folgt so bereits weitgehend vorgespurten Linien fester *gegenseitiger Erwartungen*: Wir stellen beispielsweise montags und donnerstags morgens unsere Mülleimer vor die Haustüre und verlassen uns darauf, sie am Abend geleert vorzufinden; wir gehen zum Bäcker, um dort mit Brötchen bedient zu werden; wir besteigen die Tram der Linie 7, weil wir wissen daß sie uns zum Bahnhof bringt; wir bedanken uns beim Nachbarn der in unserer Abwesenheit das Paket für uns in Empfang nahm.

Ohne die vertrauten Erwartungen, Gewißheiten und Regelmäßigkeiten unseres Alltags wäre ja überhaupt keine vernünftige Verständigung und gegenseitig verläßliche Orientierung möglich. Zwar mag der Routinecharakter unserer gesellschaftlichen Erfahrungen hinsichtlich der traditionellen Verhaltensregeln und eingeschliffenen Machtverteilungen, der eingespurten Informationsprozesse und üblichen Sitten und Gewohnheiten ziemlich eintönig und langweilig sein, gelegentlich gar von uns als unliebsame Einengung und ärgerlicher Zwang beklagt werden, doch wirkt er in den täglich neu geforderten Entscheidungssituationen auch *entlastend* und gibt uns die notwendige *Verhaltenssicherheit* im Umgang miteinander.

Das Gegenteil hierzu könnte man sich vielleicht gedanklich ausmalen: Alle Leute müßten bei jedem Zusammentreffen jeweils neu ihr Verhältnis zueinander bestimmen und könnten jeweils willkürlich die Regeln ihres jeweiligen Verhaltens und Handelns festlegen. Wenn es so etwas überhaupt gäbe — was nicht der Fall ist — wäre es für alle Beteiligten zumindest außerordentlich anstrengend. Stellen wir uns beispielsweise vor, es gäbe keine kulturelle Konvention bei der Begrüßung eines Fremden: wir wüßten nicht, ob wir die Hand schütteln, ihn küssen, unsere Nasen aneinander reiben oder ihm ins Gesicht spucken sollten! Es kann angenommen werden, daß wir unter solchen Bedingungen alle sehr schnell einen Nervenzusammenbruch erlitten oder gar den Verstand verlieren würden.

Wenn uns nun gelegentlich — halb verwundert, halb ärgerlich — die Eintönigkeit und Langeweile unserer Alltagsroutinen aufstößt oder wir vielleicht tiefergreifend über irritierende Ereignisse, die wir in unser vertrautes Weltbild nicht mehr einordnen können, reflektieren, beschäftigen wir uns bereits mit dem *Gegenstand der Soziologie*, – meist ohne zu wissen, daß das, worüber wir gerade räsonnieren, überhaupt eine *soziologische Frage* ist. Denn wenn wir beginnen, über solche Erfahrungen nachzudenken, versuchen wir die Vielfalt unserer Eindrücke und Erlebnisse zu ordnen und zu interpretieren. Wir versuchen, trotz lauter Bäume, den Wald zu sehen.

Auch Soziologie sucht nach Ordnungen. Sie versucht, in den alltäglich erlebten Vorgängen „Gewebe aus immer wiederkehrenden Verhaltensmustern" (*Berger & Berger*) zu erkennen und hierbei die Bedingungen zu erschließen, unter denen Menschen zusammen leben und zusammen arbeiten. Und sie untersucht darüber hinaus, die mehr oder weniger konstanten Beziehungsformen oder „Netzwerke", die zwischen Mensch und Mensch, zwischen Mensch und Gruppe, zwischen Gruppen und Gesellschaft entstehen, mehr oder weniger lange andauern, abgeschwächt oder verstärkt werden, sich verändern, sich auflösen oder ganz absterben.

Wie wir noch sehen werden, sind diese sozialen Gewebe oder Netzwerke, mit denen wir alltäglich bewußt oder unbewußt in Berührung kommen, der *eigentliche Gegenstand der Soziologie*. An ihnen läßt sich unsere soziale Welt als ein Gebilde erkennen, das in höchst komplexer Weise aus unzähligen Gewebsmustern zusammengesetzt („vernetzt") ist und das in unterschiedlicher Weise unsere Beziehungen zueinander bestimmt. So ist das Netz unseres noch unmittelbar überschaubaren Lebenskreises (z.B. Familie, Freundeskreis) in größere, schon komplexere Gewebe (z.B. Verwandtschaft, Nachbarschaft, Arbeitsplatz, Verein, Freizeitgruppen) eingebunden, diese in zunehmend unübersichtliche, ja oft unsichtbare, aber zuweilen auf höchst reale Art und Weise erfahrbare Netzwerke (wie z.B. Gemeinde, Berufsorganisationen, Kirchen, Parteien, Wirtschaft, Staat), verwickelt – bis hin zu einer fließenden Grenze (z.B. deutsche Sprachgruppe, Europäische Gemeinschaft, Industrienationen, westliche Hemisphäre, . . . „Weltgesellschaft"), an der die Verknüpfungen und Verbundenheiten immer schwächer werden oder ganz abbrechen.

Kurz und bündig formuliert: *Soziologie erforscht das Zusammenleben der Menschen, ihr zwischenmenschliches Verhalten und sucht dabei die gesellschaftlichen „Webmuster" und Verknüpfungszusammenhänge – die „Strukturen" und „Prozesse" der verschiedenen sozialen „Netzwerke" — zu beschreiben, zu analysieren und zu erklären.*

Zur vertiefenden und ergänzenden Lektüre

Peter L. Berger, Einladung zur Soziologie. Eine humanistische Perspektive.
(Darin insbesondere die Kapitel 1 „Soziologie als fröhliche Wissenschaft",
S. 11 - 34 und Kapitel 2 „Soziologie als Bewußtsein", S. 35 - 64). List
München 1971.

1.2 Die Gesellschaft als Erfahrungsfeld: Fallstricke des Alltagswissens und die soziologische Suche nach Ursachen

Es gibt Kritiker der Soziologie, die behaupten, Soziologie sei eine
Wissenschaft, die das, was jeder schon weiß, formuliert, daß es niemand mehr versteht. („Soziologie ist der Mißbrauch einer zu diesem
Zweck erfundenen Terminologie.") Dieser geläufige Vorwurf beinhaltet einen formalen und einen inhaltlichen Aspekt.

o Was die *formale* Seite soziologischer Aussagen betrifft, so muß
man auch als Soziologe zugeben, daß manche Fachvertreter durch
ihr „Soziologendeutsch" Sprach- und Verständnisbarrieren errichten, die in der Tat nicht geeignet sind, die Popularität des Faches zu fördern. Indem künstliche und sachlich nicht mehr vertretbare Kommunikationsschranken zwischen Öffentlichkeit und
Wissenschaft aufgebaut werden, deren Erkenntnisse lediglich einer
Handvoll „Eingeweihter" mehr oder weniger noch zugänglich
sind, erscheint der eigentliche Auftrag von Wissenschaft in Frage
gestellt: aufzuklären, Wissen zu vermitteln und damit auch einen
Beitrag zum „Ausgang des Menschen aus seiner selbstverschuldeten Unmündigkeit" (*Kant*) zu leisten. Dort und nur dort, wo sich
Soziologen hinter ihrer Fachsprache verschanzen, erscheint dieser
Vorwurf berechtigt. Allerdings ist dies nicht nur ein Problem der
Soziologen: „wissenschaftliches" Imponiergehabe läßt sich auch
bei Vertretern anderer Disziplinen beobachten, die gleichfalls
durch übermäßige und unnötige Strapazierung eines elitären Fachjargons ihre „besondere Kompetenz" auszuweisen trachten.

**Auf der anderen Seite sind jedoch wissenschaftliche Aussagen
nicht beliebig vereinfachbar, so daß festgehalten werden muß, daß**

die Soziologie – wie jede andere Wissenschaft auch – als Handwerkszeug bestimmte Begriffe benötigt, die bestimmte Sachverhalte präziser zu erfassen und zu bezeichnen in der Lage sind als
die teilweise unscharfe und „oberflächliche" Begrifflichkeit unserer Umgangssprache. Um die Einführung und Verwendung spezifischer Begriffe mit durch die besondere wissenschaftliche Perspektive klar definierten Sinngehalten kommt man auch in der Soziologie nicht herum! Insofern ist die Benutzung von bestimmten
Grundbegriffen und die Anwendung einer entsprechenden soziologischen Grammatik nicht nur wissenschaftlich legitim, sondern
auch sachlich geboten.

o Die *inhaltliche* Seite des einleitend zitierten Vorwurfs wiegt
schwerer. Denn in der Tat reden Soziologen oft von Dingen, von
denen jeder schon etwas weiß oder zumindest zu wissen glaubt.
Anders als etwa bei der Physik oder in der Medizin sind die Menschen ja im Bereich des „Sozialen" keine unbedarften Anfänger
mehr, sondern in gewissem Sinne „Amateursoziologen", wie der
amerikanische Sozialwissenschaftler *MacIver* bemerkte. Allein
schon aufgrund ihrer Biografie verfügen sie über Gesellschaftser-
fahrung und Alltagswissen, was einen Anspruch auf eine allgemeine soziale Kompetenz zu begründen scheint, – lange bevor die Soziologie als „Wissenschaft vom Sozialen" auf den Plan tritt.

Kennzeichnend für diese Art des Alltagsverständnisses ist, daß die
Menschen für fast jede Lebenssituation nicht nur bestimmte Rezepte
und Strategien zur Verfügung haben, sondern auch in der Regel
ganz präzise erklären können, warum beispielsweise Frau Schmidt
sich von Herrn Schmidt scheiden läßt, warum die Tina von Müllers
in der Schule nicht mitkommt und die Zwillinge von nebenan im-
merzu streiten und die Verbote des Hausmeisters mißachten.

Wie erklären die Leute im allgemeinen solche Probleme?
Wenn wir uns selbst einmal bei derartigen Gelegenheiten beobachten und kontrollieren könnten oder anderen bei ihren „Erklärungen"
aufmerksam und vielleicht etwas kritischer als üblich zuhören, werden wir rasch feststellen, daß bei der Konfrontation mit einem All-
tagsproblem bereits gewisse Vorstellungen über seine Ursachen „ab-
gerufen" werden. Persönliche Erfahrungen und übernommene Meinungen, allzuoft auch Vorurteile, spielen dabei eine wichtige Rolle.
So werden wohl im Hinblick auf bestimmte Probleme in der Regel
kaum sorgfältig abgewogene oder wohlüberlegte Gedanken und kla-

re, präzise Kausalketten entwickelt, sondern eher spontane, für „richtig" und „plausibel" gehaltene Deutungen der Situation, die für uns „wirklich so ist", zum Ausdruck gebracht. Die Alltagsprobleme werden von der eigenen Perspektive aus wahrgenommen und von den eigenen Werten, Normen und Überzeugungen her beurteilt. Ausgangspunkt ist jeweils das eigene, für „selbstverständlich" und „natürlich" gehaltene Bezugssystem. Die Sicht des anderen oder dessen Interpretation des Problems bleibt unberücksichtigt. Oft werden schnell „Etiketten" verteilt und komplexere Zusammenhänge auf bestimmte Beziehungen zwischen Personen oder auf deren „Eigenschaften" reduziert. Erfahrungen, die sich solchen Zuschreibungen entziehen, werden häufig fatalistisch als undurchschaubares Schicksal oder als in der Natur der Sache liegend begriffen.

Unser Alltagswissen und unser Alltagsverständnis bestimmen also, welche Zusammenhänge bei gewissen Problemfällen in unseren Gesichtskreis rücken, welche Faktoren wichtig sind. Oft wird das Denken dabei von bewertenden Kategorien und absoluten Begriffen wie „gut" und „böse", „schuldig" oder „unschuldig", „richtig" oder „falsch" geleitet; zudem werden unsere „Erklärungen" von den durch das Problem ausgelösten eigenen Gefühlen und Eindrücken überlagert und gesteuert:

Herr Schmidt ist ja „Alkoholiker", die 12jährige Tina flirtet mit einem „Rocker" (was offensichtlich in der Familie liegt, denn die Mutter hat ja seinerzeit auch schon „früh angefangen"), die Zwillinge sind „schlecht erzogen" oder vielleicht hat auch der Hausmeister eine „unsoziale Einstellung", weil er die Kinder nicht auf dem gepflegten Rasen spielen läßt. Für Frau Schmidt ist die Ehe sicher eine einzige Tortur, denn man „weiß" ja, daß Alkoholiker sehr labil sind, sich nicht beherrschen können und sich so ihr Schicksal selbst zuzuschreiben haben. Man „weiß" auch, daß bei „Frühreifen" die Triebhaftigkeit im Blut steckt, was man ja durch geeignete Erziehungsmaßnahmen sicherlich in den Griff bekäme. Und man „weiß", daß die Nachbarin depressiv ist und mit der Geburt der Zwillinge überfordert wurde und man kennt ja schließlich auch den Hausmeister, der im ganzen Viertel als Kinderschreck gilt.

Daß es sich bei diesen „Eigenschaften" um etwas handelt, das mit der „Veranlagung" der Betreffenden zu tun hat, wird hierbei oft stillschweigend vorausgesetzt. Daß es sich bei den beklagten Verhaltensweisen jedoch vielleicht gar nicht so sehr um individuelle Veranlagungen handeln könnte, sondern vielmehr eher um Eigenschaften, die sich erst unter ganz bestimmten *Bedingungen des Zusammenlebens* entwickelt haben, – diese Möglichkeit bleibt meist außerhalb unseres gewohnten Denkhorizonts.

- Oder denken wir daran, daß beispielsweise Alkoholismus weniger ein individuelles Problem ist, da dieses Problem ja besonders in Gesellschaften verbreitet ist, die den Alkoholkonsum als Zeichen der Männlichkeit und Lebensfreude ansehen oder auch als Seelentröster und Konfliktlöser empfehlen?
- Denken wir daran, daß bestimmte „Persönlichkeitseigenschaften" und bestimmte Ausdrucksformen des Protests (wozu „aggressive" wie „depressive" Formen zu rechnen sind) sich eigentlich erst im Anschluß an ganz bestimmte Erfahrungen und Erlebnisse in zwischenmenschlichen Beziehungsfeldern (z.B. in der Ehe, in der Familie, in der Verwandtschaft, in der Nachbarschaft, am Arbeitsplatz usw.) bilden?
- Oder denken wir daran, daß – wie beim Beispiel des „unsozialen" Hausmeisters – vielleicht auch eine mangelhafte Wohnungspolitik für Familien oder kinderfeindliche Leitbilder von Architekten, Baugesellschaften und Raumplanern eine Rolle spielen könnten?

Die „Gewißheit", mit der wir aus unserem Alltagsverständnis heraus derartige Probleme beschreiben und erklären wird eigentlich viel zu selten in Frage gestellt. Daher ist es auch kaum erstaunlich, wie selbstsicher und souverän wir im Umgang miteinander gewissermaßen „aus der Hüfte geschossene" Diagnosen abgeben, ohne die vielen komplexen Umweltbedingungen und Lebenserfahrungen zu kennen, die diese Menschen und ihre Probleme erst zu dem machten, was sie in den Augen der anderen sind.

Hier hat die Soziologie eine *kritische* und *aufklärende* Funktion. So macht sie darauf aufmerksam, daß die raschen Zuordnungen und „plausiblen" Zuschreibungen unserer privaten Alltagsinterpretationen nur allzuoft trügerisch sind und den tatsächlichen Problemhintergründen nicht gerecht werden. Es genügt nicht, irgendeine Meinung über ein Problem im zwischenmenschlichen Verhalten von sich zu geben, sondern diese Meinung muß an der konkreten Situation aufgewiesen, belegt und überprüft werden. Manche Erklärungen und Beschreibungen der Soziologie stimmen dann mit unseren bisherigen Meinungen und Überzeugungen nicht mehr überein. Manche beliebte „individualisierende" Denkfigur, manch gesellschaftlich akzeptiertes (und so bisweilen recht „nützliches") Argument, manche gewohnte und vertraute Vorstellung von der sozialen Welt wird hierdurch *fragwürdig.*. Doch im Aufwerfen solcher Fragen liegt nicht zuletzt der Wert der Soziologie. Oder um es mit Peter *Berger* zu formulieren: „Die erste Stufe der Weisheit in der Soziologie ist, daß die Dinge nicht sind, was sie scheinen" (*Berger* 1971: 32).

Indem sie ihr Erkenntnisinteresse vor allem auf die *sozialen* Bedingungen richtet, die hinter den beobachtbaren Tatsachen wirksam werden und indem sie auf die Einbettung vieler Probleme in umfassendere gesellschaftliche Strukturzusammenhänge aufmerksam macht, leuchtet die Soziologie Bereiche aus, die vom naiven Alltagsdenken oft ausgeblendet werden oder deren Zugang versperrt bleibt. Damit eröffnet uns die Soziologie neue, anregende Sichtweisen, die eine Hilfe sein können für ein neues und begründeteres, damit aber auch besseres Verständnis von uns selbst und von der Gesellschaft, in der wir leben.

Zur vertiefenden und ergänzenden Lektüre

Arbeitsgruppe Soziologie, Denkweisen und Grundbegriffe der Soziologie. Eine Einführung. (Darin Kapitel 1: „Die Soziologen – Notorische Besserwisser?''. S. 7 - 16). Campus: Frankfurt/Main 1978.
Peter L. Berger & Thomas Luckmann, Die gesellschaftliche Konstruktion der Wirklichkeit. Eine Theorie der Wissenssoziologie. (Darin Kapitel 1: „Die Grundlagen des Wissens in der Alltagswelt'', S. 21 - 48). Fischer: Frankfurt. Main 1974.

1.3 Soziologie als Wissenschaft von der Gesellschaft

1.3.1 Zum Begrifflichen: Was heißt „sozial''?

Wir haben bisher – ohne besondere Reflexion – die Wörter „sozial'' und „soziologisch'' benutzt bzw. von der „Soziologie'' gesprochen. Um Mißverständnissen vorzubeugen, soll vor unseren weiteren Überlegungen der Bedeutungsgehalt dieser elementaren Begriffe untersucht und unsere „grammatikalische'' Verwendungspraxis erläutert werden.

o Beginnen wir bei dem Wort *„sozial''*. Hier hat die klassische Feststellung *Senecas*, daß „es sozial sei, ein gutes Werk zu tun'' („beneficium dare socialis res est'', *Seneca*, De beneficiis, V. 11) die alltagssprachliche Sinngebung und Benutzung dieses Wortes bis heute beeinflußt.
Mit „sozial'' in diesem Sinne wird eine *ethisch-moralische* Haltung angesprochen, wie sie beispielsweise nach christlichem Verständnis in den Seligpreisungen der Bergpredigt zum Ausdruck gebracht wird: es ist „sozial'', den Armen und Behinderten zu helfen, Witwen und Waisen zu unterstützen, kranke und alte Menschen zu besuchen, Haftentlassenen eine berufliche Chance zu geben, für

Katastrophenopfer oder für die Hungernden in der Dritten Welt zu spenden. Dieses Sinnverständnis unterliegt auch noch der „säkularisierten" Redewendung, wenn wir umgangssprachlich von einem „sozialen Typ" sprechen, der heute seinen „sozialen Tag" hat, weil er beispielsweise einen ausgibt.

o Neben dieser menschenfreundlichen, durch das christliche Gebot der Nächstenliebe oder einen philanthropen Humanismus normativ bestimmten und meist durch eine persönliche Zuwendung zum Ausdruck gebrachten „sozialen" Handlung tritt mit der Entwicklung des modernen Staates, insbesondere mit der Entwicklung des Industrialismus und des expansiv sich entfaltenden Kapitalismus ein neuer Bedeutungsgehalt. In der sogenannten *„sozialen Frage"* verdichten sich jetzt Problembündel, die nicht mehr von einzelnen aufgrund privater ethisch-moralischer Verpflichtung und fürsorglichen Engagements gelöst werden können, sondern einer gemeinschaftlichen *politischen* Lösung zugeführt werden müssen. Das Wort „sozial" gewinnt jetzt eine öffentlich-politische Dimension, ausgedrückt etwa in Wortverbindungen wie „Sozialpolitik", „Sozialhilfe", „Sozialreform", „soziale Revolution" „soziale Gerechtigkeit" oder „Sozialstaat".

o In diesem Zusammenhang entsteht auch in programmatisch-politischer Zuspitzung das mit „sozial" verwandte Wort *„sozialistisch"*, das die Gesamtheit der Ideen und Bewegungen bezeichnet, die durch eine Verstaatlichung der Produktionsmittel und durch eine sozial gerechte Verteilung der Güter an alle Mitglieder der Gesellschaft (*Marx*) die Überwindung der durch die kapitalistische Industrialisierung geschaffenen, gesellschaftlichen und politischen Ungleichheiten und Klassenverhältnisse anstreben. Wie jedoch auch dieser ursprünglich aggressive, politisch-moralisch aufgeladene Begriff inzwischen desavouiert wurde, zeigt sich in der Tatsache, wie sich als „sozialistisch" bezeichnende Staaten mit höchst menschenfeindlichen Mitteln ihre Machtverhältnisse und ihre „neue Klasse" (*Djilas*) zu erhalten trachten.

o Neben dem moralischen und politischen Gebrauch des Wortes „sozial" im Sinne von „dem Gemeinwohl, der Allgemeinheit dienend, die menschlichen Beziehungen in der Gemeinschaft regelnd und fördernd und den (wirtschaftlich) Schwächeren schützend" (*Duden* 1980: 2431) erfährt dieser Begriff nun allerdings in seiner *wissenschaftlichen (soziologischen)* Verwendung eine entscheidende Erweiterung des Bedeutungsrahmens. Ausgehend von der Grundtatsache, daß der Mensch als „soziales Wesen" von anderen Menschen in hohem Maße abhängig ist, nur in Gemeinsamkeit vorkommt und nur darin existieren kann, wird als „sozial" hier schlechterdings jedes zwischenmenschliche Verhalten bezeichnet, gleichgültig ob es sich um „gute" Taten oder „schlechte" Formen des Miteinanderumgehens, um moralische Verbundenheiten oder unmoralische Verhaltensakte handelt. Es bezeichnet nicht nur die Werke der Nächstenliebe und Fürsorge, sondern ebenso Akte der Gleichgültigkeit und Ablehnung, der Inhumanität und Grausamkeit, des Wettbewerbs, der Auseinandersetzung oder des offenen Konflikts. In deutlichem Gegensatz zum normativen Alltagsgebrauch wird durch die bewußte Ausscheidung von einseitigen (positiven) Bewertungen und Gefühlen der wissenschaftliche Begriff des „Sozialen" *wertneutral* benutzt. Sozial in diesem Sinne sind nach einer Umschreibung von *Ross* „alle Phänomene, die wir nicht erklären können, ohne dabei den Einfluß des einen Menschen auf den anderen einzubeziehen" (*Ross* 1905: 7, zit. nach *Jager & Mok,* 1972: 22).

„Das Soziale in diesem Verständnis kann schöne und schreckliche Züge haben. Moralisch gesprochen kann es menschliche und unmenschliche Züge tragen; sozialwissenschaftlich gesehen ist es in jedem Falle menschlich, weil es zwischen Menschen geschieht, von ihnen gewollt und ausgeführt wird. Eine im moralischen Sinne unsoziale Handlung kann also im wissenschaftlichen Sinne durchaus sozial sein, weil das Wort als wissenschaftlicher Begriff die zwischen Menschen geschehenden Handlungen beobachtet und sehr viele Handlungen gar nicht in den Blick der Wissenschaft gerieten, wenn nur die moralisch ‚sozialen' beobachtet, die moralisch ‚unsozialen' wegen wertmäßiger Anschauungen der Wissenschaftler nicht beachtet würden. *Die neutrale Bedeutung des Wortes ‚sozial' ermöglicht also bessere Erkenntnis."* (Deichsel 1983: 20 ff).

1.3.2 Was sich Soziologen unter „Soziologie" vorstellen

Für diese „neutrale" Beschreibungsart menschlichen Handelns und Zusammenlebens verwendete zum ersten Mal (1837) der französische Sozialphilosoph Auguste *Comte* (1798 - 1857) „faute de mieux" den Namen „*Soziologie"*.

Comte selbst war über diesen uneleganten lateinisch-griechischen Wortbastard (socio- = Gemeinschafts-, Gesellschafts-; logie = Lehre,

Theorie, Wissenschaft) alles andere als glücklich. Eigentlich wollte er sein wissenschaftliches System in Anlehnung an die Naturwissenschaften „soziale Physik" nennen, doch sein Gegenspieler, der belgische Statistiker Adolphe *Quetelet* (1796 - 1874) veröffentlichte kurz vorher eine Untersuchung unter eben diesem Titel und „stahl" ihm so, wie Comte bitter bemerkt, seine Begriffsidee. Die Bezeichnung „Soziologie" als „die Lehre vom Sozialen" setzte sich jedoch in der Folgezeit gegenüber der „Sozialphysik" durch, zumal dann auch Herbert *Spencer* 1873 diese Bezeichnung aufnahm und in die englischsprachige Literatur einführte. Ja selbst in den „sozialistischen" Ländern, in denen „Gesellschaftslehre" bis in die Gegenwart parteilich als „wissenschaftlicher Sozialismus" betrieben wurde und wird, gewinnt die − lange als „bürgerlich" und „ideologisch" verfemte − Bezeichnung „Soziologie" zunehmend an Raum, wenn auch unter der unmißverständlich programmatischen Einengung als „marxistisch-leninistische Soziologie".

Als „Lehre vom Sozialen" erforscht die Soziologie also das menschliche Zusammenleben bzw. das zwischenmenschliche Verhalten, beschäftigt sich mit der Gesellschaft und mit den in ihr lebenden Menschen. Diesen Gegenstand teilt sich die Soziologie allerdings auch mit anderen Sozialwissenschaften, wie etwa der Sozialpsychologie, der Kulturanthropologie und Ethnologie, der Demographie, der Ökonomie, der Politologie, der Erziehungswissenschaft, der Jurisprudenz und der Geschichtswissenschaft, neuerdings auch mit der Kommunikationswissenschaft, der Raumplanung sowie der Friedens- und Zukunftsforschung. Wenn wir darum die Soziologie charakterisieren wollen, genügt es nicht, nur ihr Untersuchungsobjekt zu nennen. Vielmehr müssen wir deutlich machen, in welcher typischen Art und Weise, mit welcher besonderen Fragestellung, mit welcher spezifischen Perspektive und mit welchen Methoden und Regeln sie an ihren Gegenstand herangeht.

Der deutsche Soziologe Alfred *Vierkandt* (1867 - 1953) spricht von einer „soziologischen Denkweise, die alle menschlichen Tätigkeiten und Erzeugnisse in Beziehung setzt zu der menschlichen Gesellschaft, der ihre Träger angehören und sie unter dem Gesichtspunkt ihrer Abhängigkeit von dieser auffaßt" (*Vierkandt* 1928: 14, zit. nach *Jager & Mok* 1972: 22). Das zentrale Bemühen dieser Versuche ist es, analytisch den „sozialen Faktor" zu isolieren, d.h. von der Zurückführung „sozialer Tatsachen" auf irgend etwas Nichtsoziales freizuwerden und − wie der berühmte französische Soziologe Emile *Durkheim*

22

(1858 - 1917) es ausdrückt — „Soziales nur durch Soziales zu erklären".

Es gibt ziemlich viele Definitionen von „Soziologie". Böse Zungen behaupten, es gehöre zum professionellen Lebenswerk eines jeden „echten" Soziologen, seine eigene „Definition der Soziologie" zu entwickeln. Wenn wir hier an diese Tradition nicht anknüpfen, so schlicht deshalb, weil es bereits recht gute und umfassende Definitionen gibt, von denen wir die Umschreibung von Imogen *Seger* den folgenden Überlegungen zugrunde legen wollen: *„Soziologie ist das systematische und kontrollierte Beobachten und Erklären von regelmäßig auftretenden sozialen Beziehungen, von ihren Ursachen, Bedingungen und Folgen". (Seger* 1970: 13).

Zur vertiefenden und ergänzenden Lektüre

Günter Hartfiel & Karl-Heinz Hillmann, Wörterbuch der Soziologie, 3. Auflage (Darin Stichwort „Soziologie" mit weiteren Literaturhinweisen). Kröner Stuttgart 1982.

Friedrich Jonas, Geschichte der Soziologie. Band I. (Darin enzyklopädisches Stichwort „Was ist Soziologie?", S. 239 - 243). Rowohlt: Reinbek 1974.

Reece McGee, Soziologie die uns angeht. (Darin Kapitel I: „Soziologie als Wissenschaft", S. 15 - 43). Bertelsmann: Gütersloh, Berlin 1976.

1.3.3 Soziologie und soziale Probleme

Die Bezeichnungen „sozial" und „soziologisch" werden oft verwechselt. Etwa wenn ein Politiker von der „soziologischen" Struktur einer Gemeinde spricht oder von einem Journalisten in einem Pressebericht über Arbeitslosigkeit vermutet wird, daß hier „soziologische" Faktoren im Spiel seien. „Soziologisch" bedeutet jedoch im eigentlichen Sinne „gesellschaftswissenschaftlich", d.h. von den Erkenntnissen, Begriffen, Theorien, kurz vom Bezugssystem der Soziologie her gesehen. Gemeint ist aber „sozial" im Sinne von „gesellschaftlich", so daß also in derartigen Fällen sachlich richtig von der „sozialen" Struktur und von „sozialen" Faktoren gesprochen werden muß. Entsprechend ist deshalb ein soziales Problem keineswegs auch immer ein soziologisches Problem, und umgekehrt betreffen soziologische Fragestellungen entgegen einem weitverbreiteten Mißverständnis nicht immer soziale Probleme.

o Ein *soziales* oder *gesellschaftliches* Problem liegt meist dann vor, wenn eine Diskrepanz (Widerspruch) zwischen den gesellschaftlichen Normen und Zielvorstellungen und dem tatsächlichen Verhalten besteht (z.B. Kriminalität) oder wenn eine unvorhergesehene oder unvorhersehbare Situation entsteht, die in der Gesellschaftsordnung (noch) nicht geregelt ist (wie beispielsweise Massenarbeitslosigkeit oder Umweltverschmutzung).

o Eine *soziologische Fragestellung* liegt dagegen erst dann vor, wenn bestimmte gesellschaftliche Problemlagen, Zustände und Prozesse *erklärt* werden sollen. Wenn also ein Soziologe ein soziales Problem bearbeiten soll, muß er es zunächst in eine soziologische Frage „übersetzen"; erst dann kann er mit seinem Handwerkszeug, d.h. mit seinen Begriffen, Theorien und Untersuchungsmethoden das Problem erfassen, beschreiben und zu erklären suchen. Hierbei wird schon deutlich, daß ein bestimmtes soziales Problem, auch nachdem es *soziologisch* geklärt ist, durchaus als *soziales Problem* weiterbestehen kann. So können beispielsweise Soziologen in bezug auf das soziale Problem der Chancengleichheit in der Schule empirisch nachweisen, daß das Schulsystem durch seine „Schulkultur" insbesondere im Sprachverhalten Schüler aus mittleren und oberen Schichten begünstigt oder daß entsprechend Lehrerurteile über Eignung und Leistungsfähigkeit der Schüler stark von typologischen Vorstellungen, in die auch leistungsfremde, kaum objektivierbare Beurteilungsbestandteile eingehen, beeinflußt werden und daß solche Schülertypologien wiederum sehr stark schichtenspezifisch orientiert sind. Den betroffenen Kindern hilft diese theoretische Erklärung zunächst wenig, denn das soziale Problem der Benachteiligung bleibt weiter bestehen. Ähnlich verhält es sich bei dem allseits bekannten und auch soziologisch vielfach erforschten Problem „Umwelt". Die Analysen sind klar, und Umweltschutz gilt weithin als dringend geboten. Geht es aber an die praktisch zu ziehenden Konsequenzen wie die Einschränkung der bisherigen Lebensführung, ist nach wie vor mit erheblichen Widerständen zu rechnen.

Zur vertiefenden und ergänzenden Lektüre

Alfred Bellebaum & Hans Braun (Hrsg.), Reader Soziale Probleme. Band I: Empirische Befunde. (Darin Kapitel I: „Soziale Probleme: Ansätze einer sozialwissenschaftlichen Perspektive", S. 1 - 17). Herder & Herder: Frankfurt/ Main, New York 1973.
Günter Hartfiel, Soziale Schichtung. (Darin Kapitel 6: „Soziale Schichtung und Erziehung", S. 133 - 171). Juventa: München 1978.

1.4 Wozu kann man Soziologie brauchen?

1.4.1 Soziologie als Mißverständnis

In diesem Zusammenhang stellt sich die Frage nach dem Nutze- der Soziologie für die gesellschaftliche Praxis. Unter dem noch ur-mittelbaren Eindruck der (internationalen) Studentenbewegung der späten 60er Jahre bemerkte die Soziologin Imogen *Seger*: „Wer i- den letzten Jahren die Berichte im Fernsehen und in den Zeitunge- verfolgt hat, der muß zu der Ansicht kommen, die Hauptbeschäft-- gung der Soziologiestudenten sei es, die Revolution inner- und außer-halb der Universitäten vorzubereiten, und die Hauptbeschäftigung ih-rer Professoren sei es, sie dabei zu ermuntern." (*Seger* 1970 : 11).

In der Tat haben manche Journalisten und Kommentatoren eine- guten Anteil an den landläufig recht gängigen Klischees, Soziologie habe etwas mit Revolution und Sozialismus (oder gar Kommunis-mus) zu tun. Auch manche Politiker hierzulande vermuten in öffent-lichen Erklärungen einen Zusammenhang zumindest zwischen einer bestimmten soziologischen Denkweise (gemeint ist vor allem die so-genannte „Frankfurter Schule" der Soziologie) und radikalen junger Leuten, die vorgeben würden, Gesellschaftswissenschaften zu studie-ren, in Wirklichkeit aber auf Kosten der Steuerzahler in Hörsäler und auf Straßen randalieren oder gar terroristische Gewaltakte pla-nen und durchführen.

Dieses verallgemeinernde Vorurteil entzündete — und entzünde- sich immer wieder vor allem an der Beobachtung, daß Soziologie of-fenbar nicht nur für jene Studenten anziehend und anregend wirkt, die die Gesellschaft, in der sie leben, verstehen wollen, sondern auch für solche höchst attraktiv erscheint, die die gesellschaftlichen Ord-nungen radikal in Frage stellen und auch grundsätzlich verändern wollen, für jene also, die in der Soziologie sich eine Art „Revolu-tionswissenschaft" erhoffen und die hierbei die „Denkmodelle" der Gesellschaftstheoretiker für „Aktionsmodelle" halten.

Oft zählen zur letzten Gruppe vor allem jene, die „ein bißchen So-ziologie studiert" haben, bald aber angesichts der Studienanforde-rungen von Statistik und Methodenlehre oder der Pflichtkurse übe- soziologische Grundbegriffe und Theorievergleiche abgeschreckt we-den und der „praxisfernen" universitären Soziologie enttäuscht den Rücken kehren. Dies hindert sie jedoch nicht, unter Hinweis auf „ihre" soziologischen Erkenntnisse (die wohl eher den Charakter von *Be*kenntnissen haben), zu glauben, die Gesellschaft „in den Griff" zu bekommen und damit die Hoffnung verbinden, sie grundlegend verändern zu können, um sie so von allem Übel zu befreien. Ein „bißchen Soziologie" ist jedoch ebenso wie ein „bißchen Wahrheit" eine gefährliche Sache. Bloße Gesellschaftskritik und darauf beruhendes „politisches" Handeln ohne fundierte Information und gründliches Studium gesellschaftlich-politischer Zusammenhänge hat eine unbehagliche Nähe zum Vorurteil, zum verallgemeinernden Rundumschlag und zum irrational-eifernden Aktivismus.

Wer sich indessen mit der heutigen Soziologie ernsthaft einläßt, wird sehr rasch festellen müssen, daß sie als „Ersatzreligion" nicht taugt. Soziologie „ist kein Ersatz für verlorene Identifikation, keine begleitende Sinngebung für Handlungen, sondern schlicht Erkenntnis der Zusammenhänge in ihrem Problemfeld" (*Jonas* 1968 : 8). Ihre empirischen und theoretischen Ergebnisse entziehen sich von ihrem Anspruch her jenen „schrecklichen Vereinfachungen" und lassen sich auch faktisch im Hinblick auf geplante soziale Aktionen – wenn überhaupt – nur äußerst sperrig handhaben.

So beachtlich auch die methodologischen und analytischen Fortschritte der Soziologie inzwischen sein mögen, so vorsichtig sind seriöse Sozialwissenschaftler inzwischen mit handlungsanweisenden „Rezepten" und handlungsleitenden Prognosen. Statt von „Gewißheiten" reden Soziologen heute lieber von Wahrscheinlichkeiten, wie überhaupt die meisten soziologischen Aussagen den Charakter von Wahrscheinlichkeitsaussagen haben. Dies vor allem deshalb, weil Soziologen die Erfahrung gemacht haben, daß ihr Untersuchungsgegenstand höchst dynamisch und „unberechenbar" ist, ja daß im gesellschaftlichen Bereich fast jede Wirkung eine oft überraschende und unvorhersehbare Gegenwirkung auslösen kann.

Zur vertiefenden und ergänzenden Lektüre

Imogen Seger, Knaurs Buch der modernen Soziologie. (Darin Kapitel 1: „Soziologen und Soziologie", S. 11 - 17). Droemer Knaur: München, Zürich 1970.

1.4.2 Strukturen soziologischen Denkens und Forschens

Trotz der vorgenannten Einschränkungen hat die Soziologie für unseren Alltag zweifellos wichtige Funktionen zu erfüllen. Die in diesem Zusammenhang immer wieder neu gestellten Fragen

- Was ist eigentlich Soziologie?
- Wozu ist Soziologie nütze?
- Was kann die Soziologie leisten?
- Was bietet sie uns?

lassen sich schon deshalb nicht ganz so einfach und bündig beantworten, weil es *die* Soziologie im strengen Sinne eigentlich gar nicht gibt sondern immer nur Soziologen verschiedener Schulen und Denkrichtungen, deren Verständnis von Soziologie in ihren Lehr- und Forschungsprogrammen zum Ausdruck kommt und sich systematisch etwa so ordnen läßt:

(a) Soziologie als Wissenschaft vom sozialen Handeln und zwischenmenschlichen Verhalten;

(b) Soziologie als Wissenschaft von den sozialen Institutionen und Organisationen;

(c) Soziologie als Wissenschaft von der Gesamtgesellschaft und deren Stabilität und Wandel;

(d) Soziologie als Wissenschaft von den Ideen über die Gesellschaft und als Ideologiekritik.

Mit diesen verschiedenen Perspektiven und Ansätzen werden nichts anderes als verschiedene Ebenen der recht komplizierten sozialen Wirklichkeit angesprochen. Ausgehend vom Menschen als sozialem Wesen und seinen auf andere gerichteten bzw. an anderen orientierten Handlungen und Verhaltensweisen weisen diese unterschiedlichen Analysedimensionen auf soziologisch unterscheidbare Einflußgrößen hin, was man graphisch vereinfacht so darstellen kann (Abb. 1, s. S. 28):

Wenn also Soziologen versuchen, Situationen unseres Alltags zu verstehen und zu analysieren, dann versuchen sie, diese Situationen in einen größeren, überindividuellen Zusammenhang zu stellen. Indem die Soziologen das Individuum, das es − per definitionem − als isoliertes Wesen gar nicht gibt, immer als ein *soziales* Wesen begreifen, suchen sie nach überindividuellen Einflußgrößen und Ausprägungen von dessen Lebensweise.

Abbildung 1: Soziologie als Sozialwissenschaft

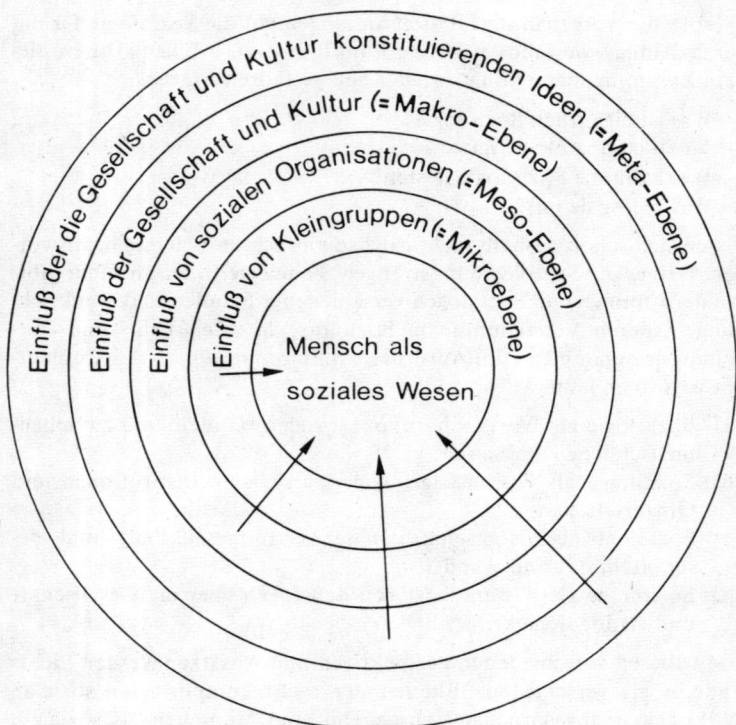

Seriös kann man das nur tun, wenn man einerseits das soziale Individuum mit anderen sozialen Individuen vergleicht und andererseits zusätzlich auch andere Ebenen mitberücksichtigt, mit denen das soziale Individuum in Austauschprozessen verbunden ist und die sein Denken und Handeln beeinflussen:

o die Ebene von Kleingruppen (= *Mikro-Ebene*),
o die Ebene von Organisationen (= *Meso-Ebene*),
o die Ebene der Gesellschaft (= *Makro-Ebene*) und
o die Ebene der einer Gesellschaft allgemein zugrunde liegenden Ideen und Ideologien (= *Meta-Ebene*).

Die *Mikro-Ebene* wird entsprechend von der Mikrosoziologie untersucht, die mit der Sozialpsychologie eng verwandt ist, sich im Unterschied zu dieser indessen nicht primär mit dem Verhalten von Individuen in Gruppen, sondern vielmehr mit der Gruppe als solcher in Abhängigkeit von den sie umgebenden sozialen Netzwerken befaßt.

Die *Meso-Ebene* wird vor allem über organisationssoziologische Ansätze erhellt, wobei einzelne Untersuchungen oder vergleichende Darstellungen sowohl den zweckorientierten, planmäßig gestalteten Strukturen und Prozessen in (z.B. betrieblichen) Organisationen, wie auch der informellen Dynamik solcher sozialer Systeme ihre analytische Aufmerksamkeit schenken.

Der *Makro-Ebene* wendet sich die sog. Makrosoziologie zu; sie analysiert große soziale Einheiten und umfassende soziale Prozesse, d.h. ganze Gesellschaftssysteme sind im allgemeinen Gegenstand ihrer Forschung.

Die *Meta-Ebene* schließlich, die den ideologischen „Überbau" von Gesellschaften beinhaltet, wird fachlich von der sog. Wissenssoziologie bzw. der soziologischen Ideologiekritik bearbeitet.

Wie bei den meisten typologischen Versuchen ist auch diese Aufteilung unserer sozialen Welt in die vier Bereiche *Kleingruppe, Organisation, Gesellschaft* und *Ideenwelt* eine in erster Linie analytische Trennung und methodische Unterscheidung bzw. ein Versuch soziologischer Strukturierung. In Wirklichkeit sind alle vier Ebenen voneinander abhängig, durchdringen sich gegenseitig und sind deshalb auch in soziologischen Beschreibungs- und Erklärungsversuchen so weit wie möglich theoretisch und empirisch miteinander zu verbinden. Eine diese verschiedenen Bereiche integrierende allgemeine soziologische Theorie sozialer Systeme steht indessen noch aus.

Unter dem Gesichtspunkt der praktischen Verwertung soziologischen Wissens sind überdies die sogenannten „Bindestrich-Soziologien" interessanter als die vorgenannten eher theoretischen Differenzierungen und Strukturierungen. Hierbei handelt es sich um problemorientierte Detailforschung in gesellschaftlichen Teilbereichen, die auch inzwischen zu einer ausgeprägten Spezialisierung innerhalb der Soziologie geführt hat. Solche speziellen Soziologien sind etwa

— Familiensoziologie,
— Erziehungs- und Bildungssoziologie,
— Jugendsoziologie,

- Gemeindesoziologie,
- Religionssoziologie,
- Industrie- und Betriebssoziologie,
- Wirtschaftssoziologie,
- Politische Soziologie,
- Medizinsoziologie,
- Rechtssoziologie,
- Kriminalsoziologie,
- Kommunikationssoziologie,
- Kunstsoziologie,
- Musiksoziologie,
- Sportsoziologie,
- Freizeitsoziologie,
- Militärsoziologie,
- Wissenssoziologie,
- Soziologie der Soziologie usw. usf.

Der Wissens- und Forschungsstand in diesen speziellen Soziologien, die untereinander auch theoretisch und empirisch mehr oder weniger verknüpft werden, ist recht unterschiedlich. Einige dieser Teildisziplinen verfügen bereits über einen sehr großen Fundus an empirischen Untersuchungen und theoretischen Konstrukten, andere sind noch relativ „jung" und haben eher den Charakter von „Orchideenfächern". Neben persönlichen Neigungen ist das unterschiedlich starke Interesse von Soziologen an diesen Spezialisierungen sicher u.a. auch als Reflex entsprechender gesellschaftlich und politisch aktueller Problemlagen zu interpretieren.

Zur vertiefenden und ergänzenden Lektüre

M. Rainer Lepsius, Gegenstand und Umfang der Soziologie. In: *Peter Kaupp* (Hrsg.), Texte der Soziologie. S. 14 - 18. Bayerischer Schulbuch-Verlag: München 1975.

1.4.3 Funktionen soziologischer Erkenntnis

Auf unsere Ausgangsfrage nach den Aufgaben und dem Nutzen der Soziologie zurückkehrend, läßt sich zusammenfassend sagen, daß verschiedene Soziologen in Nuancen, Akzentsetzungen, im Grad der Konkretheit sowie in Abhängigkeit von ihrem „strukturellen" Erkenntnisinteresse wohl unterschiedliche Antworten geben werden. Gemeinsam ist ihnen aber die Überzeugung, daß wir durch soziologisches Denken und Forschen bessere Einsichten in die mannigfaltigen Formen unseres zwischenmenschlichen Zusammenlebens erhalten, als uns dies durch bloße Alltagserfahrung je möglich sein wird.

Bei der Durchsicht der einschlägigen soziologischen Literatur lassen sich hierbei quer zur Pluralität der verschiedenen Erkenntniszugänge verschiedene *funktionale* Wirkungen der Soziologie ausmachen:

o Indem Soziologie versucht, die vorhandenen gesellschaftlichen Verhältnisse und Lebenslagen in ihrer Entstehung und Entwicklung, in ihrem Zusammenhang und in ihrer ideologischen Begründung sowie mit ihren Macht- und Herrschaftsansprüchen einsichtig und transparent zu machen, verfolgt sie zweifellos zunächst eine *aufklärende* und *informierende* Funktion.

o Da sie darüber hinaus auch den Menschen helfen will, die Motive, Bedingungen und Folgen ihres Verhaltens und Handelns zu erkennen und sie über diese Erkenntnisse dazu befähigen möchte, ihren Zielen entsprechend rational zu handeln, erfüllt sie auch eine *diagnostische* und *pädagogische* Funktion.

o Daneben hat die Soziologie von Anfang an − wenn auch nicht in dem einleitend beschriebenen vulgären Mißverständnis − immer auch eine *kritische Funktion* und eine *prognostische Absicht* begleitet. Als kritische Wissenschaft ist sie „verpflichtet auf die Distanz gegenüber geltenden Werten und Institutionen" (*Jonas* 1968, S. 8). In diesem Sinne möchte sie anhand der Analyse der gesellschaftlichen Strukturen und der Bedingungen ihrer Verwirklichung ein kritisches Bewußtsein gegenüber dem Status quo erzeugen, bestimmte Mißstände in herrschenden Zuständen aufzeigen und möglichst rationale Alternativen des sozialen Handelns entwerfen. Langfristiges Ziel dabei ist es, durch methodisch gesicherte Erklärungen zu versuchen, hinsichtlich künftig zu erwartender oder auch bewußt angestrebter Veränderungen sozialer Bedingungszusammenhänge Prognosen über erwünschte oder unerwünschte gesellschaftliche Wirkungen beim Einsatz verschiedener Mittel aufzustellen.

o Schließlich soll auch die potentiell gesellschaftlich affirmative *Stabilisierungs- und Konservierungsfunktion* von Soziologie nicht unterschlagen werden. Insbesondere in stark ideologisierten und rationalen Zielen gegenüber nicht offenen Gesellschaften findet Soziologie — wenn sie überhaupt als seriöse Wissenschaft toleriert wird — oft nur insoweit Unterstützung und Entfaltung, als sie sich in der Analyse und Beschreibung auf das gesellschaftlich Bestehende beschränkt und die Interessen von herrschenden Gruppen durch unkritische Anwendung soziologischen Wissens zu unterstützen geneigt ist. In diesem Sinne kann Soziologie auch zur Zementierung der herrschenden Zustände benutzt werden.

Wenn die Soziologie — wie wahrscheinlich jede andere Denkrichtung auch — letztlich nicht gefeit ist gegen bestimmte ideologische Uminterpretationen und Mißverständnisse im Sinne einer revolutionären Heilslehre oder einer letztlich nur noch vorgegebenen administrativen Zielen dienenden Hilfswissenschaft, so kann sie sich dennnoch jenseits dieser extremen Positionen für alle, denen Wissenschaft nicht Selbstzweck bedeutet, sondern die von ihr einen praktischen Nutzen zum Wohle der Menschen erwarten, aus folgenden Gründen empfehlen:

„1. Sie hilft, einzelne Erlebnisse und Beobachtungen nicht isoliert — und damit ohne Aussicht auf Verständnis ihrer Ursachen und Bedeutung — zu sehen, sondern sie als Teil umfassender gesellschaftlicher Strukturen, u.a. als Auswirkungen von Wertsystemen und Schichtungsordnungen, interpretierend zu verstehen.

2. Sie hilft, die Relativität der Werte und Verhaltensweisen der eigenen Umwelt und Zeit zu erkennen und fördert damit die Fähigkeit — und zuweilen auch die Bereitschaft —, die Verhaltensweisen von Angehörigen anderer Sozialgebilde und Kulturkreise zu verstehen und sich einfühlend in ihre Lage zu versetzen.

3. Sie hilft, den dynamischen Charakter von Verhaltensweisen und Gesellschaftsstrukturen insbesondere in unserer Zeit verständlich zu machen und hiermit die Panik zu bekämpfen, die aus mangelndem Verständnis komplizierter und sich rasch wandelnder gesellschaftlicher Strukturen entspringt. Die Soziologie kann die Wurzeln aufdecken, aus denen die Tagesereignisse entspringen und aus deren Kenntnis allein sie voll verstanden und konstruktiv bewältigt werden können." (*Behrendt* 1962:17f.).

Zur vertiefenden und ergänzenden Lektüre

Hans Braun & Alois Hahn, Wissenschaft von der Gesellschaft. Entwicklung und Probleme. (Darin Kapitel 4: „Die Sozialwissenschaften in der Gesellschaft", S. 121 - 148). Alber: Freiburg, München 1973.
Norbert Elias, Was ist Soziologie? 2. Aufl. (Darin die Einführung, S. 9 - 31). Juventa: München 1971.

1.5 Einige Vorväter und Begründer: Soziologie als Krisen- wissenschaft

1.5.1 Die lange Vorgeschichte: Von der Antike über das Mittelalter und die Aufklärung bis zum Ende des 18. Jahrhunderts

Gelegentlich mag der Eindruck entstehen, Soziologie sei eine hoch- moderne, eher geschichtslose Wissenschaft, die sich weder um ihre ei- gene Geschichte noch um historische Prozesse viel kümmere. Tat- sächlich läßt sich aber die Soziologie — zumindest in ihrer Vorge- schichte — zurückführen bis in die Antike und das Mittelalter. Schon *Platon, Aristoteles*, die Sophisten und *Thomas von Aquin* haben sich mit Problemen des menschlichen Zusammenlebens kritisch auseinan- dergesetzt.

Karl R. *Popper* etwa sieht (in seinem Buch *,,Die offene Gesellschaft und ihre Feinde'')* *,,Platons* Größe als Soziologe in der Fülle und der Detailliertheit seiner Beobachtungen sowie in der erstau- nenswerten Schärfe seiner soziologischen Intuition. Er sah Dinge, die man vor ihm nicht gesehen hatte und die erst in unserer Zeit wieder entdeckt worden sind." (*Popper* 1975, I: 68). Wie ,,modern" *Platon* (427 - 347 v. Chr.) in seiner Staats- und Gesellschaftslehre in gewis- sem Sinne ist, läßt sich beispielsweise an der Wahl seiner Themen er- kennen: ,,Dazu gehören die Prinzipien und Auswirkungen der Ar- beitsteilung, die Gefahren des Privateigentums, der Zusammenhang zwischen Luxuskonsum und Expansion des Wirtschaftsraumes, die entfremdenden Folgen der Geldwirtschaft, die Entstehung von Ständen, die Geschichte der Gesellschaft als Geschichte von Stan- deskämpfen, die Spaltung von Eliten als Voraussetzung von Revolu- tionen" sowie die Einbindung dieser mehr theoretischen Überle- gungen ,,in einen historischen Zusammenhang, der von der pa- triarchalischen Viehzüchterfamilie zur Sippenorganisation, zur Dorf- und Städtebildung mit monarchischer Verfassung und gesetztem Recht nach dem Muster eines Gesellschaftsvertrages reicht" (*Rüegg* 1969: 25).

Ähnliche soziologische Perspektiven finden sich auch bereits bei den Sophisten, die die Gesellschaft ihres religiösen Nimbus und me- taphysischen Schleiers entkleideten und sie als Ergebnis menschli- chen Handelns und sozialer Übereinkunft betrachteten.

Auch *Platons* Schüler *Aristoteles* (384 - 322 v. Chr.), dessen Schrift *„Politik"* nach der Einschätzung des amerikanischen Soziologen *Giddings* noch immer das bedeutendste Werk ist, das jemals die menschliche Gesellschaft behandelt hat, ist in dem Sinne bereits „modern", als er – unter Verzicht auf eine sozialphilosophisch wertgeladene Spekulation – zum Zwecke seiner sozialen und politischen Erkenntnisse umfangreiches empirisches Material sammelte und damit die als Voraussetzung für soziologisches Denken geforderte werturteilsfreie Empirie in seinen Arbeiten einzulösen versuchte. Denn „wer irgendeinen Zweig des Wissens wirklich wissenschaftlich behandeln und nicht bloß auf das Praktische sein Augenmerk richten will, dem kommt es zu, nichts zu übersehen oder unberührt zu lassen, sondern die Wahrheit über ein jedes zu Tage zu fördern" (*Aristoteles*, Politik, III, 5).

Von *Aristoteles* stammt übrigens auch jene berühmte Aussage, die u.a. auch von *Thomas von Aquin* wieder aufgegriffen wurde, nämlich daß der Mensch ein *soziales Wesen* sei (ánthropos zóon politikón, Politik I, 2) – eine Kurzformel, in der im Grunde genommen bereits das spätere Wissenschaftsprogramm der Soziologie enthalten ist, wenn auch ein noch sehr weiter Weg zur Soziologie als einer eigenständigen wissenschaftlichen Disziplin blieb. Denn „trotz der überragenden Leistungen des *Aristoteles* vermochten die Griechen nicht zur Soziologie als einer spezifischen Wissensdisziplin vorzudringen, da ihnen das Vermögen fehlte, zwischen Staat und Gesellschaft deutlich zu unterscheiden, so daß sie die sozialen Beziehungen niemals völlig unabhängig von ihren politischen Aspekten betrachteten, ja im Zweifelsfall dem politischen Aspekt stets Priorität vor dem sozialen einräumten" (*Eisermann* 1973: 4).

Das *Mittelalter* führte auf diesem Weg nicht weiter. Die starke Bindung an Autoritäten sowie das vorherrschende Interesse am „Wesen der Dinge", d.h. an der „richtigen" Ordnung der zwischenmenschlichen Beziehungen in einer „vollkommenen Gesellschaft" (= societas perfecta, *Thomas von Aquin*) standen einer strikt erfahrungswissenschaftlichen und undogmatischen Auffassung von Gesellschaft im Wege.

Relativ isoliert und ohne unmittelbaren Einfluß auf die Soziologie blieb auch der Berber *Ibn Chaldun* (1333 - 1406), der in seinen Auseinandersetzungen mit der arabisch-islamischen Orthodoxie die mittelalterlichen Fesseln der unbedingten Autoritätsgläubigkeit zerbrach und methodisch über die Beobachtung und rationale Analyse des menschlichen Zusammenlebens vielleicht als erster die menschliche Gesellschaft zum Gegenstand einer eigenen Wissenschaft zu machen versuchte. (Nicht umsonst knüpfen an ihn einige spätere Soziologen des 19. Jahrhunderts wie *Le Play, Marx, Gumplowicz und Oppenheimer* wieder an.)

Als weiterer Vorvater der Soziologie kann sicher auch der Florentiner Niccolò *Machiavelli* (1469 - 1527) gelten, der seinerseits zu Beginn der italienischen Renaissance sich gegen jeglichen scholastisch-theologischen Dogmatismus wandte und die sozialen Gleichförmigkeiten in Geschichte, Gesellschaft und Politik einer rein auf Erfahrung und Beobachtung beruhenden rationalen Analyse zu unterziehen suchte. Insbesondere in seiner 1532 erschienenen Schrift „*Über den Fürsten*" stellt er nachdrücklich fest, daß die Menschen betrachtet werden müßten, *wie sie sind* und nicht, wie sie nach irgendwelchen Glaubenssätzen zu sein hätten. In seinem konsequenten Realismus verfocht er die These, daß das soziale Handeln des Menschen aus seinen Antrieben heraus verstanden werden müsse, wobei er bereits eine „klassische" sozialpsychologische Studie der Ursachen und Effekte verschiedener Motivstrukturen auf die zwischenmenschlichen Beziehungen lieferte.

Die eigentliche zusammenhängende Vorgeschichte der Soziologie beginnt jedoch wohl erst mit der *Krise des absolutistischen Staates*, jener „crise de la conscience européenne" (*Hazard* 1935), die die Gesellschaftslehre der Aufklärung hervorbrachte und zur Trennung von Staat und Gesellschaft führte. Neben vielen in erster Linie philosophisch orientierten Beiträgen zur Gesellschaft und Politik ihrer Zeit (vgl. hierzu *Jonas* 1968: 11 ff.) werden jetzt für die erwachende „Soziologie" insbesondere jene Arbeiten „begründend", die die Gesellschaft aus dem globalen philosophischen und theologischen Problembezug lösen und die bislang selbstverständliche Geltung von tradierten Werten und Institutionen in Frage stellen.

Hierzu zählen z. B. in *England* die staatspolitischen Schriften von Thomas *Hobbes* (1588 - 1679), insbesondere dessen Abhandlung „*Leviathan*" von 1651, sodann die Vertreter eines empirischen Skeptizismus wie John *Locke* (1632 - 1704) und David *Hume* (1711 - 1776) sowie die Theoretiker der sog. „schottischen Schule" Adam *Smith* (1723 - 1790), Adam *Ferguson* (1723 - 1816) und John *Millar* (1735 - 1801).

In *Frankreich* wird diese Entwicklung vor allem von *Montesquieu* (1689 - 1735) vorangetrieben, der seine zeitgenössische Gesellschaft einer beißend-ironischen Kritik unterzog und im Anschluß daran eine historisch-analytische Theorie des sozialen Wandels entwarf. In ähnlicher Weise erweisen sich auch Jean-Jacques *Rousseau* (1712 - 1778) und *Condorcet* (1743 - 1794) als engagierte Kritiker einer moralisch verrotteten, feudalen Rokoko-Gesellschaft. Eine wichtige „vorsoziologische" Quelle beispielsweise ist *Rousseaus* Abhandlung über den „*Gesellschaftsvertrag*" (1754) und seine berühmt gewordene Antwort auf die Preisfrage der Akademie von Dijon „*Über den Ursprung und die Grundlagen der Ungleichheit unter den Menschen*" (1755).

Sie und viele andere bedeutende Denker des 17. und 18. Jahrhunderts wurden aufgrund bereits spürbarer tiefgreifender Veränderungen dazu angeregt, die Gesellschaft ihrer Zeit mit neuen Augen zu sehen:

o An Stelle der traditionellen Agrarwirtschaft, die vor allem auf Selbstversorgung ihrer Angehörigen angelegt war, trat in immer stärkerem Maße die Produktion von Waren, die man auf dem Markt gewinnbringend verkaufen konnte. Naturwissenschaftliche Entdeckungen und entsprechende technische Entwicklungen verstärkten diesen Prozeß.

o Für Autoren, die den Beginn der Industrialisierung aus eigener Anschauung und Erfahrung miterlebten, wird die zunehmende berufliche Spezialisierung und innerhalb der Berufe die fortschreitende Arbeitszerlegung in der Fabrik zu einem besonders auffälligen, die zwischenmenschlichen Beziehungen wie die gesamtgesellschaftlichen Strukturen verändernden Vorgang.

o Die feste Verankerung der Menschen in die sozialen Gruppen und Gemeinschaften, in die sie hineingeboren wurden, begann sich zu lockern. Nicht mehr die Herkunft und Abstammung, sondern das Eigentum wurde als die große Quelle des Unterschiedes zwischen den Menschen erkannt. Folglich wurden auch herkömmliche Überlieferungen, Traditionen und Sitten einer ständischen Gesellschaft längst nicht mehr von allen als selbstverständlich und unveränderbar begriffen.

o Insbesondere das aufsteigende Bürgertum rüttelte jetzt an der jahrhundertelangen Herrschaft des Adels und begann seine Interessen zu artikulieren. Es postuliert in seiner neuen Philosophie ein in erster Linie rational handelndes Individuum, das – dem gesamtgesellschaftlichen Fortschritt entsprechend – von feudal-klerikalen Bevormundungen und berufsständischen Bindungen sowie von ideologischen Einengungen und Einschränkungen vitaler Bedürfnisse befreit sein sollte.

o Neue gesellschaftliche und politische Ordnungen wurden diskutiert und auch in zunehmendem Maße praktisch ausprobiert, – in England bereits im 17. Jahrhundert in pragmatischen Kompromissen zwischen dem Adel und dem selbstbewußten Bürgertum in Frankreich erst später im Zusammenhang mit der Französischen Revolution und den damit verbundenen sozialen und politischen Erfahrungen von Revolution und Kaiserreich.

Zusammenfassend läßt sich jedoch festhalten, daß die „stillere" industrielle Revolution tiefergreifende und andauernde Umwälzungen im sozialen Alltag bewirkte als die diversen politischen Veränderungen.

Zur vertiefenden und ergänzenden Lektüre

Norbert Elias, Über den Prozess der Zivilisation. 2 Bände. Suhrkamp: Frankfurt/Main 1977.
Helmut Klages, Geschichte der Soziologie. 2. Aufl. (Darin 2. Kapitel „Europäische Soziologie bis zur Französischen Revolution" und 3. Kapitel „Zwischen Französischer und industrieller Revolution", S. 22 - 64). Juventa München 1972.
Leo Kofler, Zur Geschichte der bürgerlichen Gesellschaft. 6. neu bearbeitete Auflage. Luchterhand: Darmstadt, Neuwied 1976.

1.5.2 Die Großväter der Soziologie: Soziologie als Fortschrittstheorie und Universalwissenschaft im 19. Jahrhundert

Eine präzise Aussage, wer denn nun eigentlich als Begründer der Soziologie zu gelten habe, läßt sich kaum machen. Sicherlich sind die als eigentliche „founding fathers" oder „Großväter" der Soziologie im Sinne einer Universalwissenschaft immer wieder genannten Autoren des 19. Jahrhunderts wie *Comte, Spencer* oder *Marx* nicht ohne die Vorarbeiten der Aufklärung, der verschiedenen Varianten der Vertragstheorie (*Hobbes, Locke, Rousseau*) oder der Vordenker eines (auch revolutionären) sozialen Wandels denkbar.

1.5.2.1 Auguste Comte

Das Hauptanliegen von Auguste *Comte* (1798 — 1857), auf den, wie wir schon gesehen haben, der Begriff „Soziologie" ja zurückgeht (vgl. Abschnitt 1.3.2), war der wissenschaftliche Entwurf einer für seine Zeit „passenden" sozialen Ordnung. Aus einem sozialreformerischen Elan heraus suchte er, wie andere vor und nach ihm, nach den *Gesetzmäßigkeiten der Menschheitsentwicklung*, um störende Einflüsse auf den „sozialen Organismus" auszuschalten, bei unvermeidlichen Krisen „weise zu intervenieren" („savoir pour prévoir, et prévoir pour prévenir") und den „naturgeschichtlichen Entwicklungen" der Gesellschaft zum Durchbruch zu verhelfen (vgl. hierzu A. *Comte*, Rede über den Geist des Positivismus, in: *Jonas*, II, 1968: 189 ff.). Als ein erklärter Gegner jeder Metaphysik waren für ihn Fragen nach dem Sein oder Spekulationen nach Sinn- und Zweckzusammenhängen der Geschichte müßig. Vielmehr stellte sich für ihn die Geschichte der Menschheit als eine lineare Entwicklung des Verstandes dar, die nach festen Gesetzen abläuft.

In Weiterführung entsprechender Ansätze seiner Landsleute *Turgot, Condorcet* und vor allem *Saint-Simon* entwarf er ein geschichtsphilosophisches Schema als Grundlage seiner wissenschaftlichen Perspektive, das sog. *Dreistadiengesetz:*

Nach Überwindung einer vorausgegangenen theologischen und metaphysischen Epoche folge jetzt ein „positives" Zeitalter, das von der Soziologie als der neuen Königin aller Wissenschaften bestimmt werde. Diese „positivistische" Aufklärung verband *Comte* mit einer Heilslehre der Vernunft, in der der Soziologie gleichfalls die entscheidende Rolle zugedacht war. Ähnlich der in den Naturwissenschaften angewandten und erstaunlich erfolgreichen Methoden sollten auch auf die sozialen Organisationen rationale Denkweisen und Verfahren angewandt werden, um zu ähnlich positiven Resultaten zu gelangen.

Mit anderen Worten: Die Soziologie sollte nur über die sorgfältige Beobachtung und Beschreibung dessen, was in der Gesellschaft geschieht, zu Erkenntnissen über — wie *Comte* sich ausdrückte — „sozialen Gesetzlichkeiten" gelangen. Von den so gewonnenen Einsichten versprach er sich wichtige Hinweise für die Gestaltung und praktisch-politische Steuerung von Gesellschaften im Sinne einer Sozialtechnik, die allen ein Höchstmaß an Glück und Zufriedenheit eröffnen könne.

Zur vertiefenden und ergänzenden Lektüre

Raymond Aron, Hauptströmungen des soziologischen Denkens.
1. Band. (Darin: „Auguste Comte", S. 71 - 130.) Kiepenheuer &
Witsch: Köln 1971.
O. Massing, Auguste Comte. In: *Dirk Käsler* (Hrsg.), Klassiker des soziologischen Denkens, Band 1, Beck: München 1976.

1.5.2.2 Herbert Spencer

Auch Herbert *Spencer* (1820 - 1903), dessen berühmten dreibändigen „*Principles of Sociology*" zwischen 1876 und 1896 entstanden und der gegen Ende des 19. Jahrhunderts schlechthin als *der* englische Soziologe galt (und zugleich den größten Einfluß auf die aufsteigende amerikanische Soziologie ausüben sollte) war überzeugt einen Weg gefunden zu haben, der es ihm ermöglichte, die tiefgreifenden Veränderungen der Gesellschaft zu verstehen. Er ging davon aus, daß alle Formen des sozialen Lebens, die kleineren zwischenmenschlichen Verflechtungen wie die größeren sozialen Gruppen und Organisationen und erst recht das Ganze der Gesellschaft als *soziale Organismen* aufzufassen seien.

Ebenso wie bei den individuellen Organismen von Mensch, Tier oder Pflanze liege auch den sozialen Organismen eine eigene Dynamik zugrunde. Hier wie dort bedeute dies „Wachstum" im Sinne der Vermehrung von Grundelementen oder Bausteinen (z.B. im gesellschaftlichen Bereich: Vermehrung der Bevölkerung), aber auch „Entwicklung" im Sinne einer natürlichen Evolution von niederen zu höheren, von einfachen zu komplexeren Gebilden (in der Gesellschaft: die vielfältigen Zusammenschlüsse kleinerer Einheiten zu größeren „Geweben" der verschiedensten Art, z.B. der Familien zur Verwandtschaft, der Verwandtschaften zu Sippen, der Sippen zu Stämmen, der Stämme zu Völkern, der Völker zu Blöcken usw.). Schließlich: Wie es im Leben der natürlichen Organismen Steuerungsprogramme gebe, die das Zusammenwirken der einzelnen Elemente und Teile regulieren, so gebe es auch in der Gesellschaft Regulierungen, die dafür sorgten, daß der soziale Organismus überdauere und arbeitsteilige Differenzierungen auf wirtschaftlichem und gesellschaftlichem Gebiet durch Prozesse der Verflechtung und Integration wieder aufgefangen würden. *Spencer* faßt dies in seiner universalen Weltformel zusammen: „Vom Aggregat zum System".

Darüber hinaus war *Spencer* davon überzeugt, daß die beobachtbaren Veränderungen im gesellschaftlichen und politischen Bereich insgesamt als „Fortschritt" anzusehen seien und letztlich auf eine vollkommenere und bessere Welt von freien und verantwortungsvollen Individuen hinausliefen. Zwar ließen sich diese evolutionären Vorgänge gedanklich erfassen, doch als Anhänger des *Darwinismus* hielt es *Spencer* für eher störend bzw. für weitgehend zwecklos, in diese mit jedem Fortschritt im Bereich des Lebens verbundenen Prozesse der natürlichen Auslese (*Darwin*: „survival of the fittest") etwa durch sozialpolitische Aktivitäten (z.B. durch Unterstützungsaktionen für Behinderte, Kranke, Bildungsschwache, Arme, Obdachlose usw.) einzugreifen. Im Gegenteil: Je weniger politische Regulierung und Kontrolle, desto besser. Eine Gesellschaft sei auch dank der „überragenden Weisheit der Natur" ohne Herrschaft und Zwang denkbar, ja eine liberale Anarchie als Idealzustand sogar wünschenswert.

Zur vertiefenden und ergänzenden Lektüre

Ralf Dahrendorf & Colin Crouch, Herbert Spencer. In: *Wilhelm Bernsdorf & Horst Knospe* (Hrsg.), Internationales Soziologenlexikon. Band 1. S. 406 - 408. Enke: Stuttgart 1980.
Paul Kellermann, Herbert Spencer. In: *Dirk Käsler* (Hrsg.), Klassiker des soziologischen Denkens. Band 1. S. 197 ff. Beck: München 1976.

1.5.2.3 Karl Marx

Selbst ein kursorischer Überblick über die Soziologiegeschichte kann Karl *Marx* (1818 - 1883) als Soziologen nicht unerwähnt lassen. Dabei liegt die Bedeutung von *Marx* weniger im Gehalt seiner soziologischen (und ökonomischen) Theorien begründet, als vielmehr in deren faktischen Wirkungen auf die politische Geschichte des 19. und 20. Jahrhunderts und in der Faszination, die der Marxismus auf Generationen von Gelehrten und Sozialreformern ausübte und noch immer ausübt. Dies ist wohl nicht zuletzt dadurch erklärbar, daß es nicht ganz einfach ist, den Soziologen Karl *Marx* von Karl *Marx* als dem spekulativen Philosophen und rigorosen Moralisten, sowie dem sozialistischen Agitator und dem Propheten der Revolution zu lösen.

Wie jeder Denker übernahm auch *Marx* Vorstellungen anderer und deutete sie, seinen Prämissen folgend, entsprechend um. So entlehnte er von *Hegel* das geschichtsphilosophische Konzept, übernahm von dem Staatsrechtler Lorenz *von Stein* den Klassenbegriff und die Vorstellung der Geschichte als eine Abfolge von Klassenkämpfen und gewann seine volkswirtschaftlichen Überlegungen in Auseinandersetzung mit den Erkenntnissen des englischen Nationalökonomen David *Ricardo*. Von den Positivisten seiner Zeit unterschied sich *Marx* dadurch, daß er durchaus noch Sinnfragen stellt und folglich seinen soziologischen Ansatz offen in seine Philosophie einbettet. Andererseits glaubt er wie sie und die Aufklärung des 18. Jahrhunderts fest an eine stetige Entwicklung der Geschichte im Sinne eines „Fortschritts". Von den aufstrebenden Naturwissenschaften und ihren Erfolgen ebenso fasziniert wie andere Denker seiner Zeit, suchte auch er nach ähnlichen „Gesetzen" in der Geschichte, um die Wandlungen der Gesellschaftsstruktur durch Ursachen-Wirkungs-Zusammenhänge erklären und künftige Entwicklungen voraussagen zu können.

In seiner — in Zusammenarbeit mit seinem Freund Friedrich *Engels* (1820 - 1895) entwickelten — Theorie des „*historischen Materialismus*" stellte er das Gedankengebäude des großen Philosophen Georg Wilhelm Friedrich *Hegel* (1770 - 1831) „auf den Kopf" und wählte als analytische Basis die *materiellen* Bedingungen des Lebens. Danach sind die religiösen, ideologischen und politischen Strukturen einer Gesellschaft nur von der Struktur ihrer Basis, d.h. von der Strukturen der materiellen Produktion her einsichtig zu machen. In anderen Worten: Nicht das Bewußtsein der Menschen prägt ihr Sein, sondern umgekehrt bestimmt ihr gesellschaftliches Sein ihr Bewußtsein. *Marx*' Ziel ist von daher die Anbahnung eines permanenten Entideologisierungs- und Selbstaufklärungsprozesses der Gesellschaft.

Marx bleibt jedoch nicht bei der bloßen Ideologiekritik stehen, sondern geht einen Schritt weiter zur revolutionären Praxis. Demnach ist die Entwicklung der Gesellschaft bestimmt durch einen dialektischen, d.h. in Widersprüchen sich vollziehenden Prozeß, der durch ökonomische Faktoren ausgelöst und in seinem Fortgang bestimmt wird. Imogen *Seger* drückt dies wie folgt aus:

„Diese wirtschaftlichen Faktoren sind die *Produktionsmittel* und die *Produktionsformen*, die zu den Mitteln gehören. Jedes System wirtschaftlicher Produktion ist zunächst einmal ,richtig' für die Produktionsmittel einer bestimmten Zeit und eines bestimmten Ortes und schafft sich seine soziale Ordnung und seinen ganzen ,Überbau' von Politik, Recht, Kunst, Wissenschaft.

Religion und Philosophie samt dem Selbstverständnis, den Regeln und Sitten der Bevölkerung. Es ist eine ‚These‘. Doch schon scheint die ‚Antithese‘ in Gestalt technischen Fortschritts und neuer, besserer Produktionsmittel. Die alten Produktionsformen und die alte soziale Ordnung hindern die Entwicklung der neuen, bis diese stark genug geworden sind, durch eine soziale Revolution die neuen Produktionsmittel einzuführen − und damit eine neue Ordnung wirtschaftlicher Produktion und eine neue soziale Ordnung. Dies ist dann die ‚Synthese‘, die im Laufe der weiteren Entwicklung zur ‚These‘ wird." (*Seger* 1970: 40).

Die Auseinandersetzung zwischen den alten und den neuen Produktionsmitteln wird auf der gesellschaftlichen Ebene im *Klassenkampf* abgebildet. Die neuen Mittel werden jeweils durch die neu aufgestiegene Klasse vertreten: „Die Handmühle ergibt eine Gesellschaft mit Feudalherren, die Dampfmühle eine Gesellschaft mit industriellen Kapitalisten" (*Marx*). Entsprechend formuliert *Marx* das allgemeine „ökonomische Bewegungsgesetz" für sozialen Wandel: „Die Geschichte aller bisherigen Gesellschaft ist die Geschichte von Klassenkämpfen". Auf die Epoche der Sklaverei folge die der Fronarbeit im Feudalismus und schließlich die Gesellschaftsformation der kapitalistischen Produktionsweise.

Für *Marx*' Diagnose seiner Zeit bedeutete dies, daß die bürgerliche Gesellschaft, die „Bourgeoisie" wie er sie voller Verachtung nannte, mit ihrer kapitalistischen Produktion und der Erzeugung eines falschen Bewußtseins die „These" repräsentierte, die proletarischen Arbeiter dagegen als „Antithese" die zukünftigen sozialistischen Gesellschaftsformen verhießen. Der soziale Antagonismus zwischen der durch Zentralisation und Konzentration des Kapitals immer kleiner werdenden Klasse der Kapitalisten und der proportional immer größer werdenden Klasse der immer mehr verelendenden Proletarier polarisiere sich schließlich so, daß nur noch die proletarische Revolution die „Synthese" bringen könne. Das Proletariat übernimmt durch die „Expropriation der Expropriateure" revolutionär die Produktionsmittel, eliminiert die Bourgeoisie und verwirklicht schließlich als letzte der in der Weltgeschichte auftretenden sozialen Klassen die „klassenlose Gesellschaft". In dieser letztlich „kommunistischen Gesellschaft" wird es nach *Marx* dann keine Spannungen, keine Klassenbildung und auch keine weiteren Revolutionen mehr geben, da sich diese Gesellschaftsstruktur ständig mit den wechselnden Produktivkräften verändere. Erst dort könne sich das Individuum frei von materiellen und geistigen Zwängen entfalten.

Unter der Annahme, der Mensch verhalte sich ebenso berechenbar wie Elemente in der Natur, war *Marx* davon überzeugt, der historische Ablauf sei ebenso determiniert wie Naturvorgänge, für freie menschliche Entscheidung bleibe deshalb kein Raum. Von daher war er sicher, den naturgesetzlich festliegenden Ablauf der Geschichte, das Bestimmungsziel aller gesellschaftlicher Prozesse vorhersagen zu können.

Wir wissen heute, daß die Voraussagen von *Marx* großenteils und gerade in entscheidenden Punkten falsch waren und nicht eingetroffen sind, und zwar nicht nur seine utopischen Prophezeiungen, sondern auch seine kurzfristigen wirtschaftlichen Prognosen. Dennoch liegt die Bedeutung von *Marx* auch noch für die heutige Soziologie vor allem darin, daß er Fragen aufgeworfen hat, die grundsätzlich immer wieder neu zu stellen sind, nämlich:

— Inwieweit wirkt sich der gesellschaftliche Standort (= die *Klassenlage* in der Terminologie von *Marx*) auf die Art und Struktur des Denkens aus? Kann das Auftreten oder Fehlen bestimmter geistiger Ideen aus gesellschaftlichen Umständen erklärt werden?
— Welchen Einfluß nehmen *ökonomische Faktoren* auf das übrige soziale Geschehen und welche Wechselwirkungen bestehen zwischen Wirtschaft und Gesellschaft?
— Welche Funktionen haben *soziale Konflikte* in der Gesellschaft? Welche Verlaufsformen entwickeln sie? Wie werden Gesellschaften zusammengehalten, wenn ihre Teile in dauerndem Konflikt miteinander stehen?

Zur vertiefenden und ergänzenden Lektüre

Raymond Aron, Hauptströmungen des soziologischen Denkens. 1. Band (Darin: „Karl Marx", S. 131 - 200). Kiepenheuer & Witsch: Köln 1971.
Karl R. Popper, Die offene Gesellschaft und ihre Feinde. Band 2: Falsche Propheten. Hegel, Marx und die Folgen. 4. Aufl. Francke: München 1975.

*

Zusammenfassend läßt sich sagen, daß die Unterschiede in den Problemstellungen und in den Antwortversuchen bei den Begründern und „Großvätern" der Soziologie im 19. Jahrhundert — exemplarisch von uns dargestellt anhand der soziologischen Perspektiven von *Comte, Spencer* und *Marx* — noch sehr viel größer sind als in der heutigen Soziologie. Unsere etwas saloppe, jedoch nicht respektlos gemeinte Bezeichnung „Großväter der Soziologie" bezieht sich daher eher auf die Gemeinsamkeit des Alters als die der intellektuellen Tradition. Andererseits gibt es aber auch Gemeinsamkeiten, die diese Gründungsphase der Soziologie charakterisiert. Sie sind vor allem in der gemeinsamen Suche nach den *Grundlagen des sozialen Wandels*, insbesondere nach den Hauptfaktoren des krisenhaften Wandels von der vorindustriellen zur industriellen Gesellschaft zu erkennen.

Diese Suche nach der Idee der *„natürlichen"* Gesetzmäßigkeit aller gesellschaftlichen Dynamik wurde zum typischen Merkmal für die Makro-Soziologie des vorigen Jahrhunderts. Soziologie wurde hierbei je nach Akzent als universale Wissenschaft vom gesamtgesellschaftlichen Wandel verstanden. Ihren Ausdruck fand sie dann in den Varianten einer Fortschrittstheorie oder auch eines Fortschritts*glaubens*. Denn soviel auch *Comte, Spencer* oder *Marx* von „positiven", „wissenschaftlichen" oder „materialistischen" (was übrigens *Marx* synonym mit „empirisch" verstanden wissen wollte) Tatsachen sprachen, so war ihre neue Wissenschaft doch vom Ausgangspunkt und vom Ziel her — offen oder versteckt — eher eine *Gesellschaftsphilosophie* als eine objektive sozialwissenschaftliche Analyse.

So sieht man heute — trotz unstreitig bedeutender Einsichten und Beiträge der soziologischen „Großväter" — viele ihrer Aussagen und Folgerungen als zu einseitige Spekulationen an, „weil sie sich entweder zu stark auf Abstraktion stützen oder irgendwelche natürlichen Charakteristika oder auffallende Formen in den Vordergrund stellen und alle Beobachtungen diesen Vorstellungen unterordnen" (*Barley* 1978: 3).

Zur vertiefenden und ergänzenden Lektüre

Helmut Klages, Geschichte der Soziologie. 2. Aufl. (Darin 4. Kapitel „Europäische Soziologie im 19. Jahrhundert seit der industriellen Revolution", S. 65 - 94). Juventa: München 1972.

1.5.3 Soziologie als Erfahrungswissenschaft: Die Klassiker der Jahrhundertwende

War es das große Verdienst der soziologischen „Großväter", die beobachtbare soziale Wirklichkeit als das eigentliche Feld des soziologischen Forschens bestimmt zu haben, so war es einer neuen Generation von Sozialwissenschaftlern vorbehalten, die Dimensionen und Grenzen dieses Feldes auf erfahrungswissenschaftlicher Grundlage inhaltlich und methodisch präziser zu bestimmen. Diese gemeinhin als „Klassik" der Soziologie bezeichnete Epoche begann mit dem Ende des 19. Jahrhunderts und ging schon in den zwanziger Jahren unseres Jahrhunderts zu Ende. Dies hing zusammen mit dem Ausbruch des 1. Weltkriegs und den unglücklichen Folgen nationaler Isolierung sowie mit der bei allen akademischen Disziplinen üblichen Herausbildung von „Schulen", die sich auf verschiedene Theorien oder Methoden versteiften und sich auch teilweise (bis heute noch) entschieden bekämpften. Als wichtigste Vertreter wären hier — wenigstens im europäischen Raum — vor allem zu nennen:

— Max *Weber* (1864 — 1920),
— Georg *Simmel* (1858 — 1918),
— Vilfredo *Pareto* (1848 — 1923),
— Emile *Durkheim* (1858 — 1917).

Überblickt man das Lebenswerk dieser soziologischen Klassiker der Jahrhundertwende, so ist kennzeichnend, daß diese Autoren zunehmend klarere Vorstellungen über die tatsächlichen Schwierigkeiten gewannen, die komplizierten Verwicklungen und Verflechtungen innerhalb sozialer Gruppen oder gar ganzer Gesellschaften zu entwirren, sich aber dennoch ohne Illusionen auf dieses Forschungsabenteuer einließen. In ihrer Zeit entstand die Soziologie als eine „echte" Wissenschaft von der Gesellschaft, konzipiert als eine Erfahrungswissenschaft, die auf Beobachtung, systematischem Vergleich und Experiment aufbaut. Wenn auch die Soziologie damals noch kaum als eigenständiges Fach an den Universitäten gelehrt wird, sondern meist in Verbindung mit Nationalökonomie, Staatswissenschaften oder Pädagogik in Erscheinung tritt, so wird mit dieser Periode doch die allmähliche universitäre Institutionalisierung der Soziologie zumindest vorbereitet. Für ihre Vertreter bedeutete dies u.a., daß sie nicht mehr wie die früheren soziologischen Denker „sich als freie Schriftsteller und Privatgelehrte allein gegen die ganze Welt stellen mußten" (*Seger* 1970: 58), sondern in Forschung und Lehre auch einen gewissen akademischen Rückhalt fanden.

Und noch etwas wird für die Soziologen dieser Generation charakteristisch: Sie wenden sich nicht nur den notwendigen erkenntnistheoretischen und methodologischen Problemen zu, sondern sie befassen sich auch sehr eingehend mit den aktuellen sozialen Fragen ihrer Zeit: z.B. mit dem Problem der Armut (*Simmel*), der sozialen Lage der Landarbeiter, den Produktionsbedingungen in den Webereien oder auch — grundsätzlicher — mit dem Zusammenhang zwischen Religion und kapitalistischer Wirtschaftsgesinnung (*Weber*), mit der Rolle der Eliten in der Gesellschaft (*Pareto*) oder mit möglichen sozialen Einflüssen auf die Selbstmordraten (*Durkheim*).

Indem sich diese Autoren darauf beschränkten, Aussagen über die soziale Wirklichkeit zu machen und sich somit eher der Erforschung des sozialen Alltags zuwendeten als von irgendeinem fiktiven Punkt aus allumfassende Theorien über gesellschaftliche Strukturen und Entwicklungen zu wagen und nicht minder vage Prognosen in eine ferne Zukunft zu formulieren, gewann der *einzelne* als sozial und kulturell geprägte Persönlichkeit in Verbindung mit anderen (nicht als „reines" Individuum, denn dies ist der Forschungsgegenstand der Psychologie!) auch verstärkte soziologische Beachtung. Neben der Frage, was für die verschiedenartigen sozialen Gewebe und Verflechtungen konstitutiv wird — also der immer wieder neu gestellten Frage nach dem Rätsel des sozialen Zusammenhalts und seinen zwischenmenschlichen Variationen — erregte die Frage nach den wichtigsten Kennzeichen des *sozialen Handelns* des Menschen, gleichsam verstanden als kleinste soziale Einheit oder molekularer Baustein des Sozialen, das besondere Interesse der Klassiker.

1.5.3.1 Max Weber

Für Max *Weber* ist das soziale Handeln des Individuums deutlich und „subjektiv" sinnvoll auf einen anderen Menschen bezogen: ein Mensch, der einem anderen Menschen hilfesuchend oder liebend begegnet; ein Mensch, der einen anderen übervorteilt oder an ihm feindselig seine Aggressionen abreagiert; ein Mensch, der einem anderen über die Ladentheke hinweg eine Ware verkauft; ein Mensch, der auf eine Bühne steigt, sich einem Publikum zuwendet und zu ihm zu sprechen beginnt; ein Mensch, der ein Konzertpodium betritt, sich an den dort befindlichen Flügel setzt und dem versammelten Publikum Beethovens „Pathétique" interpretiert. Aber: „Nicht jede Art von Berührung von Menschen ist sozialen Charakters, sondern nur ein sinnhaft am Verhalten des anderen orientiertes eigenes Verhalten. Ein Zusammenprall zweier Radfahrer z.B. ist ein bloßes Ereignis wie ein Naturgeschehen. Wohl aber wären ihr Versuch, dem anderen auszuweichen, und die auf den Zusammenprall folgende Schimpferei, Prügelei oder friedliche Erörterung ‚soziales Handeln'." (*Weber* 1960: 19).

Nach *Weber*, dessen Soziologie auch „*Verstehende Soziologie*" genannt wird, verstehen wir das soziale Handeln eines anderen, wenn wir es auf eigene seelische Erlebnisse und Erfahrungen beziehen. (Von daher wird *Weber* gelegentlich auch unter die „psychologistischen Soziologen" eingereiht, – eine Etikette, die seinem Gesamtwerk jedoch nicht gerecht wird.)

Doch wenn auch dieses Verstehen mehr oder weniger „psychologisch" evident ist, ist es noch nicht unbedingt auch empirisch gültig. Die evidenteste Interpretation muß nicht zwangsläufig auch die richtige sein. Wahrscheinlichkeit und Wahrheit sind nicht notwendigerweise deckungsgleich. *Weber* will darum die Gültigkeit des Verstehens mit Hilfe des sogenannten „*Idealtyps*"überprüfen. Der Idealtyp ist ein konstruierter Begriff, eine gedanklich zugespitzte, überprägnante Idee. „Er wird gewonnen durch einseitige *Steigerung eines* oder *einiger* Gesichtspunkte und durch Zusammenschluß einer Fülle von diffus und diskret, hier mehr, dort weniger, stellenweise gar nicht, vorhandenen *Einzel*erscheinungen, die sich jenen einseitig herausgehobenen Gesichtspunkten fügen, zu einem in sich einheitlichen *Gedanken*gebilde." (*Weber* 1956: 235).

Indessen sind die konstruktiven Begriffe der Soziologie für *Weber* nicht nur äußerlich, sondern auch innerlich idealtypisch, so daß das reale soziale Handeln in den meisten Fällen „in dumpfer Halbbewußtheit oder Unbewußtheit seines ‚gemeinten Sinns' " (*Weber* 1960: 18) verläuft. Die richtige ursächliche Erklärung eines konkreten Handelns bedeutet also, daß der äußere Ablauf und das zugrundeliegende innere Motiv in ihrem Zusammenhang sinnhaft verständlich erkannt werden.

Entsprechend wird bei *Weber* die Soziologie zu einer „Wissenschaft, welche soziales Handeln deutend verstehen und dadurch in seinem Ablauf und seinen Wirkungen ursächlich erklären will". (*Weber* 1960: 5).

Zur vertiefenden und ergänzenden Lektüre

Raymond Aron, Hauptströmungen des soziologischen Denkens. 2. Band.
(Darin: „Max Weber", S. 176 - 250). Kiepenheuer & Witsch: Köln 1971.
Friedrich Jonas, Geschichte der Soziologie. Band 2: Von der Jahrhundert-
wende bis zur Gegenwart. (Darin Kapitel VIII/2 „Max Weber", S. 182 -
254). Rowohlt: Reinbek 1976.
Donald G. MacRae, Max Weber, dtv: München 1975.
Wolfgang Mommsen, Max Weber. Gesellschaft, Politik und Geschichte. Suhr-
kamp: Frankfurt/Main 1974.

1.5.3.2 Georg Simmel

Georg *Simmel* dagegen vermischt die „subjektive" mit der „objektiven" Bedeutung von sozialen Handlungen und sucht eher nach
„Typen" oder „Klassen" von Beziehungsformen, unabhängig davon, welche Bedeutung die handelnden Menschen diesen zeitlosen
„Formen der Vergesellschaftung" beimessen.

Gleich, was die Menschen miteinander verbindet oder was sie voneinander abstößt, wie sie sich aufeinander einstellen, sich miteinander einlassen, aufeinander zugehen oder miteinander streiten, – die
gleichen formalen Beziehungsformen sind in allen sozialen Verbänden, ob familiärer, religiöser, politischer, wirtschaftlicher oder mili-
tärischer Art nachweisbar. *Simmel* wird von daher zum Begründer
einer *„formalen Soziologie"*, die als ihren Gegenstand nur die zwischenmenschlichen Beziehungen wie Über- und Unterordnung, Konkurrenz, Streit, Nachahmung, Parteibildung u.ä. anerkennt und gelten läßt.

Soziales Handeln und damit Gesellschaft ist bei *Simmel* schlechterdings „überall da existierend, wo mehrere Individuen in Wechselwir-
kung treten". Von daher wird bei ihm zum konstitutiven Element
der Soziologie die soziale Gruppe, die er wie kein anderer vor ihm
feinsinnigen qualitativen und vor allem auch quantitativen Detail-
analysen unterzieht, von denen die zeitgenössische Soziologie immer
noch profitiert.

Zur vertiefenden und ergänzenden Lektüre

Heinz-Jürgen Dahme, Soziologie als exakte Wissenschaft. Georg Simmels Ansatz und seine Bedeutung in der gegenwärtigen Soziologie. (Teil I: Simmel
im Urteil der Soziologie. Teil II: Simmels Soziologie im Grundriß.) 2 Bände. Enke: Stuttgart 1981.

1.5.3.3 Vilfredo Pareto

Anders als in der Vorstellung von *Weber* betont Vilfredo *Pareto* in seinem theoretischen Ansatz die *irrationalen und nicht-logischen* Quellen des menschlichen Verhaltens. Er erklärt „den geringen Grad von Folgerichtigkeit in der Praxis des sozialen Lebens aus dem großen Einfluß von Residuen (Überbleibseln) und Derivationen (Ableitungen). Jene äußern sich in Instinkten, Gefühlen und dem, was die heutige Psychiatrie ‚Komplexe‘ nennt; Derivationen sind die Ideologien, die mehr in Einklang mit den Residuen als mit Erfahrung und Logik stehen." (*v. Wiese* 1954: 100).

Von daher sieht er das soziale Handeln als einen Vorgang an, der bestimmt ist von Gewohnheiten, Interessen, aber auch von Leidenschaften und Gefühlen, die zwar beobachtbar und meßbar sind, denen jedoch eigentlich erst im Nachhinein ein bestimmter Sinn und eine Rechtfertigung unterlegt wird. „Am Beispiel eines beliebigen, wohlerzogenen Mannes, der einen Salon betritt, seinen Hut abnimmt, einige Worte spricht und bestimmte Bewegungen ausführt, entwickelt *Pareto* so wesentliche Variablen seiner Analyse. Denn wenn man diesen Mann nach dem Warum seines Verhaltens fragte, so könnte er nur erwidern: das ist so Brauch. Man kann leicht zeigen, daß er sich ganz analog in zahllosen Situationen verhält, die gesellschaftlich von viel weitreichenderer Bedeutung sind." (*Eisermann* 1973: 28).

In Ablehnung und Überwindung der älteren Analogie von Gesellschaft und Organismus (z.B. bei *Spencer*) entwickelt *Pareto* die Vorstellung von der Gesellschaft als einem dynamischen System, das sich im Gleichgewicht hält oder zumindest immer wieder zum Gleichgewicht tendiert, — eine Vorstellung, die dann von der modernen Systemtheorie wieder aufgenommen wurde und auf die wir später noch zu sprechen kommen (vgl. Abschnitt 3.2).

Zur vertiefenden und ergänzenden Lektüre

Raymond Aron, Hauptströmungen des soziologischen Denkens. 2. Band. Darin: „Vilfredo Pareto", S. 96-175. Kiepenheuer & Witsch: Köln 1971.
Franco Ferrarotti, Vilfredo Pareto. In: *Wilhelm Bernsdorf & Horst Knospe* (Hrsg.), Internationales Soziologenlexikon. Band 1. S. 323 - 327. Enke: Stuttgart 1980.

1.5.3.4 Emile Durkheim

Emile *Durkheim*, der übrigens als erster Soziologe 1887 in Bordeaux einen Lehrstuhl für Soziologie erhielt, betont schließlich — ähnlich wie *Simmel* — die Bedeutung der Gruppe bzw. des Kollektivs für das soziale Handeln. Er will das soziale Handeln wie „Tatsachen" betrachten, die außerhalb des Individuums liegen und von äußeren Zwängen, Verpflichtungen, Geboten, Sitten u.ä. bestimmt werden: „Weit davon entfernt, ein Erzeugnis unseres Willens zu sein, bestimmen sie ihn von außen her; sie bestehen gewissermaßen aus Gußformen, in die wir unsere Handlungen gießen müssen" (*Durkheim* 1961: 226).

Damit legt er dem Sozialen ein solches Gewicht bei, daß er sich dem Vorwurf des „Soziologismus", d.h. der einseitigen Betonung der gesellschaftlichen Bedingtheit und Abhängigkeit menschlichen Denkens und Handelns, ausgesetzt sah.

Für *Durkheim* ist eine soziale Gruppe oder auch die Gesellschaft immer mehr als die Summe ihrer Teile, mehr als die Summe ihrer individuellen Mitglieder. Dieses „Mehr" bezeichnet er als „*kollektives Bewußtsein*", als eine moralische Kraft, die in ihren Wirkungen deutlich nachweisbar sei.

Die gesellschaftliche Entwicklung folgt nach *Durkheim* einer sozialen Evolution, die von der auf der Gemeinsamkeit von Ideen, Gefühlen und Traditionen beruhenden „*mechanischen Solidarität*" der Menschen in einfacheren Gesellschaften sich zu einer „*organischen Solidarität*" der Menschen in zivilisierten und industrialisierten Gesellschaften gewandelt habe und die hier vor allem auf der hochentwickelten Arbeitsteilung, der weitgehenden Differenzierung der Persönlichkeiten und dem Vorherrschen vertraglicher Beziehungen beruhe.

Zur vertiefenden und ergänzenden Lektüre

Raymond Aron, Hauptströmungen des soziologischen Denkens. 2. Band. (Darin: „Emile Durkheim", S. 19 - 95). Kiepenheuer & Witsch: Köln 1971.
Friedrich Jonas, Geschichte der Soziologie. Band 2: Von der Jahrhundertwende bis zur Gegenwart. (Darin Kapitel VI/2 „Emile Durkheim", S. 31 - 63). Rowohlt: Reinbek 1976.
René König, Einleitung, S. 21 - 82. In: *Emile Durkheim*, Die Regeln der soziologischen Methode. Luchterhand: Neuwied, Berlin 1961.

*

Wir werden im Laufe unserer weiteren Überlegungen immer wieder bestimmten Grundgedanken und theoretischen Perspektiven der Klassiker begegnen. Die knappen Skizzen zu ihrem mehr oder weniger unterschiedlichen Verständnis von *„sozialem Handeln"* sollten zeigen, wie sie dies auch als Schlüssel zum Verstehen gesellschaftlicher Vorgänge und Zusammenhänge begriffen. Darüber hinaus haben diese Autoren das Interesse vor allem an den Grundelementen des Gesellschaftlichen zu wecken verstanden, an die sich seither die Forschung aus den verschiedensten Richtungen heranzutasten sucht und dabei immer wieder zu neuen Entdeckungen gelangt.

Imogen *Seger* (1970: 66) hat versucht, die unterschiedlichen Akzentuierungen und teilweise differierenden Perspektiven unserer Klassiker graphisch darzustellen und hierbei die wesentlichen Gesichtspunkte zum Ausdruck zu bringen. Dies soll uns zur zusammenfassenden und abschließenden Anschauung dienen:

Abbildung 2: Die kleinsten sozialen Einheiten nach:

Weber	Simmel	Pareto	Durkheim

Soziales Handeln, subjektiv sinnvoll auf den andern bezogen	Typisch immer wiederkehrende soziale Beziehung	Nicht-rational handelndes Individuum, von sozialen Kräften bewegt	Der von der Gesellschaft bewußt und unbewußt geformte Teil des Individuums

Zur vertiefenden und ergänzenden Lektüre:

Detlef Grieswelle, Allgemeine Soziologie. Gegenstand, Grundbegriffe und Methode der Soziologie. (Darin Kapitel I/1: „Soziales Handeln", S. 11 - 19). Kohlhammer: Stuttgart, Berlin, Köln, Mainz 1974.
Friedrich Heckmann & Friedhelm Kröll, Einführung in die Geschichte der Soziologie. (Mit Quellentexten zu Comte, Spencer, Simmel und Weber). Enke: Stuttgart 1984.
Wolf Lepenies (Hrsg.), Geschichte der Soziologie. Studien zur kognitiven, sozialen und historischen Identität einer Disziplin. Band 1. (Darin besonders die Beiträge: *Robert Alun Jones & Sidney Kronus*, Professionelle Soziologen und die Geschichte der Soziologie: Eine Meinungsumfrage, S. 219 - 237 und *Robert K. Merton*, Zur Geschichte und Systematik der soziologischen Theorie, S. 15-74). Suhrkamp: Frankfurt/Main 1981.

2. Kapitel: Mensch und Gesellschaft

2.1 Der Mensch - gesellschaftliches Wesen oder Individuum: die falsche Alternative

Wenn man Soziologie betreibt und über die Menschen nachdenkt, die sich durch „soziales Handeln" zu Gruppen und Gesellschaften zusammenschließen oder sich gegenseitig mit vielfältigen Mitteln und in den verschiedensten Ausdrucksformen bekämpfen, muß man sich fragen:

- Wie sieht die Soziologie den Menschen?
- Wie sieht sie die Beziehungen zwischen Individuum, sozialer Gruppe und der Gesellschaft?
- Worin unterscheidet sich das „soziologische" Menschenbild von anderen Definitionen und Sichtweisen?

Wie wir bereits gesehen haben (vgl. Abschnitt 1.2) haben wir ja alle bestimmte Vorstellungen von der Beschaffenheit „des" Menschen. Ausgehend von der Annahme bestimmter psychischer Eigenschaften und der Unterstellung bestimmter Motive, deuten wir einmal den Menschen als ein vernunftbegabtes, aus freiem Willen handelndes Individuum oder vermuten ein anderes Mal, der Mensch sei durch seine Erbanlagen sowie durch Rasse, Geschlecht und Instinkte vorprogrammiert oder auch durch sein Milieu mehr oder weniger ausschließlich determiniert.

Auch die Diskussion des Begriffs „soziales Handeln" bei den Klassikern hat gezeigt, daß die Soziologie im Hinblick auf die Erkenntnis der „menschlichen Natur" in einer schwierigen und nicht widerspruchsfreien Lage ist. Besonders in der älteren Soziologie haben entsprechende Abgrenzungsversuche vielfach zu weitreichenden philosophischen Auseinandersetzungen geführt, in deren Folge oft genug überhaupt die Berechtigung einer soziologischen Betrachtungsweise der Person in Frage gestellt wurde. In der krassen Entgegensetzung von „Person" und „Gesellschaft", „Individuum" und „Gemeinschaft", „Ich" und „Kollektivität" stand auf der einen Seite das Individuum im Vordergrund, das außer- oder übersozial begriffen wurde (so z.B. bei Wilhelm *Dilthey*, 1833 - 1911); auf der anderen Seite wurde die Gruppe oder die Gesellschaft hervorgehoben, deren Mitglieder als Teile des größeren Ganzen im „Sozialen" aufgelöst erschienen (so z.B. bei Ludwig *Gumplowicz*, 1838 - 1911).

Spätere Soziologen (wie etwa James *Baldwin*, 1860 - 1934) wiesen indessen darauf hin, daß der Mensch sowohl eine individuelle als auch eine soziale Seite hat, daß also die scheinbar kontroversen Begriffe „Individuum" und „Gesellschaft" komplementär zu verstehen sind: Der Mensch stellt einerseits ein kleines Stück Gesellschaft dar, während die Gesellschaft andererseits aus Individuen besteht, die in ihr wirken und sie teils bewahren, teils verändern. So gibt es ebensowenig ein Individuum ohne Gesellschaft wie eine Gesellschaft ohne Individuen.

Diese Betrachtungsweise hat sich auch in der modernen Soziologie weitgehend durchgesetzt, wobei das Forschungsinteresse den sozialen Einflüssen gilt, denen ein Individuum ausgesetzt ist und die es mit vielen anderen teilt. Eben dies ist ja die eigentliche *soziologische* Perspektive und die Entwicklung eines solchen Deutungssystems die besondere Aufgabe der Soziologie. Von daher betrachtet die Soziologie selbstverständlich immer nur einen bestimmten Ausschnitt der „Wirklichkeit", doch ist es wichtig, daß sich eine Wissenschaft auch *dieser* Realität zuwendet. Mit anderen Worten: Es gibt konkurrierende Erklärungssysteme und Auffassungen vom Menschen, die per definitionem gleichfalls ausschnitthaft, eben beispielsweise psychologischer, pädagogischer, philosophischer oder theologischer Natur sind. Während aber der Philosoph nach dem „Wesen" des Menschen fragt, der Theologe den Menschen im Zusammenhang mit einem letzten Prinzip (Gott) zu verstehen sucht oder der Psychologe sich auf die Bewußtseinsstrukturen des Menschen konzentriert, interessiert sich der *Soziologe* für das „Zwischenmenschliche", für das soziale Beziehungsgefüge, das Personen ziel- und zweckgerichtet miteinander handeln läßt.

Die gemeinsame Grundperspektive muß nicht ausschließen, daß der eine Soziologe eher eine „optimistischere", der andere eher eine „pessimistischere" Akzentuierung oder Grundierung seines Erkenntnismaterials vornimmt. Diese Prämissen beruhen jedoch auf vor- bzw. außerwissenschaftlichen Wertentscheidungen wie z.B. der politischen Philosophie des jeweiligen Autors.

54

So kann es sein, daß der eine Soziologe vor allem die Entscheidungsspielräume des Individuums, d.h. dessen Möglichkeiten für autonome und kreative Selbstverwirklichung für vorrangig hält und die „ärgerliche Tatsache Gesellschaft" als eine Bedrohung der individuellen Freiheit und Selbständigkeit versteht (z.B. Ralf *Dahrendorf*), daß der andere Soziologe aber primär die Gesellschaft als Ganzes und deren Ordnung und Stabilität im Blickfeld hat, die durch die persönliche Willkür einzelner Mitglieder nicht zu sehr beeinträchtigt werden sollte (wie z.B. Talcott *Parsons*).

Diese Prämissen haben insofern Folgen für die Analyse, als der eine Soziologe die gesellschaftliche Wirklichkeit eher mit Begriffen wie Herrschaft, Macht oder Zwang zu erfassen meint und den hierdurch ausgelösten Spannungen und Konflikten unter den Menschen mehr Aufmerksamkeit schenkt, während der andere Soziologe eher den Konsens der Gesellschaftsmitglieder über die sozialen Spielregeln beachtet und die sozialen Mechanismen untersucht, die dafür sorgen, daß die meisten Menschen sich auch an diese Regeln halten.

Doch nochmals: Gleichgültig welchen Standpunkt ein Soziologe auch einnimmt, das *allen* Soziologen gemeinsame Interesse gilt den sozialen Umwelteinflüssen und Wirkkräften, die oft auf den ersten Blick überhaupt nicht wahrnehmbar sind, die aber dennoch entscheidend das menschliche Denken und Verhalten prägen.

Zur vertiefenden und ergänzenden Lektüre

Urs Jaeggi & Manfred Fassler, Kopf und Hand. Das Verhältnis von Gesellschaft und Bewußtsein. (Darin besonders Kapitel 3 „Der Mensch: das notwendig soziale Wesen", S. 17 - 21 und Kapitel 6 „Das Verhältnis: Individuum und Gesellschaft", S. 35 - 40). Campus: Frankfurt/Main, New York 1982.
René König, Soziologische Orientierungen. (Darin das Kapitel „Der Mensch in der Sicht der Soziologie", S. 29 - 44). Kiepenheuer & Witsch: Köln, Berlin 1965.

2.2 Das soziologische Menschenbild oder „man is not born human"

Peter L. *Berger* (geb. 1929) verdeutlicht in seiner spannend geschriebenen „*Einladung zur Soziologie*" unsere „soziologische Perspektive" durch einen Vergleich von zwei für das Tier wie den Menschen charakteristischen Situationen.

o In der ersten Situation trifft eine hungrige Katze auf eine vorbeihuschende Maus. Da Katzen einen ererbten „Instinktapparat" haben, muß niemand der Katze erst beibringen, was zu tun ist, um eine Maus zu fangen. Vielmehr ist der durch diese Situation ausgelöste Verhaltensablauf bereits entsprechend vorprogrammiert. Das Auftauchen der Maus bedeutet für die Katze einen „Reiz", auf den sie eine fix und fertige „Reaktion" als Antwort parat hat. „Wahrscheinlich", vermutet *Berger*, „steckt etwas in der Katze, das, sobald sie eine Maus sieht, unüberhörbar verlangt: Friß, friß, friß. Die Katze faßt nicht etwa den Entschluß, auf ihre innere Stimme zu hören. Sie folgt einfach dem Gesetz ihrer angeborenen Natur und packt die unselige Maus, deren innere Stimme übrigens wahrscheinlich nicht minder unüberhörbar fordert: Lauf, lauf, lauf. Die Katze aber kann nicht anders." (*Berger* 1971: 100).

o In der zweiten Situation kreuzt ein Mädchen den Weg eines Jünglings und erweckt in ihm vielleicht zum ersten Male heftige und leidenschaftliche Gefühle der Zuwendung und Liebe. Zwar gibt es auch hier für den jungen Mann einen Imperativ, den er — wie *Berger* verschmitzt bemerkt — mit allen jungen Katern, Schimpansen oder Krokodilen gemeinsam hat. Doch für diesen hinreichend bekannten Imperativ interessieren wir uns hier nicht, da er den jungen Mann in aller Regel eben nicht erfolgssicher leitet, um seine Angebetete für immer zu besitzen. Im Gegenteil, ein allzu ungestümer und plumper Annäherungsversuch würde wohl auf heftige Widerstände stoßen und das erstrebte Ziel wahrscheinlich endgültig verfehlen lassen. *Berger* zeigt, wie an die Stelle eines ererbten „primitiven" Programms beim Tier in der Menschenwelt ein „komplexeres" Programm als Katalog gesellschaftlicher Spielregeln tritt, das im Sinne einer sozialen „Strategie" und „Taktik" einen verläßlichen Rahmen absteckt, wie man sich in solchen Fällen zu verhalten hat. Ein solcher „*sozialer Imperativ*" ist wiederum sehr stark kulturell abhängig und hat die unterschiedlichsten Ausprägungen, wenn wir etwa an die entsprechenden Gepflogenheiten in der Türkei, bei den Nuba in Afrika, den Eskimos auf Grönland oder irgendeiner anderen Kultur denken. Er formuliert auch die Regeln, die einzuhalten sind, wenn im Rahmen unserer Gesellschaft ein junger Mann die Verbindung zu einem Mädchen sucht, wie ein „anständiges" Mädchen darauf zu reagieren hat und wie schließlich eine zwischengeschlechtliche Verbindung in der Institution Ehe als rechtens und dauerhaft angesehen werden soll. Zugunsten der Regeln, die eine Gesellschaft vorschreibt, werden alle anderen denkbaren Optionsmöglichkeiten ausgeschlossen. Der soziale Imperativ präsentiert in unserer Kultur die Formel: „Begehren bedeutet lieben und heiraten. Alles, was unser Mann zu tun hat, ist, die im Programm vorgeschriebenen Schritte nachzuvollziehen. Nur ganz, ganz selten einmal werden wir in die Lage versetzt, neue Typen zu erfinden, uns selbst die Modelle für unser Verhalten zu schaffen." (*Berger* 1971: 101).

Kaum eine Verhaltensweise, die der Mensch benötigt, um am gesellschaftlichen Leben teilzunehmen, kaum eine „Strategie", auf Grund derer er seine Wünsche verwirklichen kann, werden dem Menschen etwa durch ein erblich verankertes Steuerungsprogramm einfach in die Wiege gelegt. Vielmehr sind nahezu alle menschlichen Verhaltensweisen nach soziologischer Auffassung Ergebnisse von Erfahrungen und Lernprozessen, die das Individuum in einem komplizierten Wechselspiel mit seiner Umwelt erwerben muß, egal, ob es sich um die Art und Weise handelt, sich verständlich zu machen, einander Freude zu bereiten oder Leid zuzufügen oder, wie in *Bergers* Beispiel, Kontaktwünsche zu signalisieren.

Um Mißverständnisse bei der Erläuterung ihres Menschenbildes zu vermeiden, sprechen Soziologen daher heute lieber von der „*sozialkulturellen Persönlichkeit*", als daß sie den mit philosophischen Wertungen befrachteten Begriff der „Person" verwenden. In diesem Sinne wird der Mensch paradoxerweise auch nicht als „Mensch" geboren, sondern erst dazu „gemacht" („*man is not born human*", *Burgess & Locke* 1945: 213). Zwar ist das Menschsein bei der Geburt als Anlage vorhanden, doch ohne humane Umgebung kann ein neugeborenes menschliches Leben nicht zu dem werden, was seiner Gattung entspricht. Der Mensch muß seine Lebensform, die er in der Kultur der ihn umgebenden Gesellschaft vorfindet, erst in verwickelten und vielschichtigen Prozessen erlernen.

Bei dieser nach der Geburt beginnenden Phase der „Menschwerdung" geht es nur bedingt um schlicht körperliche Vorgänge. Das Kind spürt zwar körperlich Hunger und Durst, Hitze und Kälte, Licht und Dunkelheit, Behagen und Unbehagen. Doch auch diese frühkindlichen Erfahrungen werden in der Regel von anderen Menschen beeinflußt. Sie stillen beispielsweise Hunger oder Durst in einer ganz bestimmten Form und auf eine ganz bestimmte Weise mit kulturell typischen Nahrungsmitteln und nach kulturell für richtig gehaltenen Zeitplänen. „Auf diese simple Weise drückt die Gesellschaft dem kindlichen Verhalten ihren Stempel auf. Sie reicht bis in das Kind hinein, weil sie die Funktionen seines Magens organisiert hat. Dasselbe gilt natürlich auch für Ausscheidung, Schlaf und andere organische Vorgänge." (*Berger & Berger* 1974: 35).

In anderen Worten: Ursprünglich „offene" und unangepaßte Impulse, Affekte und Reaktionen des Menschen werden durch die Übernahme sozial-kultureller Elemente (wie Normen, Werte, Sprache, Symbole usw.) überformt. Dies geschieht durch eine starke und in diesem Ausmaß der menschlichen Gattung allein eigentümlichen Einbindung in ein Geflecht sozialer Beziehungen. Diese „Menschwerdung" wird deshalb nach übereinstimmender Meinung von Sozialwissenschaftlern als ein sozialer und kultureller Prozeß verstanden, als eine *zweite*, die sogenannte *sozial-kulturelle* Geburt (*König* 1955: 127). Erst im „sozialen Mutterschoß" der Familie werden in vielfältiger Weise und Ausprägung die Voraussetzungen für die Entwicklung grundlegender menschlicher Eigenschaften und Fähigkeiten geschaffen.

Wie fundamental eine sozial-kulturelle Umgebung Voraussetzung für die Entwicklung des Menschen und für die menschliche Existenz ist, zeigt die Tatsache, daß bloße physische Aufzucht ohne jede gefühlsmäßige Zuwendung und Sprachvermittlung letztlich scheitert. Besonders eindrucksvoll wird dies durch jene Schilderungen von „wilden Kindern" belegt, die ohne Einfluß von Mitmenschen, sozialen Beziehungen, Sprache und kulturellen Einrichtungen aufwuchsen (vgl. *Malson, Itard & Mannoni* 1974). Am bekanntesten sind die Kinder Kamala und Amala, die man 1920 in Indien in der Gesellschaft von Wölfen aufgefunden hatte und die bei ihrer Entdeckung weder aufrecht gehen, sprechen oder sich sonstwie sinnhaft artikulieren konnten (vgl. *Singh* 1964). Da ihnen der soziale Mutterschoß fehlte, hatten sie typische menschliche Fähigkeiten nicht ausbilden können; aber auch typische Verhaltenssteuerungen instinktiver Art, wie sie immerhin noch bei isoliert aufgewachsenen Tieren anzutreffen sind, hatten diese „Wolfskinder" nicht entwickelt. Wie diese Fallstudien belegen auch die Beispiele sogenannter „Kaspar-Hauser"-Schicksale, daß ohne zwischenmenschliche Beziehungen und Hilfen grundlegende soziale Fertigkeiten nicht erworben werden können.

Vergleichbare Ergebnisse für die Wirkungen solcher „*Deprivationen*" von sozialen Interaktionen insbesondere im Säuglings- und Kleinkindalter erbrachten auch die Beobachtungen des in den USA lehrenden Psychoanalytikers René *Spitz* (vgl. *Spitz* 1974) und seiner Schüler (insbesondere *Goldfarb & Bowlby*). Frühe Trennung von den Eltern, beispielsweise bei hospitalisierten, längere Zeit ohne feste Bezugspersonen in Krankenhäusern, Anstalten oder Heimen untergebrachten Kindern führt mit zunehmender Dauer zu tiefgreifender psychischen und auch physischen Entwicklungsstörungen (*Hospitalismus*). Da — so die Deprivationsforscher — infolge der in klinischen und vielen sozialpädagogischen Institutionen üblichen, geregelten Schichtarbeit diese Kinder bei ständig wechselndem Personal nur mangelhafte individuelle und emotionale Beziehungen zu festen Zuneigungspersonen aufnehmen können und als Folge der geringeren sozialen Kontakte auch nur verminderte entwicklungsfördernde taktile und visuelle Sinnesreize erfahren, erleiden sie in solchen Einrichtungen häufig irreversible Schädigungen kognitiver und affektiver Art mit entsprechenden psycho-somatischen Effekten, die ab einem gewissen Zeitpunkt nicht mehr ausgeglichen oder allenfalls nur mit großen Schwierigkeiten wieder (z.B. psychotherapeutisch) „repariert" werden können (vgl. hierzu *Casler* 1968, *Hassenstein* 1975, *Lehr* 1975, *Schmalohr* 1975).

Halten wir jedoch abschließend fest, daß der Begriff der sozial-kulturellen Persönlichkeit nicht den Menschen in seiner Gesamtheit umschreibt, sondern eben nur die Summe von relativ stabilen Motiv-, Denk-, Gefühls- und Verhaltensstrukturen, die er haben bzw. lernen muß, um die Erwartungen seiner sozialen und kulturellen Umwelt zu erfüllen und an deren produktiven Fortführung mitwirken zu können. Bis zu einem gewissen Grade stellt die sozial-kulturelle Persönlichkeit ein Spiegelbild der sozial-kulturellen Verhältnisse dar, die sie geprägt haben. Später wird allerdings noch zu zeigen sein, daß die sozial-kulturelle Persönlichkeit nicht einfach als ein Ergebnis der passiven Anpassung des Individuums an die Gesellschaft zu verstehen ist.

Zur vertiefenden und ergänzenden Lektüre

Hans Paul Bahrdt, Zur Frage des Menschenbildes in der Soziologie. In: *Europäisches Archiv für Soziologie*, 1, 1961.
Alfred Bellebaum, Soziologische Grundbegriffe. Eine Einführung für Soziale Berufe. (Darin Kapitel 3: „Instinktverhalten und soziales Handeln", S. 22 - 29). Kohlhammer: Stuttgart, Berlin, Köln, Mainz 1972.

2.3 Normen, Werte und Institutionen: Sind Menschen berechenbar?

Ausgehend von unserer täglichen Erfahrung sind wir bereits im ersten Abschnitt unseres Kurses auf bestimmte Regelmäßigkeiten und Gleichförmigkeiten im zwischenmenschlichen Verhalten und Handeln der Menschen unserer Umgebung gestoßen. Wir haben erkannt, daß wir über viele Dinge, die wir zusammen mit anderen Menschen und so wie andere Menschen tun im Alltag schon gar nicht mehr nachdenken. Wir haben die Regeln unserer Kultur absorbiert, sie sind ein Teil unseres Selbst geworden und verschaffen uns im Alltag die notwendige Entlastung, nicht fortwährend neu entscheiden zu müssen. So oder so zu handeln erscheint uns selbstverständlich und wir praktizieren es in gewohnter Routine. Vieles dabei ist von außen beobachtbar, manches erscheint noch rätselhaft und undurchsichtig und erschließt sich nur spröde sozialwissenschaftlicher Forschung.

o Soziologisch ist es allemal interessant, wenn Menschen mit bestimmten sozialen Situationen mehr oder weniger bestimmte Erwartungen verbinden, an denen sie dann faktisch ihr Verhalten orientieren. Diese Erwartungen in bezug auf das Handeln oder Nichthandeln der Mitglieder einer Gesellschaft werden *Normen* genannt. Diese Bezeichnung bringt den mehr oder weniger verpflichtenden Aufforderungscharakter entsprechender Erwartungen zum Ausdruck. Nach *Dahrendorf* sind Normen in gradueller Abstufung „imperativisch" geprägt, was sich für uns je nachdem in *Muß-*, *Soll-* oder *Kann*-Erwartungen verdeutlicht. Entsprechen wir (innerhalb bestimmter Toleranzen) den jeweiligen Erwartungen nicht, so müssen wir mit *negativen Sanktionen* („Bestrafungen") rechnen, die je nach Grad und Art der Abweichung auf einer Palette von Klatsch, Verachtung, Hohn und Spott bis zu unmittelbarem physischem Druck reichen können. Umgekehrt hat die Befolgung der Normen *positive Sanktionen* („Belohnungen") zur Folge, die beispielsweise aus Ansehen, Prestige oder aus einem „guten Ruf" bestehen können.

o Bestimmte Normen werden in allen komplexen, aber auch in den meisten einfachen Gesellschaften in einem kodifizierten Normensystem verankert, das wir „*Recht*" nennen; „Spezialisten" wie Polizisten, Staatsanwälte und Richter überwachen dessen Einhaltung. Viele der gesellschaftlichen „*Sitten*" sind so als soziale Muß-Erwartungen auch juristisch abgesichert. Im allgemeinen handelt es sich hier um unsere vielfältigen Pflichten im Alltag, für die verbindliche Regelungen festgesetzt sind: Kinder müssen im schulpflichtigen Alter die Schule besuchen, Lehrer z.B. dürfen nicht die sprichwörtlichen „silbernen Löffel" stehlen, da gerade sie als Beamte dann die ganze Strenge des Gesetzes treffen würde.

o Etwas weniger verpflichtend ist der gesellschaftliche Anspruch auf die Berücksichtigung bestimmter „*Bräuche*". Diese Soll-Erwartungen bezeichnen durchaus auch Pflichten des Alltags, ohne daß sie jedoch in Form von Rechtsregeln fixiert sein müssen. Wir können uns ja beispielsweise die möglichen Reaktionen der Umwelt auf eine etwaige Verletzung solcher Soll-Erwartungen durch unser Liebespaar aus dem letzten Abschnitt gut ausmalen.

o Kann-Erwartungen schließlich tragen den schwächsten Verpflichtungsdruck. Es handelt sich hier um soziale „*Gewohnheiten*", denen man sich unter Umständen auch entziehen kann. Erfüllt man sie dennoch, so darf man beinahe ausschließlich mit positiven Reaktionen rechnen. Ein Lehrer bräuchte sich eigentlich nicht so intensiv um die privaten Schwierigkeiten eines Schülers zu kümmern. Bemüht er sich trotzdem, so werden ihn Schüler und Eltern für einen guten Lehrer halten; ein pädagogischer Übereifer aufgrund mangelnden Fingerspitzengefühls könnte indessen auch gegenteilige Wirkungen zeitigen.

o Die sozialen Normen lassen sich bei genauerer Analyse auf Leitbilder bzw. auf Vorstellungen darüber zurückführen, was von der überwiegenden Mehrheit einer Gruppe oder einer Gesellschaft für richtig und erstrebenswert angesehen wird. Diese mehr abstrakten Ideen werden im soziologischen Sprachgebrauch als *Werte* bezeichnet und beinhalten die einer Gruppe oder Gesellschaft als Kern ihrer Kultur zugrunde liegenden gemeinsamen Zielsetzungen. Diese kollektiven Zielsetzungen sind nicht immer oder ausschließlich rational, sondern häufig auch triebhaft, emotional, religiös, moralisch oder ästhetisch besetzt. Die Geschichte der Menschheit ist voll von langen und blutigen Kriegen, die im Namen solcher nicht-rationalen Ideen geführt wurden und Tausende sind in ihrem Namen, sind für Volk und Vaterland begeistert in den „Heldentod" gegangen.

Gesellschaftliche Werte sind wie die daraus abgeleiteten sozialen Normen von unterschiedlicher Bedeutung und Wichtigkeit. Der amerikanische Soziologe William Graham *Sumner* hat schon 1906 unterschieden zwischen den normativ weniger verpflichtenden *„folkways"* (im Sinne von sozialen Gewohnheiten) und den *„mores"* (im Sinne von Sitten) in der Form von strengen Geboten, Verboten oder Tabus.

o Die „folkways" bieten eine Art „Konfektions-Lösungen" (*Jager & Mok*) für soziale Alltagssituationen an: daß wir uns bei der Begrüßung die Hand geben, gehört hierzulande ebenso zu unseren sozialen Gewohnheiten, wie wir es für schicklich halten, daß ein getippter Brief mit der Hand unterschrieben wird.

o Die „mores" dagegen berühren im allgemeinen unmittelbar und existentiell das Funktionieren einer Gesellschaft. Als komplexe Normensysteme beanspruchen sie gesamtgesellschaftlich verbindliche Gültigkeit und regulieren in festgelegter Weise unser Verhalten in jenen Sinn- und Daseinsbereichen, die sozial als besonders bedeutsam definiert sind. Die „mores" finden wir deshalb in allen Gesellschaften in der Form von organisierten *Institutionen*, die man gleichsam als „geronnene Sitten" verstehen kann. So reguliert z.B. die Institution Ehe das sexuelle Verhalten, die Institution Familie die Reproduktion und „Aufzucht" des gesellschaftlichen Nachwuchses sowie das Handeln des einzelnen in diesem Sozialsystem, die Institution Schule befriedigt u.a. die Nachfrage der Gesellschaft nach qualifizierter Ausbildung und politischer Integration usw.: *Institutionen befriedigen somit fundamentale Bedürfnisse, die in jeder Gesellschaft und Kultur abgesättigt werden müssen.*

Dies geschieht indessen in den einzelnen Gesellschaften mit durchaus unterschiedlicher Konkretisierung bzw. Akzentuierung und vor allem auch verschiedenartiger Koordination:

— In der einen Gesellschaft mag die Familie oder das Verwandtschaftssystem als zentrale Institution gelten (so in vielen sogenannten „einfachen" Gesellschaften, die Gegenstand der Völkerkunde resp. der Ethnologie sind).

— In anderen Gesellschaften mögen unter dem ideologischen Programm staatlicher Institutionen alle anderen sozialen Institutionen (Familie, Wirtschaft, Religion, Recht) „gleichgeschaltet" werden.

– In wiederum anderen Gesellschaften ist eine Pluralität von Institutionen charakteristisch.

Institutionen sind also auch veränderbar und können sogar an Bedeutung verlieren, wenn ihre ursprünglichen Funktionen anderen Institutionen übertragen oder an sie ausgegliedert werden bzw. ihre normativen Regulierungen aufgrund allgemeinen gesellschaftlichen Wertewandels im Bewußtsein der Gesellschaftsmitglieder an Gültigkeit eingebüßt haben.

Wie in vielen modernen Gesellschaften können Institutionen auch in zunehmendem Widerspruch zueinander geraten, wenn wir beispielsweise in diesen Gesellschaften an die teilweise gegensätzlichen Wertsysteme der Familie und der Wirtschaftsordnung, der Kirche und des Staates usw. denken.

Darüber hinaus kann aber auch die Gewichtung einzelner Wertvorstellungen in verschiedenen sozialen Gruppen innerhalb einer Gesellschaft variieren. Die unterschiedlichen Haltungen zum Schwangerschaftsabbruch, zur Verteidigungspolitik, zur Versorgung mit Kernenergie oder zum Problem des Wirtschaftswachstums zeigen, daß beispielsweise bestimmte religiöse Gruppierungen, bestimmte Altersgruppen, Angehörige bestimmter Berufe oder bestimmte soziale Schichten von der Gesamtkultur abweichende Wertorientierungen vertreten. Je mehr und je systematischer die Werte solcher Teilgruppen von den Wertsetzungen der umfassenden Kultur abweichen und je entscheidender sie das Leben und das alltagspraktische Handeln des einzelnen prägen, um so eher gewinnen solche sozialen Gruppierungen den Charakter von *Subkulturen*. Der Grad der Abweichung solcher Subkulturen vom kulturellen Wertzusammenhang der Gesamtgesellschaft kann dabei von bloßer Modifikation bis zu ausdrücklich gegenkulturellen Entwürfen und Positionen reichen. Derartige subkulturelle Differenzierungen finden sich in unterschiedlicher Ausprägung beispielsweise bei bestimmten jugendlichen Gruppierungen, bei Anhängern der sog. „Alternativen Bewegung", bei gewissen Sekten, bei diskriminierten Minderheiten, aber auch bei kriminellen Gruppen und Organisationen.

Zusammenfassend können wir festhalten, daß soziale Normen, Werte und Institutionen eine „*anthropologische Voraussetzung für Handeln" (Bellebaum* 1972: 44) darstellen. In gewisser Weise können wir sie als „Instinktersatz" sehen, da sie den instinktmäßig ungesicherten

Menschen im gesellschaftlichen Alltag leiten. Sie grenzen in sozial-kultureller Spezifität die nahezu unendlich große Zahl möglicher, d.h. beliebiger und willkürlicher Handlungen und Verhaltensweisen ein und korrigieren somit die Folgen der biologischen Weltoffenheit des Menschen. Oder in der Sprache von Niklas *Luhmann*: Normen, Werte und Institutionen sind als *„Reduktionen von Komplexität"* für menschliches Handeln unerläßlich.

Dadurch wird zwischenmenschliches Handeln und Verhalten mehr oder weniger im voraus berechenbar. Das „mehr oder weniger" macht darauf aufmerksam, daß trotz allem Menschen sich eben oft nicht so verhalten, wie wir es von ihnen erwarten. Diese durchaus mögliche „Unberechenbarkeit" zeigt, daß die sozial und kulturell präformierten Handlungsabläufe doch keine „mechanischen Instink-te" im Sinne einer völlig automatischen Reaktion auf einen Auslöse-reiz erzeugen. Denn immer wieder werden Normen verletzt, Werte verändern sich und Institutionen geraten miteinander in Konflikt, ja eine gewisse Spannung und Diskrepanz zwischen den „offiziellen" Normen und Werten und dem tatsächlichen Verhalten ist geradezu „normal". Dies mag zwar für uns oft irritierend und für die Stabilität der Gesellschaft im Sinne der Erhaltung eines Status quo unter Um-ständen sogar bedrohlich sein, doch liegt in dieser nur partiellen Wirksamkeit auch ein Element der gesellschaftlichen Dynamik und der Anpassungsfähigkeit sozialen Handelns und Verhaltens. Man er-innere sich umgekehrt an die fatalen Wirkungen einer exakten Be-folgung aller Anordnungen im Sinne eines „Dienstes nach Vor-schrift".

Emile *Durkheim* hat dies bereits erkannt, als er darauf hinwies, daß ohne ein hohes Maß an Konformität in den Normen kein Sozial-system existieren kann, daß aber bei vollständiger Normenkonformi-tät eine Gesellschaft erstarre und es keine sozialen Spielräume und Anpassungsfähigkeiten mehr gebe. *Durkheim* entwickelte in diesem Zusammenhang auch den Begriff der *Anomie* (= Normlosigkeit), die er als Zustand beschreibt, in dem viele Normen gleichzeitig ihre Ver-bindlichkeit verlieren. Da dies ein unerträglicher Zustand ist, wird in einem solchen Fall einerseits versucht werden, durch Sanktionen den alten Normen wieder ihren früheren Gültigkeitsgrad zu verschaffen, während andererseits die Normabweichenden ihr Verhalten als „neue Norm" zu deuten versuchen. Nach *Durkheim* stellen viele Normabweichungen nur eine Antizipation (Vorwegnahme) der zu-künftig geltenden Moral dar.

Im allgemeinen ändern sich soziale Werte und die dazugehörenden Institutionen und Normen nur langsam. Hinken sie zu stark der gesamtgesellschaftlichen Entwicklung hinterher, so werden sie *„dysfunktional"* in dem Sinne, daß sie ihre Aufgaben, die Anpassung an die Bedingungen des Alltags zu ermöglichen, nur noch ungenügend oder schlecht erfüllen. Ändern sie sich zu rasant, werden sie gleichfalls „dysfunktional", da sie die Funktion, die Gesellschaft oder gesellschaftliche Gruppen zusammenzuhalten (Integrationsfunktion) nicht mehr befriedigend erfüllen, sondern die Konflikte zwischen „traditionell" Denkenden und „Progressiven" verschärfen. In jedem Fall aber werden bei solchen Normenkonflikten Individuen und Gruppen vor das Problem eigener Entscheidungen gestellt.

Normen, Werte und Institutionen sind also keine ewigen unveränderlichen sozialen Tatsachen, sondern jeweils an einen bestimmten gesellschaftlichen Zusammenhang gebunden; sie sind relativ, d.h. sie variieren sehr stark hinsichtlich Zeit und Ort. Zwar sind sie für die soziale Struktur und das gesellschaftliche Funktionieren immer notwendig, aber die Notwendigkeit und Allgemeingültigkeit beispielsweise einer bestimmten Einzelnorm läßt sich empirisch nicht nachweisen. „Für die empirische Soziologie gibt es Werte, Normen und Institutionen nur insofern und solange es Menschen gibt, die diese anerkennen und nach ihnen leben." (*Jager & Mok* 1972: 63). Unter diesem Gesichtspunkt ist in der Soziologie tatsächlich „der Mensch das Maß aller Dinge".

Zur vertiefenden und ergänzenden Lektüre

Alfred Bellebaum, Soziologische Grundbegriffe. Eine Einführung für Soziale Berufe. (Darin Kapitel 5: „Soziale Norm", S. 43 - 62). Kohlhammer: Stuttgart, Berlin, Köln, Mainz 1972.

Günter Hartfiel & Karl-Heinz Hillmann, Wörterbuch der Soziologie. 3. Aufl. (Darin die Stichwörter „Norm", „Wert" und „Institution" mit weiteren Literaturangaben.). Kröner: Stuttgart 1982.

Rüdiger Lautmann, Wert und Norm. Begriffsanalysen für die Soziologie. Westdeutscher Verlag: Köln, Opladen 1969.

Reece McGee, Soziologie die uns angeht. (Darin Kapitel II: „Kultur und Gesellschaft – die grundlegenden Begriffe", S. 45 - 74). Bertelsmann: Gütersloh, Berlin 1976.

Heinrich Popitz, Soziale Normen. In: *Europäisches Archiv für Soziologie*, II, 1961, S. 185 ff.

Heinrich Popitz, Die normative Konstruktion von Gesellschaft. Mohr: Tübingen 1980.

Max Weber, Soziologische Grundbegriffe. (Darin § 4: „Typen sozialen Handelns: Brauch, Sitte", S. 23 - 25). Mohr: Tübingen 1960.

2.4 Sozialisation und soziale Rolle: Wir alle spielen Theater

2.4.1 Die Mitgliedschaft in der Gesellschaft: Sozialisation

Die Vermittlung sozialer Normen und Wertvorstellungen erfolgt in einem Prozeß, den die Soziologie als *Sozialisation* bezeichnet. Der Begriff Sozialisation (engl.: socialisation) stammt aus den angelsächsischen Sozialwissenschaften. Gelegentlich wird er auch mit ,,Sozialisierung" (z.B. *Seger* 1970, *Fend* 1972) übersetzt, was jedoch leicht zu Mißverständnissen führt, da dieses Wort durch seine wirtschaftspolitische Bedeutung (= Verstaatlichung der Privatwirtschaft) bereits ,,belegt" ist.

Sozialisation meint mehr als der klassische pädagogische Begriff der ,,Erziehung", der sich ja vor allem auf jene in der Regel absichtsvollen und bewußt geplanten Bemühungen und Handlungsschritte von Eltern oder Lehrern bezieht, die zum Ziel haben, die Persönlichkeitsentwicklung des Kindes pädagogisch positiv zu beeinflussen, d.h. bestimmte Verhaltensdispositionen zu entwickeln oder vorhandene zu verändern (vgl. hierzu *Kob* 1976: 9, *Hurrelmann* 1976: 19 f.).

Vielmehr schließt Sozialisation den Vorgang der Erziehung mit ein und umfaßt darüber hinaus auch jene ungeplanten, aber persönlichkeitsprägenden Lernvorgänge, die sowohl das Kleinkind wie auch später noch der Erwachsene durch eigene Erfahrungen machen kann. Hierzu zählen jene unspezifischen Lernvorgänge, für die auch in Gesellschaften mit breit entwickeltem Erziehungswesen keine erziehende Instanz und keine erzieherischen Maßnahmen als explizite Einwirkungen auszumachen sind. Überhaupt lassen sich solche Einflüsse – denkt man beispielsweise an die prägenden Wirkungen von jugendlichen Freundschaftsgruppen, Fan-Clubs, Reklame, Massenmedien, Interessenorganisationen, politische Öffentlichkeit usw. – nach pädagogischem Selbstverständnis schwerlich alle sinnvoll als Erziehung oder Ausbildung charakterisieren, während sie faktisch indessen zweifellos sozialisierende Prozesse darstellen.

Es sind jedoch gerade diese Lernvorgänge, die den Soziologen besonders interessieren. Denn daß der Mensch durch seine Umwelt geformt werden kann, ist zunächst keine exklusive Erkenntnis der Sozialwissenschaft: alle Erziehung fußt auf dieser Voraussetzung. Unser Alltagswissen verbucht erst dann durch die soziologische Perspektive einen Zugewinn an ,,Weltverständnis", wenn prägende Einflüsse dort entdeckt werden, wo man zunächst keine vermutet, oder wenn wir als Soziologen zeigen können, daß die intendierte Erziehung oder die geplante Ausbildung noch andere als die beabsichtigten Effekte hat: eben die Vermittlung jener sozialen Regeln und Gepflogenheiten menschlichen Zusammenlebens und konkreter Lebenswirklichkeit, die kein Erziehungsprogramm und kein Curriculum thematisieren.

Sozialisation begegnet uns damit als ein relativ weitgefaßter Begriff, der *alle* sozialen Geschehensverläufe abbildet, durch die das Individuum, das mit rudimentären Instinkten, aber mit dispositionell großer Plastizität und Lernfähigkeit, also „mit einer enormen Variationsbreite von Verhaltensmöglichkeiten geboren wird, zur Ausbildung seines faktischen, weit enger begrenzten Verhaltens geführt wird — wobei die Grenzen des üblichen und akzeptablen Verhaltens durch die Normen der Gruppe, der es angehört, bestimmt werden" (*Child* 1959: 665). In anderen Worten: der Begriff Sozialisation bezeichnet einen Vorgang, der aus unendlich vielen Einzelereignissen zusammengesetzt ist, die sich unmöglich nur einem einzigen, z.B dem „pädagogischen" Handlungssystem und -feld zuordnen lassen. Sozialisation ist vielmehr allgegenwärtig und beinhaltet alle prozessualen Zusammenhänge, durch die der zunächst nur „biologisch" geborene Mensch allmählich zu einem Mitglied seiner ihn umgebenden Gruppe und Gesellschaft wird, eben zur sozial-kulturellen Person. Von daher läßt sich Sozialisation auch mit „*Vergesellschaftung der menschlichen Natur*" *(Hurrelmann* 1976: 15) umschreiben.

Die — biologisch gesehen — „defizitäre" Ausstattung des „Mängelwesens" Mensch (*Gehlen* 1961) erweist sich damit gerade aufgrund ihres „Nicht-festgelegt-Seins" als eine positive, den Menschen auszeichnende Voraussetzung zu einer fast unendlichen Lernfähigkeit und sozial-kulturellen Variabilität. So ist der Mensch „*Nesthocker*" und „*Nestflüchter*" zugleich, — ein „hilfloser Nestflüchter" (*Portmann* 1969), der zunächst auf intensive Pflege und ständige Zuwendung durch seine soziale Umwelt angewiesen ist, aber andererseits infolge seiner entwickelten Sinnesorgane und der damit korrespondierenden Weltoffenheit und Entscheidungsfreiheit sich verschiedenen kulturellen Umgebungen und gesellschaftlichen Alternativen anpassen kann bzw. dieselben auch nach seinen Wünschen und Bedürfnissen umzugestalten in der Lage ist, um in ihnen leben zu können. In diesem Sinne kann der Mensch als zugleich *Schöpfer und Geschöpf der Kultur* bezeichnet werden (*Landmann* 1961, *Mühlmann* 1962).

Im Gegensatz zur rein biologischen Geburt stellt die Sozialisation keine „biomechanische", unabänderliche und situationsunabhängige Größe dar. Das zu sehen ist wichtig, da die Kultur und Gesellschaft, in der wir leben und der wir angehören, nur eine von vielen möglichen Arten der Konkretisierung menschlicher Lebensformen ist, innerhalb derer Neugeborene auf eine nach Ort und Zeit bemerkenswert unterschiedliche Art und Weise „Menschen werden". Welche Vielfalt gesellschaftlicher und kultureller Organisationsformen, den einzelnen prägenden Sitten und Bräuche es wirklich gibt, haben uns vor allem die Berichte der modernen Völkerkunde (Ethnologie) gezeigt. Daß das, was man — auch in der Wissenschaft — lange für „natürlich" gehalten hat, im wesentlichen *kulturell* bedingt ist und durch Sozialisation vermittelt und gelernt erscheint, hat beispielsweise die amerikanische Ethnologin Margaret *Mead* sehr anschaulich in den Berichten über ihre Forschungsreisen zu Naturvölkern der Südsee illustriert. Bei einem Vergleich dreier nahe beieinander lebender „primitiver" Gesellschaften auf Neuguinea, die sie in den Jahren 1925 - 1933 besuchte, zeigte sich, daß nicht nur soziale Gewohnheiten, Bräuche und Sitten, sondern auch das Temperament und das geschlechtsspezifische Verhalten jedes einzelnen Menschen zutiefst von seiner Kultur geprägt sind. Selbst Eigenschaften wie „Männlichkeit" und „Weiblichkeit", die ja nach landläufiger Meinung unmittelbar aus der biologischen Mitgift erklärt werden, sind in hohem Maße sozialer Natur, d.h. Ergebnis der Auffassungen vom Mann und von der Frau, die in der jeweiligen Gesellschaft dominieren.

Gemessen an unserer eigenen Kultur waren bei einem der von Margaret *Mead* untersuchten Stämme, den Tchambuli, die Rollen von Mann und Frau geradezu vertauscht. Die Frauen besaßen dort aktive, sachorientierte, planende und „herrische" Eigenschaften, zogen zum Fischen aus und ernährten die Familie. Die „typisch fraulichen" Interessen gingen ihnen völlig ab. Ihre Männer dagegen blieben im Dorf und widmeten sich der Herstellung von Kostümen und Masken, der Malerei, dem Tanz und der Gestaltung von Festlichkeiten. Bei den benachbarten Arapesh und Mundugumor fand die Ethnologin eine völlig andere Form der Rollenverteilung und nur sehr geringe Temperamentunterschiede zwischen Mann und Frau. Bei den Arapesh zeigten Männer und Frauen eine gleichermaßen sanfte und eher ängstliche Persönlichkeitsstruktur und einen ausgesprochen altruistischen Sozialcharakter, gutmütig, freundlich und verständnisvoll gegenüber den Wünschen und Bedürfnissen anderer Menschen; bei den kannibalistischen Mundugumor erschienen beide Geschlechter in ihrem Charakter dagegen rücksichtslos und egoistisch, mißtrauisch und ehrgeizig, gewalttätig und aggressiv gegenüber ihrer Umwelt.

Aus den Beobachtungen geht hervor, daß diese großen Unterschiede nicht auf eine allgemeine Natur des Menschen zurückzuführen sind, sondern auf die Sozialisation, und diese wieder auf die kulturbedingten Normen, Werte und Institutionen, die sich in ihr ausdrükken. So werden die Kinder der Arapesh liebevoll umsorgt, erhalten jede Zuwendung und werden von allen Kümmernissen ferngehalten. Die Mutter ist dauernd bei ihnen, sie stillt sie sehr lange, sie ist sehr zärtlich. Das Arapesh-Kind erfährt so eine freundliche, bejahende Umgebung, in der nach Möglichkeit es nie abgewiesen und verletzt wird. Dagegen gelten Kinder bei den Mundugumor als Ärgernis und Quelle ehelicher Spannungen und Konflikte. Sie werden oft unmittelbar nach der Geburt getötet oder – sofern sie am Leben blieben – mit betonter Gefühlskälte, Härte und Gleichgültigkeit behandelt. Die Mundugumor-Kinder erfahren ihre Umwelt als einen permanenten Kampfplatz, auf dem es nur um das Überleben geht. Jede „Weichheit" ist Ausdruck von Schwäche, keinem Menschen kann man vertrauen, alles muß man gewaltsam erringen und gegen Feinde behaupten.

Margaret *Mead* folgert aus diesen sehr unterschiedlichen Sozialisationseffekten bei Stämmen, die gar nicht so weit voneinander entfernt leben, „daß die menschliche Natur außerordentlich formbar ist und auf verschiedene Kulturbedingungen entsprechend reagiert. Individuelle Unterschiede zwischen Menschen verschiedener Kulturmilieus beruhen fast ausschließlich auf verschiedenen Umweltbedingungen, vor allem auch der frühesten Kindheit, und die Beschaffenheit dieser Umwelt wird durch die Kultur bestimmt" (*Mead* 1970: 250).

Wenn auch die Beobachtungsweisen von Margaret *Mead* aus heutiger methodologischer Sicht stark problematisiert und kritisiert werden können – was ja unlängst in populären und wissenschaftlichen Publikationen besonders massiv und teilweise auch polemisch geschah –, so werden doch die aus ihren Beobachtungen gezogenen allgemeinen Schlußfolgerungen in der modernen Kulturanthropologie und Ethnologie überhaupt nicht in Frage gestellt. Wir können somit festhalten, daß selbst biologische Vorgaben wie das Geschlecht oder physische Merkmale wie Körperstärke, Haarfarbe, Stellung der Nase oder des Kinns, Körpergröße u.ä., die zweifellos durch genetische Programme bestimmt sind, durch die im Sozialisationsprozeß vermittelte gesellschaftliche Sinngebung erst diese oder jene soziale Bedeutung erhalten. D.h., welche *tatsächliche Bedeutung* das Geschlecht, der Besitz physischer Kräfte usw. hat, wird erst durch die damit verbundenen Definitionen und Zuschreibungen im jeweiligen Sozialsystem erhellt.

Zur vertiefenden und ergänzenden Lektüre

Peter L. Berger & Thomas Luckmann, Die gesellschaftliche Konstruktion der Wirklichkeit. Eine Theorie der Wissenssoziologie. (Darin Kapitel II: „Gesellschaft als objektive Wirklichkeit", S. 49 - 138). Fischer: Frankfurt/Main 1974.

Claude Levi-Strauss, Natur und Kultur. In: *Wilhelm Emil Mühlmann & Ernst W. Müller* (Hrsg.), Kulturanthropologie, S. 80 - 107. Kiepenheuer & Witsch: Köln, Berlin 1966.

2.4.2 Aspekte und Dimensionen der Sozialisation: Sozialisation als soziale Interaktion

Aus unseren bisherigen Darlegungen wurde schon deutlich, daß sich Sozialisationsvorgänge nicht auf die Kindheit beschränken, sondern als relativ allgemeiner Bestandteil des menschlichen Lebenszyklus zu verstehen sind.

Sozialisationsprozesse lassen sich zunächst danach unterscheiden, ob es darum geht, die grundlegende Mitgliedschaft in der Gesellschaft und damit die Fähigkeit zur Teilnahme am sozialen Geschehen überhaupt erst zu erwerben, oder darum, neue Möglichkeiten der Verwirklichung dieser Beteiligung zu lernen. Damit wird zum Ausdruck gebracht, daß nicht nur die Sozialisation als ein dynamischer Prozeß, sondern auch der Begriff der Person dynamisch zu verstehen ist. Leben bedeutet eine komplexe Abfolge von Prozessen des Lernens, Verlernens und neuen Lernens.

„So erfährt ein Kleinkind, daß die Umwelt auf sein Schreien in ganz bestimmter Weise reagiert. Wenn das Kind dann später eine elementare Sprache gelernt hat, wird erwartet, daß sich von da ab das Kind der Sprache bedient, statt undifferenziert zu schreien: Schreien als Form der Kommunikation ist zu verlernen, Sprechen selbst bei sehr dringlichen Bedürfnissen zu erlernen. Weinen als Form der Mitteilung des Kindes, nun wünsche es Trost und zumindest Aufmerksamkeit, wird in unserem Kulturkreis über viele Lebensjahre hinweg akzeptiert, wird dann aber mit dem Beginn des Schulalters immer weniger legitim. Zunächst soll das Kind sich vertrauensvoll an alle Erwachsenen wenden. In dem Maße, wie der Kreis der Erwachsenen, denen das Kind begegnet, differenzierter wird, soll das Kind lernen, sich differenziert zu verhalten und unbekannten Erwachsenen gegenüber mißtrauisch zu sein." (*Scheuch & Kutsch* 1972: 103 f.). Mit anderen Worten: Die Erwartungen, die mit der Teilnahme am gesellschaftlichen Leben verknüpft sind, ändern sich mit zunehmendem Alter und mit der Erweiterung der Lebenskreise. Veränderte Situationen und Umgebungen stellen an das Individuum neue Probleme der sozialen Beteiligung und Beanspruchung. Manches muß korrigiert, manches neu erworben werden.

Man bezeichnet die erste und elementare Sozialisation in der frühen Kindheit als *primäre Sozialisation.* Sie erfolgt in der Regel in der Familie und vermittelt inhaltlich und formal die Grunderfahrungen des sozialen Lebens in einer kleinen und vertrauten Gruppe: Das Kind lernt, welche Bedeutungen die Menschen seiner unmittelbaren Umgebung mit ihren Worten, Gesten, Mienen und mit ihrem Tun und Lassen verbinden; es lernt, sich selbst, bestimmte Verhaltensweisen bzw. vorsprachliche und dann auch sprachliche Ausdrucksformen anzueignen, die die anderen verstehen und gelten lassen; und schließlich muß das Kind lernen, seine Bedürfnisse mit den Erwartungen seiner Umwelt in Einklang zu bringen. Fachlich gesprochen werden damit *kognitive, sprachliche, motivationale* und *affektiv-emotionale* Persönlichkeitsmerkmale in der primären Sozialisation zunächst elementar ausgeformt.

Die hierbei vermittelten gesellschaftlichen Verhaltensmuster und Erfahrungen legen zwar ein relativ solides Fundament, das im Verlauf späterer Lebensphasen jedoch nach zahlreichen Richtungen hin weiter ausgebaut und ergänzt, aber auch differenziert und modifiziert werden muß. Dies geschieht in der sogenannten *sekundären Sozialisation*, die auf der Basis primärer Sozialisiertheit aufbaut, hingegen im wesentlichen im außerfamiliären Raum verläuft, wie z.B. im Kindergarten, in der Schule und in Freundschaftsgruppen, im Beruf, in der Freizeit, in Vereinen, in religiösen Gruppen, aber auch in „anonymen" Feldern der Konsumindustrie, der Massenmedien usw.

Sozialisation müssen wir darum auch als einen kumulativen, aktuell sich vollziehenden *lebenslangen* Prozeß verstehen, der nicht – wie manche Autoren (z.B. *Schelsky* 1963: 84 ff.) noch annahmen –

mit dem Ende der Jugendphase als abgeschlossen gelten kann. In jeder neuen Lebensphase ergeben sich insbesondere auch unter veränderten materiellen Bedingungen und durch den Wechsel von sozialen Beziehungen (z.B. bei Eheschließung, Berufswechsel, Arbeitslosigkeit, Wahl in einen Vereinsvorstand, Pensionierung, Umzug in ein Altersheim) immer wieder neue Sozialisationskonstellationen, die beim Individuum Veränderungen von bestehenden bzw. die Übernahme neuer Handlungsfähigkeiten erforderlich machen. So läßt sich unter soziologischer Perspektive für unsere Kultur und Gesellschaft als *eine* mögliche Strukturgliederung im Lebenslauf beispielsweise folgende Phaseneinteilung der sozialen Bedingungen und Folgen des lebenslangen Sozialisationsprozesses vornehmen:

Tab. 1: Kulturspezifische Lebensalterphasen und Sozialisationsbedingungen eines lebenslangen Sozialisationsprozesses in der industriellen Gesellschaft der Bundesrepublik Deutschland

Soziologische Lebensalterphasen	Soziales Feld, sozialisationsdominante Orientierungen und Rollenpartner
1) Kleinstkind (bis 2 Jahre)	Mutter (und zusätzliche andere Mitglieder der Kleinfamilie).
2) Familienkind (ca. 2. - 4. Lebensjahr)	Kleinfamilie und ihr Verkehrskreis (Verwandte, Nachbarn, Freunde, Handwerker, Postbote, Arzt, Kaufleute u.a.m.).
3) Nachbarschaftliches Spielkind (ca. 4. - 6. Lebensj.)	Neben Feld 1 und 2 werden nachbarschaftliche Spielgruppe und Kindergarten- bzw. Vorschulgruppe einflußreich.
4) Schulkind (ca. 6. - 15. oder 16. Lebensjahr)	Neben den Feldern 1 - 3 erhält die staatlich bestimmte Organisationsstruktur der Schule mit den Lehrern als Autoritätspersonen in Schulorganisation, Lehre und Prüfung große Bedeutung; Motivierung und Disziplinierung zu systematischem schulischen Lernen, individuelle Leistungskonkurrenz.
5) Lehrling, Berufs-, Fach- oder Hochschüler (ca. 15. - 18. Lebensj. und vielfach darüber hinaus)	Zu den Sozialisationsinstanzen aus den Feldern 1 - 4 kommen der Betrieb, die Berufsschule, die Verkehrsgruppe der Gleichaltrigen in einer stark jugendspezifischen Freizeitsubkultur; Probleme der Berufswahl, der Ausbildungsplatzsuche und der Geschlechtspartnerbeziehung werden dominant.

6) Lediger, junger Erwachsener (ca. 18. Lebensjahr - Heirat, durchschnittliches weibliches Heiratsalter 22,9 - männliches 25,6)	Der öffentliche Raum mit Wahlpflicht und mit der militärischen oder der Ersatzdienstorganisation kommen zu den Feldern 1 - 5; mit Ende der Lehrzeit ergibt sich eine stärker selbstbestimmte berufliche Mobilität. Fragen der Ehepartnersuche und Orientierung auf eine familiale und berufliche Lebensperspektive treten in den Vordergrund.
7) Phase des mittleren Erwachsenendaseins (etwa von der Heirat bis zum Ausscheiden der Kinder aus dem elterlichen Haushalt, ca. v. 24. bis zum 45./ 50.Lebensjahr)	Soziale Strukturen aus den Feldern 1 - 6 wirken selektiv nach. Neue Sozialisationsanforderungen ergeben sich aus eigenem Haushalt, Gattenrolle, Elternrolle; aus der Erfahrung der Abhängigkeit des eigenen und des familialen Status von beruflicher Ausbildung, Fortbildung und Initiative. Dazu treten evtl. zusätzliche Sozialisationswirkungen durch Mitgliedschaften bei Verbänden, Elternbeiräten, Freizeitvereinigungen.
8) Phase des älteren Erwachsenen (etwa vom 45./50. bis zum 60./65. Lebensjahr; u. zur beruflichen Pensionierung)	Schwiegerkinder und schwiegerelterliche Rollenprobleme. Nachlassen beruflicher Leistungs- und Konkurrenzfähigkeit, Konfrontation mit konkurrierendem jüngerem beruflichen Nachwuchs; Altersabstieg der eigenen Eltern in die statusmindernde Pensionierung, die Verwitwung und evtl. in die Pflegebedürftigkeit.
9a) Die Phase des rüstigen alten Menschen im Pensionsalter (ab 60./65. Lebensjahr)	1) Konfrontation mit dem Problem der stetigen Altersfreizeit und des Ausgeschiedenseins aus Berufstätigkeit und Berufseinfluß; 2) mit Fragen und Möglichkeiten früherer oder Entwicklung neuer Hobbies, der hobbyartigen Weiterführung früherer Berufsinteressen und Berufsbeziehungen;
9b) Die Phase des pflegebedürftigen alten Menschen	3) Konfrontation mit einem schrumpfenden Haushalt mit Pflegebedürftigkeit und Verlust des Ehepartners. 4) mit dem Problem einer adäquaten und optimalen Distanz zu Haushalt, Ehe und Familie der Kinder; 5) zunehmende Begegnung mit den Organisationsstrukturen des Gesundheitswesens und der Altersfürsorge und 6) mit dem Problem des sich nähernden Lebensendes.

Quelle: Wurzbacher 1977: 7 f.

Bei der Untersuchung einfacher, d.h. überschaubarer und relativ „stabiler", nicht-industrieller Gesellschaften der Vergangenheit wird dieser lebenslange Sozialisationsprozeß möglicherweise weniger offenkundig als in den hochdifferenzierten und dynamischen Industriegesellschaften der Gegenwart, deren ökonomische, politische, soziale und kulturelle Strukturen raschen Wandlungen und rapiden Umbrüchen unterworfen sind. Gerade in unserer Gegenwart gewinnt daher dieser Prozeß − und damit verbunden die Notwendigkeit lebenslangen Lernens − sowohl individuell als auch sozial zunehmend an existentieller und funktionaler Bedeutung.

Schließlich soll nochmals ausdrücklich auf die *Eigenaktivität des Individuums* im Sozialisationsprozeß verwiesen werden. Zwar ist das zu sozialisierende Kind in seinen ersten Lebensjahren in seinem physischen Überleben völlig abhängig von seiner sozialen Umwelt, was es damit „bezahlt", daß es sich dieser Umwelt anpaßt. Aber diese „Anpassung" erfolgt ja nicht so, daß das Kind einfach alles aufnimmt, sondern es trifft schon unbewußt eine Auswahl aus der angebotenen Fülle. Was ihm nicht paßt, das sieht und hört es nicht; es lernt also durchaus nicht alles, und was es lernt, lernt es verschieden gut. So setzt sich also das Individuum − mit zunehmendem Alter immer deutlicher − auch bewußt und unbewußt mit seiner materiellen und gesellschaftlichen Umwelt auseinander, wirkt auf dieselbe zurück und macht sie sich auf seine eigene Art und Weise zu eigen. Sozialisationsvorgänge sind deshalb keineswegs einseitig, sondern müssen notwendigerweise als *soziale Interaktionsprozesse* begriffen werden, − ein Aspekt, den beispielsweise *Goslin* (1969) betont, wenn er die Sozialisation als einen „two-way"-Prozeß charakterisiert.

In einem sozialen Interaktionssystem wie z.B. der Familie wird jedes Mitglied das Verhalten eines jeden anderen Familienmitglieds beeinflussen, regulieren und somit wechselseitig sozialisieren. Solche Effekte kann man ja immer wieder beobachten, wenn ein Ehepaar bei der alltäglichen physischen und psychischen Versorgung seines ersten Kindes allmählich jene Handlungsfähigkeiten lernt, die seine Elternrolle schließlich konstituieren, oder wenn der junge, eben von der Hochschule entlassene Lehrer erst „mit Hilfe" seiner Schüler in seine Lehrerrolle hineinwächst.

Zwar könnte hierzu angemerkt werden, daß in dem angeführten Beispiel der Eltern-Kind-Beziehung die Eltern ja ihren Säugling in seiner prägsamsten Zeit (primäre Sozialisation) beeinflussen, während umgekehrt die beispielsweise durch das Lächeln des Kindes hervorgerufenen Sozialisationseffekte die Eltern zu einem Zeitpunkt treffen, in dem ihre Persönlichkeitsentwicklung im allgemeinen bereits eine bestimmte Strukturierung, Ausprägung und Reife erreicht hat (sekundäre Sozialisation), also solche wechselseitigen Sozialisationsprozesse auf zwei verschiedenen qualitativen Ebenen ablaufen. Doch lassen sich solche gegenseitigen Sozialisationswirkungen natürlich auch in „horizontalen" Interaktionsbeziehungen altersgleicher Partner nachweisen, — etwa zwischen Geschwistern, den Spielgefährten in der Kindergartengruppe, zwischen den Schülern einer Klasse und selbstverständlich auch zwischen Erwachsenen.

So läßt sich also sagen, daß im Sozialisationsprozeß das Individuum psychisch und sozial zu einem potentiell handlungsfähigen menschlichen Subjekt wird, das nicht nur in der Lage ist, sich seiner gesellschaftlichen Umwelt anzupassen und sich ihren Erwartungen entsprechend zu verhalten, sondern das zugleich auch kommunikativ und interaktiv auf deren Gestaltung Einfluß zu nehmen vermag.

Zur vertiefenden und ergänzenden Lektüre

Michael Argyle, Soziale Interaktion. (Darin insbesondere Kapitel 2: „Biologische und kulturelle Ursprünge der Interaktion", S. 26 - 89). Kiepenheuer & Witsch: Köln 1969.
George McCall & J.L. Simmons, Identität und Interaktion. Untersuchungen über zwischenmenschliche Beziehungen im Alltagsleben. (Darin Kapitel 8: „Der interaktive Werdegang des Individuums", S. 213 - 237). Schwann: Düsseldorf 1974.
Karl Reinhold Mühlbauer, Sozialisation. Eine Einführung in Theorien und Modelle. (Darin „Zum wissenschaftlichen Stand der Sozialisationsforschung", S. 13 - 26). Fink: München 1980.

2.4.3 Die Regieanweisungen der Gesellschaft: Soziale Rollen

2.4.3.1 Textbücher und Aufführungen: Das Szenario

Im Mittelpunkt der Erklärung von Sozialisation als Zugriff der Gesellschaft auf das Individuum steht ein Bild, das im Laufe der Geschichte immer wieder — und zwar nicht nur von Soziologen — herangezogen wurde, um den Geheimnissen des zwischenmenschlichen Handelns auf die Spur zu kommen: das Gleichnis vom Menschen als Rollenspieler. So sagen und hören wir im Alltag immer wieder: „Der

Schüler A spielt in seiner Klasse eine wichtige Rolle" – „Wir brauchen einen Kollegen, der die Rolle des Vermittlers übernimmt" – „B ist gestern abend ganz schön aus der Rolle gefallen" – „Die C spielt doch nur Theater" – „Die Rollenverteilung innerhalb der politischen Führung der XYZ-Partei ist besonders effizient" usw. Oder wie es *Shakespeare* in *„Wie es euch gefällt"* (II, 7) zum Ausdruck bringt:

> „Die ganze Welt ist Bühne,
> und alle Frau'n und Männer bloße Spieler.
> Sie treten auf und gehen wieder ab,
> Sein Leben lang spielt einer manche Rollen,
> Durch sieben Akte hin."

Aus dieser beliebten und umgangssprachlich vertrauten Theater-Metaphorik, die wir allenthalben auf die Vorgänge unseres täglichen Lebens anwenden, ergibt sich wohl der didaktische Vorzug des Rollenbegriffs. Mit dem in der Soziologie weithin verbreiteten und akzeptierten Konzept der *sozialen Rolle* lassen sich leicht und anschaulich die vielfältigen wechselseitigen Beziehungen zwischen Individuum und Gesellschaft abbilden und die „Rollenhaftigkeit" des menschlichen Lebens illustrieren: Mit der Geburt betritt man die „Bühne der Gesellschaft", lernt nach und nach – nolens volens – diesen und jenen Part und damit verschiedene Rollen zu spielen, tritt in unterschiedlichen Masken auf, um mit dem Tod wieder von dieser Bühne abzutreten. Andere übernehmen dann „unseren" Part und spielen „unsere" Rollen. Zudem geschieht das Spielen der „sozialen Rolle" unter den kritischen Augen von Mitspielern und Zuschauern, die unser „Skript", den der Rolle zugrunde liegenden „sozialen Text" kennen und konkrete Vorstellungen und Erwartungen hinsichtlich unserer Darstellungsqualität in der jeweiligen Szene hegen.

In einem solchen gesellschaftlichen Szenario werden meist recht unterschiedliche Tätigkeiten und Verhaltensweisen in einen sinnvollen Zusammenhang gebracht, ja oft sind diese sogar direkt aufeinander bezogen und damit unmittelbar voneinander abhängig (sogenannte „komplementäre Rollen"), wie etwa die Handlungen des Arztes und des Patienten, des Lehrers und des Schülers, des Meisters und des Auszubildenden, des Verkäufers und des Kunden, der Eltern und der Kinder usw. Unser Rollenspiel muß also bewußt oder unbewußt auf die jeweilige „szenische" Situation und die dort uns gegenübertretenden Akteure abgestimmt werden, was letztlich auch plausible Erklärungen dafür liefert, daß die Menschen bei diesem oder jenem Auftritt verschiedene „Masken" tragen, in denen wir sie oft nicht mehr wiedererkennen, — etwa wenn wir ihr Verhalten als Freund oder Partner vergleichen mit ihrem Habitus im Beruf oder anderswo.

Daß schließlich auch unsere gewöhnlichen Wahrnehmungen voneinander durch das gegenseitige Einschätzen und Einordnen von Rollen (aufgrund von gewissen „typischen" Merkmalen und Signalen) abläuft, mag folgendes Beispiel illustrieren:

„Eine Frau steht am Fenster einer Schule und schaut hinaus. Draußen fährt ein Mercedes vor, in dem ein Mann sitzt. Sie nimmt wahr: Ein Autofahrer – ein Mercedesbesitzer. Ein Mann steigt aus, der einen blauen Overall trägt. Sie nimmt wahr: Ein Monteur – ein Arbeiter, Widerspruch zwischen Mercedesbesitzer und Arbeiter. Der Mann geht auf den Schulhof, auf dem die Schüler gerade Pause haben. Ein Kind rennt auf ihn zu. Sie nimmt wahr: Vater. Kein Widerspruch. Der Hausmeister bringt dem Mann ein Bündel Plakate. Sie nimmt wahr: Parteimitglieder. Kein Widerspruch. Auch der Mann hat diesen Rollenraster. Als er hochsieht zur Frau am Fenster, nimmt er wahr: Lehrerin." (*Müller* 1977: 62).

Dieses Beispiel zeigt deutlich, wie wir in alltäglichen Beobachtungen oder Begegnungen herauszufinden suchen, in welcher Rolle der andere auftritt bzw. wer oder was er „sozial" *ist*. Wenn wir seinen „sozialen Ort" kennen, den er in der Gesellschaft oder in einer Gruppe im Verhältnis zu anderen einnimmt, dann wissen wir meist auch, wie er sich verhalten wird und wie wir ihm begegnen müssen. In der Soziologie bezeichnet man diesen sozialen Ort als *soziale Position*.

Sicher bedeuten soziale Wahrnehmungen wie „Mann", „Mercedesbesitzer", „Arbeiter", „Vater", „Parteimitglied", „Lehrerin" u.ä. noch keine ausreichende Information über die Persönlichkeit der beobachteten Menschen. Aber dennoch wird durch derartige Wahrnehmungen oder durch solche Angaben bereits unsere „soziologische Phantasie" beflügelt. Wir glauben, konkrete Vorstellungen darüber entwickeln zu können, wie sich dieser Mann oder jene Frau mit hoher Wahrscheinlichkeit in ihren verschiedenen sozialen Positionen – weitgehend unabhängig von allen individuellen Besonderheiten – jeweils zu verhalten pflegen. Der soziologische Blickwinkel berührt hier insofern unsere Alltagsperspektive, als die Begriffe „Rolle" und „Position" abgelöst sind von ganz bestimmten Personen aus unserem eigenen Erfahrungsbereich und vielmehr abheben auf „Figuren" oder „Typen", die im Zusammenleben mit anderen jeweils auf bestimmten gesellschaftlichen Schauplätzen oder Bühnen in „entsprechender" Weise voraussehbar agieren. Damit entsprechen der sozialen Position auf der Verhaltensebene ganz bestimmte soziale Rollen. Oder in der Formulierung des amerikanischen Rollentheoretikers Ralph *Linton*: Der Begriff „soziale Position" bezieht sich auf den strukturellen oder *statischen* Aspekt, der korrespondierende Begriff der „sozialen Rolle" auf den *dynamischen* Aspekt des zwischenmenschlichen Handelns und Verhaltens.

Die Gesellschaft erscheint uns als ein riesiges organisiertes Gefüge, Netzwerk oder System, in dem von dem einzelnen unabhängige Positionen zu besetzen sind: von Eltern in der Familie, vom Lehrer in der Schule, vom Meister im Betrieb, vom Pfarrer in der Kirchengemeinde, vom Bürgermeister in der Verwaltung, vom Offizier beim Militär, vom Vorstand im Verein usw. Wird eine soziale Position z.B. durch freiwilliges Ausscheiden oder Tod ihres bisherigen Inhabers frei, so nimmt ein anderer die freigewordene Stelle ein. Gesellschaftlich gesehen gibt es – anders als in Nachrufen – keine Lücke, die sich nicht wieder schließen läßt.

Von seiner wissenschaftlichen Perspektive her lassen sich also für den Soziologen – wiederum im Gegensatz zum Psychologen, den ja primär die besonderen Eigenschaften und individuellen Erlebniswelten interessieren – die Menschen vor allem unterscheiden nach den sozialen Positionen, die sie im Laufe ihres Lebens einnehmen oder auch gleichzeitig nebeneinander innehaben. Hierbei unterscheidet man

o *zugewiesene* oder *zugeschriebene* Positionen, die wir ohne eigenes Zutun (gewissermaßen „natürlich") erlangen und die z.B. bestimmt werden durch unser Geschlecht (Mann, Frau), durch unser jeweiliges Alter (Kleinkind, Kind, Jugendlicher, Erwachsener, Greis), durch unsere Position in der Herkunftsfamilie (Sohn, Bruder, Tochter, Schwester) und durch unsere Rasse, Hautfarbe oder Nationalität;

o *erworbene* Positionen, wie beispielsweise unsere berufliche Stellung (Lehrer, Auszubildender, Schreinermeister, Versicherungsvertreter, Beamter, Hilfsarbeiter, Ärztin, Friseuse, Sekretärin usw.), unsere Position in der selbst gegründeten Familie (Ehemann, Vater, Ehefrau, Mutter), in Freizeitgruppen (Freund, Freundin, Kegelbruder, Kassierer des Fußballklubs, Jugendtrainer u.ä.) oder in öffentlichen Organisationen (Parteifreund, Gemeinderat, Kirchenältester, aber auch Patient im Krankenhaus usw. usf.).

Mit den Positionen verbinden sich nicht nur entsprechende soziale Erwartungskomplexe, die rollengemäßes Handeln für die Akteure definieren, sondern auch bestimmte soziale *Wertschätzungen*. Wiederum unabhängig von der persönlichen Eigenart des Menschen, der eine Position zu einem bestimmten Zeitpunkt innehat, verknüpfen wir allein schon mit der Kenntnis einer bestimmten Position einen höheren oder niedrigeren sozialen Prestigewert. Diesen Prestigewert einer sozialen Position bezeichnet man als *Status*. So wird beispielsweise der Status eines Gymnasiasten höher bewertet als der eines Realschülers. Doch auch solche Bewertungen sind relativ: in den Augen einer Akademikerfamilie ist vermutlich der Status eines Realschülers wesentlich niedriger als in den Augen einer Arbeiterfamilie.

Mit manchen Positionen verbinden sich bestimmte Äußerlichkeiten, die ihre Bedeutung nach außen hin sichtbar unterstreichen und eine entsprechende soziale „Einordnung" rascher ermöglichen sollen. Der Doppelsinn des Wortes „Bedeutung" verweist schon darauf, daß es sich hierbei einmal um mehr rationale Äußerlichkeiten im Sinne nützlicher Erkennungszeichen, d.h. um sogenannte *Rollenattribute*, zum anderen jedoch um eher irrationale Auswüchse der Dokumentation von eigenem Prestige, Macht und Reichtum, um sogenannte *Statussymbole*, handelt.

So erleichtert es fraglos die soziale Orientierung, wenn wir im Krankenhaus den Arzt an seinem Stethoskop, auf dem Bahnsteig den Stationsvorsteher an seiner roten Mütze und Trillerpfeife oder in einer fremden Stadt den Verkehrspolizisten an seiner Uniform erkennen. Andererseits muß man sich fragen, inwieweit in vielen Betrieben und auch Behörden beispielsweise die Lage, Größe und Ausstattung der Büros eine vernünftige Grundlage haben. So gibt es wohl in jeder Firma z.B. den Gruppenleiter, der bisher viele Akten und Zeichnungen auf seinem relativ kleinen Schreibtisch in einem engen und vielleicht auch noch düsteren Büro zu bearbeiten hatte, jetzt aber – zum Abteilungsleiter befördert – ein „repräsentatives", lichtdurchflutetes Zimmer mit einem sehr großen Schreibtisch, auf dem er jetzt aber nur noch wenige Akten auszubreiten hat, beanspruchen darf, ja sogar förmlich verordnet bekommt. Nur am Rande sei in diesem Zusammenhang auch auf die vielfältigen Ausdrucksformen von Statussymbolen verwiesen, mit denen wir überall um uns herum in Form von Autos, Kleidung, Luxusgegenständen u.ä. konfrontiert werden und die oft lächerliche Versuche darstellen, sich um jeden Preis von den anderen zu unterscheiden bzw. oft auch schlicht soziale Täuschungsmanöver sind.

Kehren wir zurück zu unserem Ausgangspunkt, zum Gleichnis vom Rollenspieler. Ralf *Dahrendorf* hat diese Metapher in der Rezeption früherer amerikanischer Beiträge zu diesem Thema gegen Ende der 50er Jahre einem breiteren Leserkreis in Deutschland vorgestellt. Wahrscheinlich ist der Titel seines Buches *„Homo sociologicus"* etwas irreführend, weil man darunter vor allem eine Aussage über den Menschen vermuten kann und weniger eine Erörterung soziologischer Betrachtungsweisen und Modelle. Wie auch immer –, *Dahrendorf* hat mit dieser Schrift eine bis heute andauernde Auseinandersetzung mit dem Grundthema des sozialen Rollenspiels provoziert.

Unsere bisherigen Überlegungen hierzu lassen sich deshalb in der Sprache *Dahrendorfs* wie folgt zusammenfassen:

„Zu jeder Stellung, die ein Mensch einnimmt, gehören gewisse Verhaltensweisen, die man von dem Träger dieser Position erwartet; zu allem, was er ist, gehören Dinge, die er tut und hat; zu jeder sozialen Position gehört eine soziale Rolle. Indem der Einzelne soziale Positionen einnimmt, wird er zur Person des Dramas, das die Gesellschaft, in der er lebt, geschrieben hat. Mit jeder Position gibt die Gesellschaft ihm eine Rolle in die Hand, die er zu spielen hat. Durch Positionen und Rollen werden die beiden Tatsachen des Einzelnen und der Gesellschaft vermittelt; dieses Begriffspaar bezeichnet *homo sociologicus*, den Menschen der Soziologie, und es bildet daher das Element soziologischer Analyse.

Soziale Rollen sind Bündel von Erwartungen, die sich in einer gegebenen Gesitionen, die von zweierlei Art sein können: einmal Ansprüche an das Verhalten der Träger von Positionen (Rollenverhalten), zum anderen Ansprüche an sein Aussehen und seinen ‚Charakter' (Rollenattribute).

Soziale Rollen sind Bündel von Erwartungen, die sich in einer gegebenen Gesellschaft an das Verhalten der Träger von Positionen knüpfen." (*Dahrendorf* 1964: 25 f.).

Wenn in der Soziologie also von *sozialer Rolle* die Rede ist, steht zunächst die *objektive* Betrachtung eines Verhaltens im Hinblick auf eine bestimmte soziale Position im Vordergrund. D.h. es geht nicht darum, wie sich ein einzelnes Individuum selbst subjektiv sieht, sondern darum, wie andere es wahrnehmen, was andere an unausgesprochenen Erwartungen und direkt artikulierten Ansprüchen und Forderungen an es richten. *In dieser Beziehung normieren dann auch Rollen systematisch und überindividuell das Aufgabenverhalten in einem sozialen System (einer Gruppe, einer Gesellschaft).* Die an die sozialen Positionen geknüpften typischen Bündel von Verhaltenserwartungen werden deshalb auch *Rollennormen* genannt, d.h. sie sind Ausdruck gesellschaftlicher Wertstrukturen, treten unter bestimmten Bedingungen auf und verlangen vom Rollenträger ein regelhaftes Verhalten.

Hinzu kommt, daß in dem Feld sozialer Beziehungen eine Position immer auch mit anderen Positionen verknüpft ist, so daß die dazugehörenden Rollen sich wechselseitig aufeinander beziehen und beeinflussen. Wir haben solche Interdependenzen sozialer Rollen schon in den komplementären Rollenbeziehungen von Vater-Sohn, Ehemann-Ehefrau, Lehrer-Schüler, Arzt-Patient, Verkäufer-Kunde u.ä. kennengelernt. Die Erwartungen der einen Rolle beziehen sich dabei auf das Verhalten der anderen und umgekehrt, wobei derartige Rollenbezüge häufig auch durch Über- bzw. Unterordnung ihrer Spieler unterscheidbar sind. Allerdings bezieht sich die *Komplementarität von Rollen* nicht nur auf jeweils zwei Rollen, sondern muß meist als Ausdruck der Beziehungen zu mehreren anderen Positionen verstanden werden. Die Rolle „Kind" beispielsweise ist unaufhebbar mit den Rollen „Vater" und „Mutter" verschränkt, gegebenenfalls noch mit der Rolle „Kindergärtnerin", später „Lehrer" usw. Somit setzt sich fast jede Rolle aus den Verhaltenserwartungen mehrerer, jeweils in einer spezifischen Beziehung zum Rollenträger stehender *Bezugspersonen* und *Bezugsgruppen* zusammen. Die Abbildung 3 (siehe S. 82) zeigt, wie beispielsweise die Position des Lehrers eingebettet ist in ein ziemlich komplexes Beziehungsverhältnis verschiedener sozialer Regisseure und Bezugsgruppen innerhalb und außerhalb der Organisation Schule, die das „Drehbuch" für die Berufsrolle des Lehrers schreiben und inszenieren sowie die „Aufführungsqualität" überwachen.

In die Definition der Lehrerrolle gehen somit die Erwartungen von Schülern, Eltern, Kollegen, Vorgesetzten, aber auch vom Schulträger, von Gewerkschaften, von kulturellen Vereinigungen oder Sportvereinen, von Wirtschaftsverbänden, Handwerkskammern usw. ein. Jede dieser Bezugsgruppen richtet an das Lehrerverhalten spezifische Ansprüche, an jeder dieser Erwartungen muß der Lehrer sein Verhalten orientieren. Diese Ausschnitte aus den Rollenbeziehungen, die sich in der situativen Orientierung des Rollenspielers an den Verhaltenserwartungen seines jeweiligen Rollenpartners manifestieren (z.B. Lehrer gegenüber Schüler im Unterricht, Lehrer gegenüber Kollegen im Konferenzzimmer, Lehrer gegenüber Schulrat beim fälligen Schulbesuch) werden *Rollensektoren* oder auch *Rollensegmente* genannt. Die Gesamtmenge aller miteinander zusammenhängenden Rollenbe-

Abbildung 3: Bezugsgruppen und -personen am Beispiel des Lehrers (nach *Klose* 1971: 81, entnommen aus *Henecka* 1978: 83)

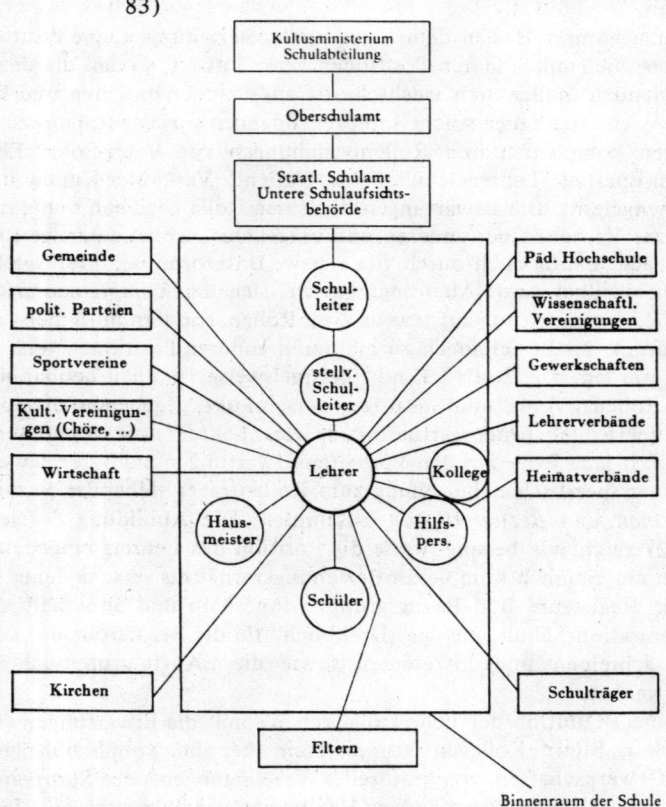

ziehungen, die eine Person in einer bestimmten sozialen Position eingeht, wird dagegen als *Rollensatz* bezeichnet (z.B. der Lehrer als Klassenlehrer, Fachlehrer, Mitglied der Prüfungskommission, Sprecher des Kollegiums, Personalratsmitglied und Beauftragter für die Lehrerbibliothek).

Die Bezugspersonen und Bezugsgruppen des Lehrers wie Schüler, Eltern, Vorgesetzte oder Kollegen legen mit ihren Erwartungen nicht nur die Lehrerrolle (oft mit gegenseitig recht widersprüchlichen und konfliktträchtigen Zumutungen, auf die wir noch zu sprechen kommen werden) weitgehend fest, sondern machen ihre Vorstellungen dem Lehrer als Rollenträger auch nachdrücklich bewußt. Hierfür stehen ihnen die klassischen Instrumente der *sozialen Kontrolle* zur Verfügung, indem sie auf die Erfüllung ihrer Ansprüche (= rollenkonformes Verhalten) mit Anerkennung, Lob und Belohnung (= positive Sanktionen), auf die Enttäuschung ihrer Erwartungen (= abweichendes Verhalten) aber mit Vorwürfen, Mißbilligung, Verachtung oder gar mit der Androhung disziplinarischer Maßnahmen (= negative Sanktionen) reagieren. Auch in diesem Sinne bringt das Attribut „sozial" im Begriff der sozialen Rolle die gesellschaftliche Verbindlichkeit der Verhaltenserwartungen zum Ausdruck, denen man sich in der Regel nicht ohne Schaden entziehen kann.

Zur vertiefenden und ergänzenden Lektüre

Ralf Dahrendorf, Homo sociologicus. Ein Versuch zur Geschichte, Bedeutung und Kritik der Kategorie der sozialen Rolle. 15. Aufl. (Darin insbesondere Kapitel III bis VII.) Westdeutscher Verlag: Köln, Opladen 1977.
Ralph Linton, Rolle und Status. In: *Heinz Hartmann* (Hrsg.), Moderne amerikanische Soziologie. Neuere Beiträge zur soziologischen Theorie. 2. Aufl. S. 308 - 315. dtv/Enke: München, Stuttgart 1973.
Heinrich Popitz, Der Begriff der sozialen Rolle als Element der soziologischen Theorie. Mohr: Tübingen 1967.
Otto Ullrich & Dieter Claessens, Soziale Rolle in der Industriegesellschaft. Juventa: München 1978.

2.4.3.2 Schwierigkeiten beim Rollenspiel: Rollenkonflikte

Wie uns die Rollentheorie gezeigt hat, sind schon mit einer einzigen sozialen Position – beispielsweise der des Lehrers – unterschiedliche Erwartungen verbunden, aus denen zahlreiche Widersprüche und Konflikte resultieren können. So wird etwa der Lehrer immer wieder auf bestimmte Erwartungen seiner Schüler stoßen, die sich nicht mehr mit jenen Rollenvorstellungen vereinbaren lassen, die die Schulverwaltung an ihn richtet. Er muß also in jedem Fall bestimmten Erwartungen zuwiderhandeln. Und selbst innerhalb einer einzigen Bezugsgruppe können schon Widersprüche auftreten, wenn z.B. beim Elternabend der Klassenpflegschaft der eine Teil der Eltern vom Lehrer leistungsorientierten Unterricht und soziale Auslese fordert, während ein anderer Teil mehr für individuelle Förderung und pädagogische Hilfen plädiert. Kurz: alle Personen und Gruppen, mit denen ein Lehrer im Rahmen seiner beruflichen Position zu tun hat, können ihn mit einander widersprechenden Erwartungen und grundsätzlich divergenten Zumutungen belasten. Da der Lehrer dadurch unter Umständen sozial in arge Bedrängnis und auch in einen inneren Zwiespalt gerät, wird diese typische Situation des Erwartungskonflikts *innerhalb* einer sozialen Rolle als *Intra-Rollenkonflikt* bezeichnet.

Nun hat — wie wir auch gesehen haben — niemand im alltäglichen Leben und Handeln nur eine einzige soziale Position inne. Der Mensch des Alltags — nennen wir ihn Wilhelm Müller — ist ja z.B. nicht nur Lehrer, sondern *auch* Mann, Ehegatte, Vater, Katholik, Staatsbürger, aktives Mitglied eines Musikvereins u.v.a. Diesen Sachverhalt nennen die Soziologen fachlich *Positions-System* bzw. *Rollensatz (Merton)* oder *Rollenkonfiguration (Scheuch)*. Graphisch läßt sich das wie folgt darstellen:

Abbildung 4: Positions-System bzw. Rollensatz (role-set) oder Rollenkonfiguration einer Person

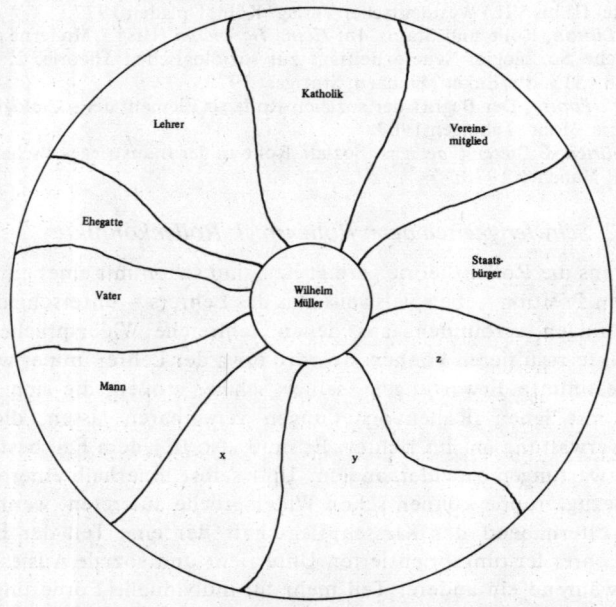

x, y, z = situativ aktualisierte andere Rollen (z.B. Autofahrer, Kunde, Patient usw.).

84

Die mit diesen einzelnen Positionen verknüpften Rollenerwartungen können teilweise miteinander vereinbar sein. Man kann sich aber aufgrund der eigenen Alltagserfahrung sicher gut vorstellen, daß sich aus diesem Nebeneinander von Rollen und der Gleichzeitigkeit unterschiedlicher Erwartungen auch erhebliche Spannungen und schwerwiegende Konfliktlagen ergeben können: Der Lehrer Wilhelm Müller ist vielleicht mit seinem Beruf „verheiratet" und begegnet deshalb den seitens der Familie an ihn als Ehemann und Vater gerichteten Ansprüchen nur unzureichend. Oder er probt mit seinem Musikverein intensiv für verschiedene bevorstehende Konzerte, was ihn an der notwendigen Unterrichtsvorbereitung hindert, die fälligen Korrekturen der Klassenarbeiten verzögert sowie das erwartete kollegiale Engagement beeinträchtigt. Je mehr soziale Positionen Wilhelm Müller im Netzwerk verschiedener sozialer Beziehungen einnimmt, desto wahrscheinlicher wird er den unterschiedlichen, oft auch noch grundsätzlich widersprüchlich formulierten Anforderungen und Erwartungen nicht mehr in vollem Umfang gerecht werden können. Und zwar nicht nur von der zeitlichen Erfüllung der Rollenzumutungen her, sondern auch insbesondere aufgrund verschiedener moralischer Implikationen, die die einzelnen Rollen beinhalten und die die eine oder die andere Partei enttäuschen bzw. die eine oder die andere Verhaltenserwartung verletzen (müssen). Diese Konfliktart *zwischen* verschiedenen Rollen wird *Inter-Rollenkonflikt* genannt.

Noch komplizierter und spannungsreicher wird es, wenn man gegenüber *einer* Person oder *einer* Bezugsgruppe gleichzeitig verschiedene Positionen einnimmt und entsprechend heterogene Rollenverpflichtungen erfüllen soll. Wenn z.B. ein Lehrer sein eigenes Kind in der Klasse unterrichten muß, ein Vorgesetzter gleichzeitig Nachbar seines Mitarbeiters ist oder — allgemeiner — wenn beispielsweise Berufsrollen durch Alters- und Geschlechtsrollen überlagert sind (junger Schulleiter mit überwiegend älterem weiblichen Lehrerkollegium) usw. Die Ungewißheit darüber, in welcher Position die anderen einen gerade sehen bzw. welchen Status und welche Erwartungen sie damit verbinden, kann zu großer persönlicher Unsicherheit führen. Der portugiesische Werkmeister bei VW in Wolfsburg beispielsweise weiß oft nicht genau, ob man in ihm primär den Ausländer oder den Vorgesetzten sieht. Für die Rolle des Jugendlichen in unserer Gesellschaft sind solche positionalen und statusmäßigen Unsicherheiten besonders charakteristisch.

Für empirische Rollenanalysen wie für das alltagspraktische Handeln ist es von zentraler Bedeutung, welche verschiedenen Lösungsmöglichkeiten dem Individuum bei Rollenstress bzw. einem „ausgewachsenem" Rollenkonflikt zur Verfügung stehen, um diesen in Grenzen zu halten, zu mildern oder ganz zu beseitigen und aufzulösen. Die Rollentheorie nennt hier eine ganze Reihe von Mechanismen (z.B. *Dreitzel* 1972, *Wössner* 1972, *Merton* 1973). In Anlehnung hieran hat Kurt *Holm* für den *Intra-Rollenkonflikt* eines Werkmeisters einige „Lösungstricks" festgestellt. Dieses Beispiel eines Intra-Rollenkonflikts geht aus von der für Vorgesetzte geradezu typischen Konfliktlage zwischen den Erwartungen der Betriebsleitung, leistungsorientiert bei den Mitarbeitern bestimmte Ziele durchzusetzen und den Erwartungen der Mitarbeiter, auf ihre personalen Bedürfnisse einzugehen und sie „nach oben" zu transformieren. Die von *Holm* (1970: 86 f.) hierbei beschriebenen Lösungsmuster können ohne Schwierigkeiten auch auf andere Intra-Rollenkonflikte übertragen werden:

o *Handlungsverzögerung*
Wenn eine Situation entsteht, in der an den Werkmeister konträre Erwartungen gerichtet werden −, dann zögert er seine Handlungen so lange hinaus, bis sich die Situation inzwischen von allein geändert hat oder bis einer der „Erwartungsheger" die Angelegenheit vergessen hat. Im Extremfall führt diese Haltung zur absoluten Verantwortungsscheu und zum „sozialen Rückzug" (der Meister versucht jeglichen Kontakt mit seinen Erwartungshegern zu vermeiden).

o *Handlungsverschleierung*
Der Meister vollzieht zwar eine Handlung. Er gibt sich dabei jedoch die größte Mühe, die Wahrnehmung seiner Handlung durch die eine oder durch beide Seiten zu trüben. In der Regel dürfte ihm das beim Betriebsleiter besser gelingen.

o *Alternierende Erwartungstreue*
Der Meister betreibt eine Art Schaukelpolitik. Um es nicht völlig mit einer der beiden Seiten zu verderben, entspricht er in seinem Handeln einmal den Erwartungen der einen und einmal den Erwartungen der anderen Seite.

o *Handlung nach Legitimitätsgesichtspunkten*
Der Meister entspricht jeweils der Erwartung, der er Legitimität zuerkennt.

o *Handlung nach Sanktionskalkül*
Der Meister trifft (allmählich) eine grundsätzliche Entscheidung. Er stellt sich auf die Seite, die die stärkeren Sanktionsmittel besitzt. Das ist in der Regel die Betriebsleitung.

In der Realität erweisen sich häufig gerade Intra-Rollenkonflikte als derart kompliziert und vielschichtig, daß dem bedrängten Rollenträger selten eine einzige und spezielle Strategie zu ihrer Bewältigung zur Verfügung steht, sondern er in der Regel zu situational entworfenen Mischformen der oben genannten fünf Möglichkeiten greifen dürfte. Letztendlich werden in der sozialen Wirklichkeit jedoch Rollenkonflikte zugunsten der stärker sanktionierenden Bezugspersonen oder -gruppen entschieden, zumal wenn von ihnen die (beispielsweise berufliche) Existenzsicherung oder Karriere abhängt.

In ähnlicher Weise ergibt sich auch bei *Inter-Rollenkonflikten* im allgemeinen die Möglichkeit zu einem situationsspezifischen Verhalten durch eine sogenannte *Rollenpriorisierung*: „Die für die jeweilige Situation externen Eigenschaften sollen nur als zusätzliche Eigenschaften wirksam werden; die für die jeweilige Situation spezifischen Erwartungen sollten durch solche ‚privaten‘ Externa nicht gestört werden." (*Scheuch & Kutsch* 1972: 82). Eine solche Prioritätenabfolge könnte für unseren Wilhelm Müller nach *Scheuch & Kutsch* etwa so dargestellt werden:

Dominante Situation:	*Familie* →	*Beruf* →	*Verein*
Hypothetische	1. Vater	1. Lehrer	1. Vereinsmitglied
Reihenfolge der	2. (Ehe-) Mann	2. Mann	2. Mann
Absättigung von			
Rollenverpflichtungen:	3. Katholik	3. Staatsbürger	3. Lehrer
	4. Lehrer	4. Vater	4. Vater
	5. Vereins- mitglied	5. Katholik	5. Staatsbürger
	6. Staats- bürger	6. Vereinsmit- glied	6. Katholik

So wird es „immer mehr zu einer Kunst, im sozialen Leben die richtige Rolle zur rechten Zeit und am rechten Ort auszuüben und seine Rollen nicht durcheinander zu bringen. Häufiger ‚Rollenwechsel‘ mit raschem Umschalten ist typisch für das soziale Leben in der heutigen Gesellschaft." (*Jager & Mok* 1972: 91). Denn man würde es Wilhelm Müller übelnehmen, wenn er innerhalb der Schule nicht die Rolle des Lehrers darstellen würde, sondern, weil ihm das vielleicht sympathischer ist, seinen Schülern als „Kumpel" gegenübertritt. Vor ein paar Jahren erschien dazu in verschiedenen pädagogischen Publikationen eine Karikatur mit soziologischem „Tiefgang": Ein junger, „emanzipatorisch" sich dünkender Lehrer kommt am ersten Schultag in die neue Klasse mit den Worten: „Hallo, ich hei-

ße Klaus, ihr könnt gerne zu mir ‚Du' sagen." Reaktion der Schüler:
„Und Du darfst zu uns ‚Sie' sagen!"

Zur vertiefenden und ergänzenden Lektüre

Heinz Hartmann (Hrsg.), Moderne amerikanische Soziologie. Neuere Beiträge
zur soziologischen Theorie. 2. Aufl. (Darin insbesondere die Beiträge *Robert
K. Merton*, Der Rollen-Set: Probleme der soziologischen Theorie, S. 316 -
333 und *William J. Goode*, Eine Theorie des Rollen-Stress, S. 336 - 360).
dtv/Enke: München, Stuttgart 1973.

2.4.3.3 *Abweichendes Verhalten und soziale Kontrolle: Weh' dem, der aus der Rolle fällt*

Im Zusammenhang mit sozialen Normen begegnen wir im Alltag
nicht nur Rollenkonflikten, sondern auch jenen Verhaltensweisen,
die mit den geltenden Normen und Werten nicht übereinstimmen,
darum gesellschaftlich als „problematisch" gelten und als „*abwei-
chend*" oder „*deviant*" bezeichnet werden.

Wir haben uns ja bereits in Abschnitt 2.3 mit „kollektiven Abweichungen" (insbesondere in der Form von subkulturellen Entwürfen
und Verhaltensprägungen) befaßt. Hier soll dieses Thema nochmals
in systematischer Absicht aufgenommen werden, um u.a. auch die
Prozesse individueller Abweichungen von Rollenvorgaben näher zu
beleuchten, zumal wir uns im Alltag gerade mit diesen Formen der
Abweichung immer wieder auseinandersetzen müssen.

Die Spannweite abweichenden Verhaltens und Handelns reicht von
augenfälligen Verletzungen bestimmter gesellschaftlicher Normen,
Werte und Institutionen, also im engeren Sinne sog. „delinquenten"
Verhaltensweisen, die von Strafgesetzen und von Strafverfolgungsin-
stanzen ausdrücklich „kriminalisiert" werden, über Abweichungen
und Devianzen im Sinne von „aktiver Neugestaltung der Umwelt",
über versuchte Neuantworten auf die Sinnfrage bis hin zu wissenschaftlichen Erfindungen und Entdeckungen" (*Bellebaum* 1972:
107).

Wir wir schon gesehen haben, läßt sich abweichendes Verhalten in
allen bekannten Gesellschaften nachweisen und wird auch von der
jeweils gesellschaftlich herrschenden Perspektive aus als negativ angesehen und bewertet. „Erklärt" wird es oft damit, daß die Erziehung wohl nicht funktioniert habe, daß „verkehrte" Leitbilder vermittelt worden seien und die soziale Kontrolle versagt habe. Neben
solchen „pädagogischen" Ursachen werden häufig auch noch „psy-

chologische" Erklärungsgründe angeführt, die sich auf die Persönlichkeitsstruktur bzw. auf bestimmte „schädliche Neigungen" und Veranlagungen des Abweichenden stützen.

Wenn auch im Einzelfall das abweichende Verhalten eines Menschen tatsächlich mit einer „falschen" Erziehung, mit negativen Lernprozessen oder auch mit bestimmten Persönlichkeitseigenschaften mehr oder weniger „monokausal" erklärt werden kann, so hat doch eine ausgedehnte sozialwissenschaftliche Erforschung der Hintergründe von Abweichungen inzwischen komplexere Bedingungszusammenhänge nachgewiesen, von denen im allgemeinen auszugehen ist. So kann es sein, daß gerade durch ein Übermaß bzw. eine allzu perfekte Organisation der sozialen Kontrolle bestimmte biologische oder psychische Bedürfnisse nur ungenügend befriedigt werden können, was zu Frustrationen führt, die dann beispielsweise als „Abweichungen" in Form von Aggressionen entladen werden (sog. Frustrations-Aggressions-Hypothese). Oder in einer Gesellschaft bzw. in einer sozialen Gruppe werden bestimmte Werte so übermäßig betont und entsprechend mit sozialer Anerkennung verknüpft, daß Individuen, die nicht in der Lage sind, diese Werte auf sozial angemessene Art und Weise zu erreichen, über gesellschaftlich nicht akzeptierte Mittel diese Werte zu verwirklichen suchen. Als ein entsprechendes Beispiel für abweichendes Verhalten in der Schule führen L.I. *Pearlin* und Mitarbeiter (1967/68) das „Abschreiben" an:

„‚Abschreiben' kommt hauptsächlich bei solchen Schülern vor, bei denen die Diskrepanz zwischen dem Wert, der dem Vollbringen von Leistungen beigemessen wird, und den entsprechenden Leistungsmöglichkeiten am größten ist. Eltern, die ihren Kindern gute Leistungen abverlangen, wollen ihnen wahrscheinlich nur beibringen oder ihnen dabei helfen, etwas zu erreichen; sie können aber unbewußt und ungewollt auf diesem Wege dazu beitragen, daß ihre Kinder sich Formen eines abweichenden Verhaltens aneignen." (zit. n. *Jager & Mok* 1972: 70).

Eine ganz andere Sichtweise hinsichtlich abweichenden Verhaltens entwickelt ein neuerer Erklärungsversuch, der sog. „*Etikettierungsansatz*" (engl.: „labeling approach" oder „social reaction approach"). Hiernach sind die Reaktionen der Umwelt im Hinblick auf den Devianten mindestens ebenso wichtig wie das abweichende Verhalten selbst. Abweichung wird als das Ergebnis eines Interaktionsprozesses aufgefaßt, der auf mehreren Ebenen abläuft:

– Gesellschaftlich werden bestimmte Normen und Regeln gesetzt, deren Verletzung „Abweichung" bedeutet;

— diejenigen, die die Regeln bewußt oder unbewußt verletzen und
dabei „ertappt" werden, werden von den anderen „gebrandmarkt"
(„stigmatisiert");
— dementsprechend werden sie „behandelt", „isoliert", „bestraft"
oder „resozialisiert";
— diese „Behandlung", d.h. die Anwendung von Normen und Sanktionen auf den „Täter", kann wiederum in der Konsequenz (im
Sinne eines „Teufelskreises", aus dem es scheinbar kein Entrinnen
mehr gibt) für weiteres abweichendes Verhalten bestimmend sein
usw. (Beispielsweise kommt ein als „Dieb" verurteilter Jugendlicher im Gefängnis schnell mit „echten" Dieben in Kontakt und
lernt dort erst richtig deren „professionelle" Praktiken; werden
diese „Lernerfahrungen" mit entsprechenden Diskriminierungen
der Umwelt gedoppelt, so können sich daraus leicht typische de-
viante *"Karrieren"* entwickeln.)

Obwohl dieser Etikettierungsansatz zunächst innerhalb der Kriminalsoziologie entwickelt wurde, läßt er sich unschwer übertragen auf
die persönlich diskreditierenden Zuschreibungsprozesse gegenüber
körperlich, psychisch oder geistig Behinderten sowie in bezug auf
Angehörige rassischer, nationaler, politischer oder sexueller Minderheiten. Abweichendes Verhalten ist von dieser Überlegung her weniger das Ergebnis bestimmter Persönlichkeitsstrukturen einzelner als
vielmehr das Produkt der sozialen Definitionskraft von sozialen
Gruppen und Institutionen. Eine Schwierigkeit dieses Ansatzes liegt
jedoch in der begrenzten Möglichkeit, die gesellschaftlichen Bedingungen für die Existenz bestimmter Etikettierungen anzugeben und
abzuleiten.

Schließlich wird von bedeutenden Soziologen, wie beispielsweise
George C. *Homans* oder Lewis A. *Coser*, darauf verwiesen, daß eine
Gesellschaft paradoxerweise ein gewisses Maß an normverletzenden
Abweichungen zur Sicherung ihrer Stabilität geradezu benötigt. Solche — auf den ersten Blick möglicherweise provokante — Erklärungen, lassen sich durch folgende empirischen Befunde einsichtig machen:

o Manche Abweichungen von Normen können als quasi-institutio-
nalisierte „Ausweich-Sitten" in bezug auf ungelöste oder unlös-
bare gesellschaftliche oder auch individuelle Probleme „Ventil-
Charakter" haben. (In diesem Zusammenhang wird immer wieder
die Funktion der Prostitution als Beispiel angeführt.)

o Die Wahrnehmung abweichenden Verhaltens gibt der entsprechenden sozialen Bezugsgruppe der „Erwartungsheger" die Möglichkeit, „aus gegebenem Anlaß" die Gültigkeit von bestimmten Normen und Regeln wieder in Erinnerung zu rufen und deren unveränderten Geltungsanspruch anzumahnen und neu zu bekräftigen.

o Die kollektive Reaktion auf „Abweichler" und „Sündenböcke" kann — sozialpsychologisch gesehen — die Kohäsion und Integration und damit die Stabilität einer sozialen Gruppe fördern, was jedoch nicht heißt, daß dieses Verfahren aufgrund seiner empirischen Wirkungen auch pädagogisch oder moralisch zu rechtfertigen ist.

o Wie kollektive Abweichungen sind auch die Devianzen einzelner manchmal Vorboten und Schrittmacher gesellschaftlichen Wandels und damit auch vorweggenommene Ausdrucksformen künftigen „normalen" Verhaltens. Emile *Durkheim* wies z.B. auf Sokrates hin, der — gemessen am damaligen athenischen Recht — ein „Verbrecher" gewesen sei, dennoch aber einen neuen Glauben und eine neue Moral vorbereitet habe. Wäre jene Norm, die Gedankenfreiheit verbot, nicht nachhaltig verletzt worden, könnten wir uns heute nicht der Gedankenfreiheit erfreuen.

Zur vertiefenden und ergänzenden Lektüre

Howard S. Becker, Außenseiter. Zur Soziologie abweichenden Verhaltens. Fischer: Frankfurt/Main 1973.
Emile Durkheim, Die Regeln der soziologischen Methode. (Darin 3. Kapitel „Regeln für die Unterscheidung des Normalen und des Pathologischen", S. 141 - 164). Luchterhand: Neuwied, Berlin 1961.
Karl-Dieter Opp, Abweichendes Verhalten und Gesellschaftsstruktur. Luchterhand: Darmstadt, Neuwied 1974.
Edwin M. Schur, Abweichendes Verhalten und soziale Kontrolle. Etikettierung und gesellschaftliche Reaktionen. Herder & Herder: Frankfurt/Main, New York 1974.

2.4.4 Rollenübertragung und Rollenübernahme: Traditionelle Prüfsteine für die Effizienz von Erziehung und Sozialisation

Die wohl systematischste und konsequenteste Anwendung rollentheoretischer Annahmen auf den Sozialisationsprozeß findet sich bei dem amerikanischen Soziologen Talcott *Parsons* (1902 - 1979), deals einer der großen modernen soziologischen Theoretiker und als Hauptvertreter der sog. *„strukturell-funktionalen Theorie"* gilt. In vergleichender Analyse verschiedener Aspekte des sozialen Handelns bei Emile *Durkheim*, Max *Weber* und Vilfredo *Pareto* (vgl. Abschnitt 1.4.3) weist *Parsons* gemeinsame Grundlagen individuellen und gesellschaftlichen Handelns auf und fügt sie in einen einheitlichen Bezugsrahmen als „Theorie sozialen Handelns" (*Parsons & Shils* 1951, *Parsons* 1964 und 1976).

Im Rahmen seiner allgemeinen Handlungstheorie geht *Parsons* der soziologischen Grundfrage nach, welche Bedingungen erfüllt sein müssen, damit ein Zusammenleben und -wirken von mehreren Menschen möglich ist. Dabei begreift er die Gesellschaften als Systeme, in denen bestimmte *„Funktionen"* erfüllt sein müssen, damit die *„Struktur"* des Systems über einen gewissen Zeitraum gesichert bleibt (daher: strukturell-funktionale Theorie). Hierbei ist nicht in vordergründiger Weise nur an das Funktionieren eines sozialen Systems und an die Erhaltung gerade bestehender Systemstrukturen zu denken, sondern ganz allgemein auch an den physischen Fortbestand der Menschen. Dieses physische Überleben ist an ein soziales Verhalten der Individuen geknüpft, das kulturell und gesellschaftlich wirksamen Mustern entspricht und so für andere voraussehbare und berechenbare Beziehungsabläufe zuläßt. Damit die Mitglieder eines sozialen Systems diese selbstregulativen Bedingungen erfüllen, gibt es nach *Parsons* zwei Mechanismen, die dies sicherstellen:

o Die *Sozialisation* der heranwachsenden Individuen, mittels derer sie gleichfalls über die gesellschaftlich notwendigen Verhaltensmuster (Rollen) verfügen und sich ihrer für vorhandene oder neu sich abzeichnende Systemzwecke bedienen können.

o Die *sozialen Kontrollen*, die dann einsetzen, wenn von den Rollenerwartungen abgewichen wird.

Von den verschiedenen sozialen Positionen aus gesehen, ist dieser Rollenzwang objektiv unterschiedlich stark und wird auch von den Rollenträgern selbst subjektiv differenziert wahrgenommen. Je mehr das Individuum als Rollenträger sich solche, quasi von „außen" herangetragene Anforderungen zu eigen macht, sie bejaht und sich ihnen unterwirft, um so weniger wird es diese Zumutungen und Erwartungen als zwanghaft empfinden. Überdies ist der einzelne auf viele Rollenverpflichtungen schon deshalb vorbereitet, weil er sie bereits in früher Kindheit gelernt und in selbstverständlicher Weise verinnerlicht hat. Über diese *Norminternalisierung* werden soziale Verhaltensvorschriften in das Repertoire der Handlungsmuster des Individuums übernommen, so daß sie mehr und mehr als subjektiv selbstbestimmt und quasi „natürlich" begriffen werden. Da parallel dazu auch das Gewissen eine Kontrollfunktion ausübt, erscheint das sozialisierte Individuum — relativ unabhängig von äußeren Zwängen — nicht nur fähig (im kognitiven Sinne), sondern vor allem auch willens (im motivationalen Sinne), sich in entsprechenden Situationen rollenkonform zu verhalten. Somit besteht im Idealfall zwischen den *Rollenerwartungen* und den *Rollenentsprechungen* ein reziprokes Gleichgewicht: der Mensch *ist* Lehrer, Facharbeiter, Arzt, Beamter oder Familienvater. Grundannahme dieser strukturell-funktionalen Rollentheorie ist also nicht nur, daß die Individuen im Sozialisationsprozeß ihre Rollen, d.h. insbesondere deren gesellschaftliche Bedeutung und funktionalen Sinn erkennen lernen, um ihre Rollen dann auch „spielen" zu können, sondern auch, daß *durch Sozialisation die Rollen zum Bestandteil der Persönlichkeit* werden.

Unser bisher zur Anschauung benutztes Bild, die Analogie zwischen Schauspiel und Gesellschaftsbühne, wird damit in einem entscheidenden Punkt eingeschränkt. *Dahrendorf* formuliert dies so:

„Während die Uneigentlichkeit des Geschehens für das Schauspiel konstitutiv ist, wäre sie im Bereich der Gesellschaft eine höchst mißverständliche Annahme. Der Terminus ‚Rolle' darf also nicht dazu verführen, in der rollen-‚spielenden' Sozialpersönlichkeit gewissermaßen einen uneigentlichen Menschen zu sehen, der seine ‚Maske' nur fallenzulassen braucht, um in seiner wahren Natur zu erscheinen. *Homo sociologicus* und der integre ganze Einzelne unserer Erfahrung stehen in einem paradoxen und gefährlichen Mißverhältnis zueinander; das zu ignorieren oder zu bagatellisieren wir uns schwerlich leisten können. Daß der Mensch ein gesellschaftliches Wesen sei, ist mehr als eine Metapher; seine Rollen sind mehr als ablegbare Masken, sein Sozialverhalten mehr als die Komödie oder Tragödie, aus der auch der Schauspieler in die ‚eigentliche' Wirklichkeit entlassen wird." (*Dahrendorf* 1964: 22).

An anderer Stelle heißt es (wie übrigens in ähnlicher Weise schon bei *Parsons & Bales* 1955: 107 sowie *Parsons* 1974: 55) bei ihm:

„Am Schnittpunkt des Einzelnen und der Gesellschaft steht *homo sociologicus*, der Mensch als Träger sozial vorgeformter Rollen. Der Einzelne *ist* seine sozialen Rollen, aber diese Rollen *sind* ihrerseits die ärgerliche Tatsache der Gesellschaft." (*Dahrendorf* 1964: 16).

Im Prinzip wird damit der Sozialisationsvorgang nicht nur als Integrations-, sondern auch als Durchdringungs- (*Interpenetrations-*) Prozeß von *Kultur, Gesellschaft und Person* gedeutet. Sozialisation selbst erscheint bereits inhaltlich mit den gegebenen allgemein-gesellschaftlichen bzw. subkulturell-spezifischen Normen, Werten und sozial-strukturell verankerten Institutionalisierungen festgelegt. Der Sozialisationsprozeß ist um so erfolgreicher, je mehr das Individuum seine Rolle auch „ist".

Das dieser Denkfigur unterliegende „elementare Modell" einer Sozialisationssequenz läßt sich graphisch wie folgt veranschaulichen:

Abbildung 5: Struktur einer elementaren Sozialisationssequenz

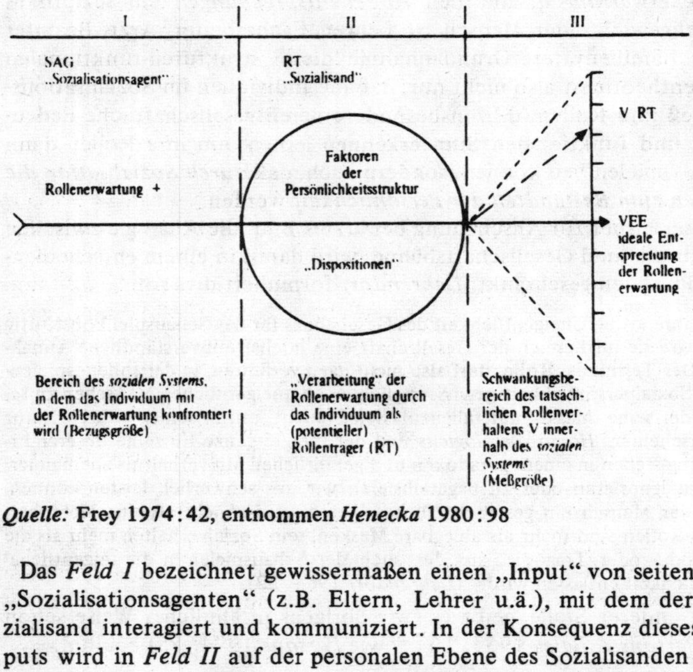

Quelle: Frey 1974:42, entnommen *Henecka* 1980:98

Das *Feld I* bezeichnet gewissermaßen einen „Input" von seiten des „Sozialisationsagenten" (z.B. Eltern, Lehrer u.ä.), mit dem der Sozialisand interagiert und kommuniziert. In der Konsequenz dieses Inputs wird in *Feld II* auf der personalen Ebene des Sozialisanden und potentiellen Rollenträgers ein individual-psychologischer Umsetzungs- und Lernprozeß in Gang gebracht, der die individuellen Bedürfnisse des Handelnden mit den Erwartungen seiner Interaktionspartner in Einklang bringt. Dies äußert sich dann in *Feld III* als „Output" in einem mehr oder weniger angepaßten faktischen Verhalten des Rollenträgers. Allzu starke Abweichungen von der idealen Entsprechung der Rollenerwartung werden als „Pannen" oder „Defekte" im Sozialisationsprozeß angesehen bzw. als individuelle „Kurzschlüsse" und „Fehlreaktionen" bedauert und je nach dem Grad der Abweichung entsprechend scharf negativ sanktioniert.

Die strukturell-funktionale Handlungs- und Sozialisationstheorie geht also aus — insbesondere in der Version von *Parsons* — von der Frage nach den Bedingungen, unter denen soziale Systeme stabil und überlebensfähig sind. Eine relative Gleichförmigkeit des Verhaltens und Handelns verschiedener Individuen in gleichen sozialen Situationen wird hierfür als entscheidende Voraussetzung angenommen. Entsprechend wird der Vermittlungsprozeß von Individuum und Gesellschaft einseitig oder zumindest primär von der gesellschaftlichen Ebene her betrachtet, wenn Sozialisation in anpassungsmechanistischer Tendenz als ein Vorgang begriffen wird, durch den ein Individuum von diversen Sozialisationsagenturen und -medien in bestehende soziale Rollen- und Interaktionssysteme integriert wird, in denen es die normativen Erwartungen seiner Kultur lernt, verinnerlicht und dann ihnen entsprechend handelt. Letztlich geht diese Sozialisationstheorie von einem *voll sozialisierten* Individuum aus, das selbst wieder vorwiegend als Element eines integrierten Sozialsystems verstanden und in dieser Betrachtungsweise vorrangig auf seine *Funktionalität* für dieses System untersucht wird. Unterstellt wird gleichzeitig, daß beim einzelnen Menschen jeglicher „Naturrest" in Form von Triebimpulsen und Affekten kulturell überformt bzw. von den gesellschaftlichen Wertvorstellungen und Institutionen absorbiert worden ist. Fraglos bleiben hierbei aber jene Dimensionen möglicher Freiheitsgrade des Handelns und Denkens weitgehend unberücksichtigt, „in denen das Verhältnis des handelnden Subjekts zu seinen Rollen gefaßt werden kann" (*Habermas* 1968: 8).

Mit anderen Worten: Die Anteile des Individuums (das immer noch „mehr" ist als das Bündel der von ihm „getragenen" Rollen) am konkreten Rollenspiel, Probleme der autonomen Stellungnahme und der kritischen Auseinandersetzung des Individuums mit seinen Rollen werden von einer rein rollentheoretisch arbeitenden strukturell-funktional orientierten Sozialisationsforschung nicht erfaßt, „es sei denn mit dem Hinweis auf das im Prinzip über den Mechanismus der Sanktionen erfolgende ‚Einspielen' des Menschen auf seine Rolle, eine Grundannahme, die ein deutlich pessimistisches Bild vom Menschen verrät" (*Hartfiel* 1973: 28).

Empirisch ist unschwer nachweisbar, daß es sich bei den Annahmen des *Parsons*schen Sozialisations- und Rollenmodells eher um *idealty-*

pische Annahmen handelt. Explizit deutlich wird das bei *Dahren-dorf*, der ja seine Rollentheorie nicht auf wirkliche Menschen bezog, sondern eben auf die Konstruktion von „*homo sociologicus*" (analog den wirtschafts- und politikwissenschaftlichen Konstrukten des „*homo oeconomicus*" und des „*homo politicus*"), – auf ein *Modell* vom „soziologischen Menschen" also, an dem man das „ideale" Rollenverhalten ableiten kann.

Zur vertiefenden und ergänzenden Lektüre

Hans-Peter Frey, Theorie der Sozialisation. Integration von system- und rollentheoretischen Aussagen in einem mikrosoziologischen Ansatz. (Darin insbesondere Teil 1/3: „Die Funktion von Sozialisationsmechanismen im gesellschaftlichen Systemmodell von Parsons", S. 4 - 18). Enke: Stuttgart 1974.
Rainer Geissler, Die Sozialisationstheorie von Talcott Parsons. Anmerkungen zur Parsons-Rezeption in der deutschen Soziologie. In: *Kölner Zeitschrift für Soziologie und Sozialpsychologie*, 31. Jahrgang, H. 2, 1979, S. 267 - 281.

2.4.5 Sind wir wirklich alle Schauspieler? – Zur Kritik und Erweiterung des Rollenmodells

Kritische Einwände gegen die analytische Fassungskraft und theoretische Reichweite des strukturell-funktionalen Sozialisations- und Rollenkonzepts kamen vor allem von jenen, die weniger an einer (idealtypischen) Rekonstruktion sozialer Systeme als an Aussagen über das tatsächliche soziale Alltagshandeln interessiert waren. Bedenken gegen die übermäßige Betonung des gesellschaftlich Normativen und damit auch gegen die, die *sozialisierende* Seite des Sozialisationsprozesses akzentuierenden Rollentheorie (= sog. „*normatives Paradigma*") wurden insbesondere von jenen Soziologen und Sozialpsychologen formuliert, die sich eher der Schule des sogenannten „*Symbolischen Interaktionismus*" verpflichtet fühlen (z.B. *Gouldner* 1960, *Turner* 1962, *Goffmann* 1973, *Wilson* 1973 u.a.).
Dieser von George Herbert *Mead* (1862 - 1931) begründete – allerdings erst nach dessen Tod zur breiteren wissenschaftlichen Anerkennung und Geltung gelangende – soziologisch-sozialpsychologische Theorieansatz (vgl. *Mead* 1973, zuerst 1934 postum) berücksichtigt zur Erfassung des alltäglichen Normalfalles von sozialem Handeln nämlich stärker die *individuierenden* Aspekte des Sozialisationsgeschehens, indem es ihm darauf ankommt, im Spannungsfeld zwi-

schen den rollenmäßigen Begrenzungen und Zwängen der Gesellschaft und den primären Bedürfnissen und Voraussetzungen des Individuums jene individuellen Freiheitsräume sozialen Handelns auszumachen und jene menschlichen Grundqualifikationen zu erkennen, die eine relative Autonomie bzw. subjektive Interpretation des Individuums beim Rollenspiel ermöglichen (= sog. *„interpretatives Paradigma"*).

Der symbolische Interaktionismus deutet die Entwicklung des zwischenmenschlichen Handelns und Verhaltens nicht nach dem Lernmodell von „Reiz" (Stimulus) und „Reaktion" (Response), sondern betont nachhaltig die kommunikativen und symbolischen Aspekte von Sozialisation. Menschliches Verhalten entsteht zwar aus der Teilnahme an sozialen Prozessen innerhalb sozialer Strukturen und Ordnungen, beruht jedoch grundlegend auf *Interaktion und Kommunikation* und bedient sich überwiegend symbolischer Zeichen, insbesondere der Sprache. Durch gemeinsame Interpretationen erhalten alle Gegenstände, Strukturen, Personen und Verhaltensweisen der jeweiligen Kultur soziale Bedeutungen („*meanings*"), die es dem Individuum ermöglichen, soziales Handeln — wie beispielsweise Rollenhandeln — stets intentional, d.h. mit einem bestimmten Sinngehalt, zu verwirklichen (vgl. *Krappmann* 1975: 20 f., *Lindesmith & Strauss* 1974: 27 ff.) D.h., *die soziologische Grundfrage nach den Entwicklungsgesetzen menschlichen Zusammenlebens beantwortet der symbolische Interaktionismus mit dem Prinzip einer einvernehmlichen Interpretation über Gegenstandsbedeutungen im Rahmen sozialer Beziehungen, in die sich die Persönlichkeitsentwicklung als Zusammenhang von „Interaktion" und „Selbst"-Entwicklung eingliedern läßt („Modell einer vereinbarten Ordnung", Strauss 1969: 19).*

Diese nicht ganz einfachen Ableitungen versucht *Mead* im amerikanischen Original seiner Schriften mit den Termini „*I*" und „*me*" zu erhellen. Beide Begriffe wären im Deutschen mit „ich" wiederzugeben, was jedoch die von *Mead* beabsichtigte Differenzierung verwischen würde. Mit der grammatikalischen Unterscheidung von „I" als Subjektfall und „me" als Objektfall der ersten Person Singular möchte *Mead* vielmehr bewußt auf zwei verschiedene Seiten des sozialen Handelns aufmerksam machen. Auf die uns bereits geläufige Theatermetapher bezogen, stellt das „me" die *objektive* Seite des Rollenspiels dar, das von anderen auf die Aufführungsrichtigkeit und „Werktreue" des „sozialen Textes" hin beobachtet und kontrolliert wird, während das „I" den *subjektiven* Aspekt, nämlich den Schauspieler in seiner persönlichen Originalität und individuellen Unverwechselbarkeit sowie der schöpferischen Interpretation seiner Rolle zum Ausdruck bringt. Oder allgemeiner formuliert: Das „me" besteht aus einer Reihe von gesellschaftlich vorbestimmten und normierten Rollen (z.B. Lehrer oder Schüler, Sohn oder Tochter, Katholik oder Protestant) und stellt meine *soziale Identität* dar, während das nach Verwirklichung meiner genuin eigenen Bedürfnisse drängende „I" das Freiheitspotential meines „Selbst", d.h. meine *personale Identität* bezeichnet. Das „I" denkt über die zugemuteten oder vorgeschriebenen Rollen nach, sucht sie individuell zu gestalten oder kennt auch Wege, sich unter bestimmten Voraussetzungen dem Zwang tradierter Kulturmuster zu entziehen.

Aus dieser Konstruktion von „I" und „me" ergibt sich für die Binnenstruktur des Selbst ein labiles Gleichgewicht. Begreift man bildhaft die analytische Trennung zwischen „I" und „me" gewissermaßen als eine flexible Membrane, so lassen sich die Austauschprozesse zwischen „I" und „me" etwa folgendermaßen erläutern:

Abbildung 6: Das labile Gleichgewicht der Ich-Identität

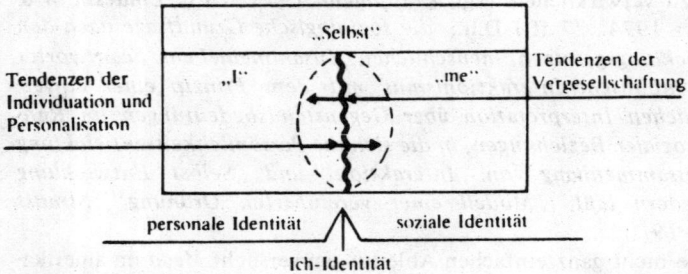

Quelle: Henecka 1980: 122

Je stärker die Umwelt seitens ihrer Sozialisationsagenturen bestimmte Erziehungsziele verfolgt und z.B. den Wert der sozialen Anpassung und Gleichförmigkeit über den der individuellen Originalität und Kreativität stellt (und derartige Ziele über damit korrespondierende Erziehungspraktiken und Sozialisationskontrollen absichert), um so mehr wird das Individuum gesellschaftlichem Druck ausgesetzt werden und seine (tendenziell gleichfalls expandierenden) Selbstverwirklichungstendenzen einschränken müssen. Das heißt, der individuelle Gestaltungs- und Einflußbereich des Individuums wird entsprechend beschnitten. Im äußersten Fall kann dies zu pathologischen Grenzfällen zwischenmenschlicher Beziehungen verkümmern, wie dies in extremen Interaktionssystemen wie Kasernen, Gefängnissen oder (psychiatrischen) Kliniken — sogenannten „totalen Institutionen" (*Goffman* 1973 a) — vorkommen mag, wenn die Insassen auf nur eine einzige und überdies noch sehr rigide definierte Rolle fixiert werden. Einen umgekehrten Fall stellt gewissermaßen die ausufernde Tendenz zur Ignorierung gesellschaftlicher Ansprüche und Notwendigkeiten dar, wie sie beispielsweise in extremer Form als soziale Extravaganz, übersteigerter Egozentrismus oder in gesellschaftsfeindlichen, „asozialen" Attitüden in Erscheinung treten kann. Vor daher wird es verständlich, daß sich das pädagogische Problem der Vermittlung und Gewinnung von Ich-Identität mit zunehmender Modernität und wachsender Komplexität einer Gesellschaft verschärft Infolge des Pluralismus von Werten und daraus resultierenden partiellen oder grundsätzlichen Widersprüchen in bezug auf Ziele der Erziehung oder Inhalte der Sozialisation werden pädagogische Probleme in dem Ausmaße schwieriger, „wie die Zahl der Gruppen, in denen der einzelne lebt, größer und ihre Heterogenität intensiver wird" (*Braun & Hahn* 1973: 111).

Die im Anschluß an die Überlegungen von *Mead* vorgenommene Kritik und Erweiterung der herkömmlichen Rollentheorie geht über die begriffliche Darstellung der An- und Einpassungsprozesse des Menschen an und in ein soziales System vorgegebener Rollenstrukturen und -funktionen hinaus, indem auch die Prozesse menschlicher *Individuation und Personalisation* thematisiert werden. Gleichzeitig wird der Versuch unternommen, die sozialstrukturellen Bedingungen aufzudecken und auszuleuchten, die einer sozial wirksamen Individualität bzw. Autonomie der Person eher förderlich oder eher hinderlich sind.

Illustrieren läßt sich dieses analytische Vorgehen an einem Versuch Hans Peter *Dreitzels*, soziale Rollen entsprechend zu klassifizieren. Auch *Dreitzel* geht hierbei zunächst von zwei Grenzfällen des sozialen Handelns aus: zum einen von rigide festgelegten Rollen, zum anderen von Rollen mit einem relativ hohen Toleranz- und Gestaltungsspielraum. Im ersten Fall wird der Rollenträger dazu gezwungen, sich mit seiner Rolle zu identifizieren, im zweiten Fall wird es ihm aufgrund der verhältnismäßig vagen und „offenen" Rollenerwartungen

ermöglicht, aktive Ich-Leistungen einzubringen und die Rolle individuell und schöpferisch zu gestalten. Die zunehmende Verfügbarkeit
des Individuums über seine sozialen Rollen ergibt sich dann aus den
beiden Koordinaten „abnehmende Identifikation" und „zunehmende Ich-Leistungen":

Abbildung 7: Determinanten der Verfügbarkeit über soziale Rollen

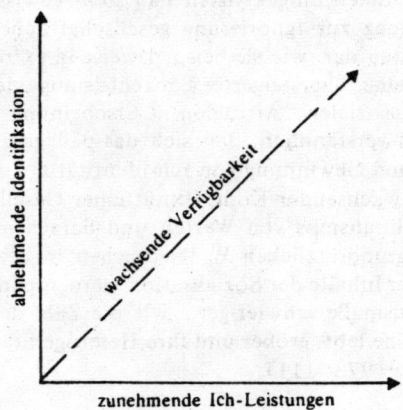

Quelle: Dreitzel 1972: 138

„Die Verfügbarkeit der sozialen Rollen wächst mit dem Abstand vom Null-
punkt beider Koordinaten: je größer die geforderten Ich-Leistungen und je geringer die erforderliche Identifikation bei einer sozialen Rolle ist, desto leich-
ter kann der Rollenspieler über seine Rolle verfügen, sich von ihr lösen oder
auch sie abwandeln und ausgestalten" (*Dreitzel* 1972: 138).

Dreitzel begründet dieses Modell mit dem Hinweis darauf, daß die
Dimension „abnehmende Identifikation" eng mit der gesellschaftlichen *Herkunft* der Rollennormen zusammenhängt, während die Dimension „zunehmende Ich-Leistungen" in hohem Maße von der *Art*
der sich mit einer Rolle verbindenden Verhaltenserwartungen abhängig ist. Das folgende Klassifikationsschema zeigt denn auch, wie sich
der Zwang des Rollenspielers zur Identifikation mit seiner Rolle
graduell verändert. Während die weitgehend verinnerlichten „perso-
nenbezogenen" Rollen noch einen sehr hohen Identifikationsgrad
voraussetzen, nimmt über die „organisationsbezogenen" bis hin zu

100

den „situationsbezogenen" Rollen der Identifikationsdruck sukzessiv ab. Entsprechend wachsen die Möglichkeiten des Individuums zu interpretierenden Ich-Leistungen mit dem graduell abnehmenden Zwangscharakter der sozialen Normen. Die individuelle Verfügbarkeit über soziale Rollen und damit die subjektive Interpretationschance ist bei den Sozialisationsrollen (Kind, Patient) am geringsten, bei den situativ gestaltbaren Kontaktrollen (Nachbar, Gastgeber) am umfassendsten.

Abbildung 8: Klassifikationsschema für soziale Rollen (nach *Dreitzel* 1972: 140).

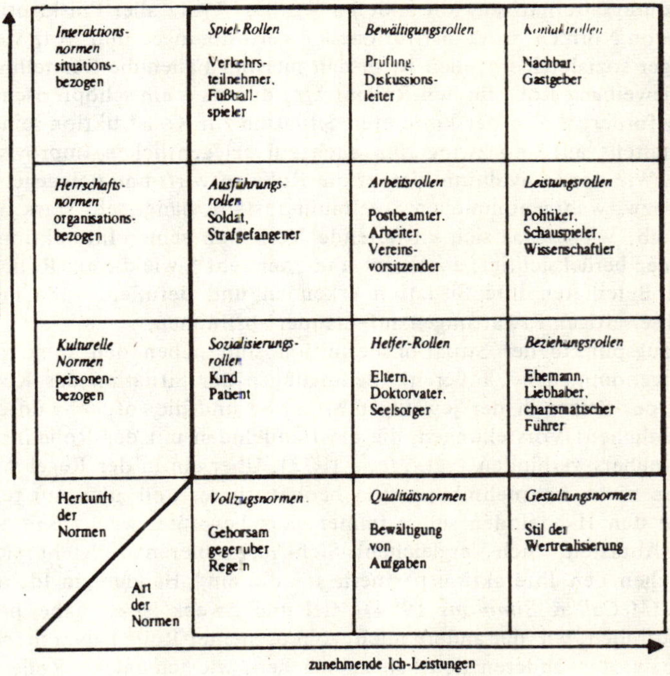

	Spiel-Rollen	*Bewältigungsrollen*	*Kontaktrollen*
Interaktions-normen situations-bezogen	Verkehrs-teilnehmer, Fußball-spieler	Prüfling, Diskussions-leiter	Nachbar, Gastgeber
Herrschafts-normen organisations-bezogen	*Ausführungs-rollen* Soldat, Strafgefangener	Arbeitsrollen Postbeamter, Arbeiter, Vereins-vorsitzender	*Leistungsrollen* Politiker, Schauspieler, Wissenschaftler
Kulturelle Normen personen-bezogen	*Sozialisierungs-rollen* Kind Patient	*Helfer-Rollen* Eltern, Doktorvater, Seelsorger	*Beziehungsrollen* Ehemann, Liebhaber, charismatischer Führer
Herkunft der Normen	*Vollzugsnormen* Gehorsam gegenüber Regeln	*Qualitätsnormen* Bewältigung von Aufgaben	*Gestaltungsnormen* Stil der Wertrealisierung

(Vertikale Achse: abnehmende Identifikation; horizontale Achse: zunehmende Ich-Leistungen; Art der Normen)

In ähnlicher Weise unterscheidet auch *Habermas* in seinen „Thesen zur Theorie der Sozialisation" soziale Rollen „nach dem Grad ihrer Repressivität, dem Grad ihrer Rigidität und der Art der von ihnen

101

auferlegten Verhaltenskontrollen" (*Habermas* 1968: 10). Dadurch lassen sich unterschiedliche faktische oder potentielle Interpretationsmargen ausmachen, die das Gleichnis vom Menschen als Schauspieler und die Veranschaulichung des sozialen Handelns durch das Szenario des Theaters in entscheidenden Punkten ergänzen. Ist der Auftritt des Akteurs auf der Theaterbühne durch seinen Rollentext und die Regieanweisung weitgehend festgelegt und sind auch die Mitspieler entsprechend auf bestimmte Stichwörter fixiert und auf bestimmte, ihren Part auslösende Handlungen angewiesen, so erweist sich doch im sozialen Alltag der Rahmen der vorgegebenen Aktions- und Reaktionsweisen bei den meisten Rollen offen für mehrere Handlungsalternativen. Mit anderen Worten: Trotz aller Präskriptionen von Normen, trotz institutioneller Verfestigungen und trotz vielfältiger sozialer Kontrollen ist in den meisten Fällen die Darstellung der jeweiligen Rolle für den Rollenträger durchaus ein schöpferischer Akt, fordert ihn in der konkreten Situation zur Konstruktion seines Verhaltens auf und zwingt ihn auch zur gelegentlichen Improvisation. Wie das Individuum hierbei die Rolle entwirft und den gegebenen bzw. wahrgenommenen Spielraum ausfüllt, hängt sehr stark davon ab, wie es das sich entfaltende Verhalten seiner Interaktionspartner berücksichtigt, abschätzt und „versteht", wie die am Rollenspiel Beteiligten ihre Situation erkennen und definieren und ihre wechselseitigen Erwartungen aufeinander abstimmen.

Bezugspunkte der Situationsdefinition sind neben den subjektiv wahrgenommenen „äußeren" Bedingungen der Situation das Konzept des Selbst in der jeweiligen Situation und die (oft sehr unterschiedlichen) Vorstellungen, die die Handelnden mit der Rolle ihres Gegenübers verbinden (vgl. *Mead* 1973). Über ein in der Regel von außen nicht wahrnehmbares und beobachtbares und auch nur teilweise den Handelnden selbst immer ganz bewußtes wechselseitiges Sich-Abtasten, Sich-Vergleichen, Sich-Ausprobieren vollzieht sich zwischen den Interaktionspartnern ständig ein „Handel um Identität" (*McCall & Simmons* 1974). Ziel und Zweck ist es, dabei herauszufinden, wie der andere mich wohl in meiner Rolle haben möchte, bzw. den anderen deutlich zu machen, wie ich meine Rolle in dieser Situation auffasse. Die Rollenpartner kommunizieren bei diesem permanenten Prozeß des Aushandelns über Zeichensysteme und Symbole, deren Bedeutung sie gemeinsam haben, wobei das Verhalten eines jeden teilweise eine Reaktion auf das Verhalten des anderen ist. Je nach den Interaktionspartnern kann deshalb ein und dieselbe Rolle im Alltag durchaus variieren und je nachdem mit mehr oder weniger stark abweichenden Handlungsfolgen verbunden werden. (Vgl. hierzu beispielsweise die Anwendung der „pragmatischen Axiome" menschlicher Kommunikation von *Watzlawick* et al. 1974 auf die Lehrer-Schüler-Beziehung in *Henecka* 1978: 104 ff.).

Die Rollenspieler bringen also in ihr soziales Handeln über ihre sinnhafte Deutung der Situation auch ihre persönlichen Gefühle und Bedürfnisse, ihre individuellen Erwartungen und Fähigkeiten, ihre eigene Lebensgeschichte und Lebenserfahrungen, ihre gegenwärtige soziale und materielle Lage usw. ein, – insgesamt alles Bedingungen, die sich wiederum gegenseitig beeinflussen. Damit wird anerkannt, daß die Prozesse der individuellen Rollenprägung auch von Naturmomenten mitbestimmt sind, die sich einer einseitigen soziologischen Reduzierung auf gesellschaftliche Normenmuster entziehen. Das, was in interaktionellen Prozessen geschieht, ist also niemals völlig und ausschließlich von sozialstrukturellen oder sozialkulturellen Kräften determiniert, wenn wir auch davon ausgehen können, daß derartige Wirkkräfte u.U. erheblich die Möglichkeiten von Denken und Handeln des Individuums einzuengen in der Lage sind. Andererseits haben aber sozial Handelnde immer auch „gewisse" Freiheitsspielräume, und zwar insoweit sie selbst ihre Lebenswelt sehen und interpretieren als auch innerhalb von Handlungsalternativen, die in bestimmten Situationen ergriffen werden können. Da zudem einem objektiv beobachtbaren Handeln sehr unterschiedliche subjektive Motive zugrunde liegen können, wird deutlich, daß ein Unterschied besteht zwischen der herkömmlichen Rekonstruktion des sozialen Handelns als Zusammenspiel von Rollenerwartung und Rollenentsprechung und den alltäglich erfahrbaren Handlungsabläufen.

Es ist das Verdienst der erweiterten interaktionistischen Rollenperspektive, daß sie über die sozialpsychologische Analyse der differenzierten und zum Teil sehr subtilen sozialen Interaktions- und Kommunikationsvorgänge im Rahmen des sozialen Handelns die subjektiven Interpretationen der je institutionellen Bedingungen und Strukturen in den Vordergrund rückt. Alle sozialen Beziehungen und Systeme, in denen wir zusammen leben und arbeiten, Erziehungs- und Bildungsinstitutionen wie Familie und Schule, Arbeitsorganisationen wie Betriebe und Verwaltungen, politische Parteien. Verbände, Kirchen und Freizeitgruppen, ja selbst das Militär (vgl. hierzu das Konzept der „Inneren Führung" bei der Bundeswehr) lassen sich deshalb daraufhin überprüfen, inwiefern sie ihren Mitgliedern dazu verhelfen bzw. sie daran hindern, das Dilemma zwischen der *sozialen Identität* (= Normen, denen das Individuum im Interaktionsprozeß gegenübersteht) und der *personalen Identität* (= die dem Individuum zugeschriebene Einzigartigkeit) zu bewältigen.

Um den Menschen in Gesellschaften, die sich als offene, freiheitliche und demokratische politische Ordnungssysteme verstehen, ein optimales Maß an individueller Verfügbarkeit über ihre sozialen Rollen zu gewährleisten, sind indessen nicht nur strukturelle und normative Voraussetzungen zu überprüfen, sondern auch von seiten der handelnden Individuen selbst sind bestimmte soziale Kompetenzen nachzuweisen. In diesem Zusammenhang postuliert Lothar *Krappmann* (1975) einige Grundqualifikationen, die dem handelnden Subjekt im Erziehungs- und Sozialisationsprozeß zu vermitteln sind und mittels derer es fähig werden soll, das labile Gleichgewicht der Ich-Identität auszubalancieren und die notwendige individuelle Präsentation des Selbst im Rollenhandeln des Alltags zu sichern. Diese sozialen Lernziele sind:

o *Rollendistanz*
Das Individuum kann sich über die Anforderungen seiner Rolle erheben, um bestimmte Erwartungen auswählen, negieren, modifizieren und interpretieren zu können.

o *Empathie*
Das Individuum besitzt kognitive und affektive Fähigkeiten zur Antizipation und Übernahme der Erwartungen des Interaktionspartners.

o *Ambiguitätstoleranz*
Das Individuum toleriert die Ambivalenzen von Rollen (Ambiguität = Doppeldeutigkeit, Widersprüchlichkeit) und findet sich mit deren Divergenzen, Inkompatibilitäten und unvollständiger Bedürfnisbefriedigung ab.

o *Identitätsdarstellung*
Das Individuum kann eigene Erwartungen und Bedürfnisse darstellen und damit sein Selbst artikulieren.

Zur vertiefenden und ergänzenden Lektüre

Peter L. Berger & Thomas Luckmann, Die gesellschaftliche Konstruktion der Wirklichkeit. Eine Theorie der Wissenssoziologie. (Darin Kapitel III: „Gesellschaft als subjektive Wirklichkeit", S. 139 - 198). Fischer: Frankfurt/Main 1974.

Erving Goffman, Interaktion: Spaß am Spiel — Rollendistanz, S. 93 - 130. Piper: München 1973.

Lothar Krappmann, Soziologische Dimensionen der Identität. Strukturelle Bedingungen für die Teilnahme an Interaktionsprozessen. 4. Aufl. (Darin insbesondere das Kapitel „Identität und Rolle", S. 97 - 131). Klett: Stuttgart 1975.

Alfred R. Lindesmith & Anselm L. Strauss, Symbolische Bedingungen der Sozialisation. Teil 1. (Darin insbesondere das Kapitel „Der symbolische Interaktionismus", S. 27 - 41). Schwann: Düsseldorf 1974.

George McCall & J.L. Simmons, Identität und Interaktion. Untersuchungen über zwischenmenschliche Beziehungen im Alltagsleben. (Darin Kapitel 9: „Logistik der Identität", S. 238 - 263). Schwann: Düsseldorf 1974.

3. Kapitel: Soziale Zusammenhänge

3.1 Bausteine der Gesellschaft: Gruppierungen

Wenn wir in Kapitel 2 versucht haben, das soziale Handeln aus dem Blickwinkel der Gesellschaft darzustellen und gleichzeitig aus der Perspektive des Individuums die Gesellschaft als den größeren Rahmen für zwischenmenschliche Prozesse zu begreifen, dann haben wir bislang jene vermittelnden *sozialen Netzwerke* vernachlässigt, in denen wir im Alltag faktisch unsere sozialen Beziehungen anknüpfen und entfalten. Gemeint sind damit jene deutlich voneinander abgrenzbaren Handlungsbereiche, die wir umgangssprachlich als ,,Gruppen", ,,soziale Kreise" oder ,,Gruppierungen" bezeichnen und in denen sich im Alltag das ,,Skript" der Gesellschaft konkretisiert: in Familien, Freundes- und Bekanntenkreisen, Spielgruppen und Schulklassen, Arbeitsgruppen und Abteilungen, in Betrieben und Behörden, in Parteien und Verbänden, in Gemeinden, in der Region, im Land, – als Deutsche oder als Ausländer, als Kirchgänger, Steuerzahler oder als Fußballfan, als zur Gruppe der Achtzehnjährigen oder zu den Rentnern zählend usw. usf.

Diese ,,sozialen Gewebe" stellen recht unterschiedliche Verflechtungszusammenhänge dar, stehen in vielfältigen Beziehungen zueinander und bilden in ihrer eigentümlichen ,,Gemengelage" die eigentlichen Bausteine der Gesellschaft. Viele Soziologen haben sich gerade deshalb mit diesem Thema befaßt, weil sie diese sozialen Einheiten für die wesentlichen Elemente von Gesellschaften und damit für den Hauptgegenstand der Soziologie überhaupt halten. Friedrich *Tenbruck* (1967: 296) hat dies so formuliert: ,,Um eine Gesellschaft zu begreifen, muß man zuerst die Arten von Gruppen, danach ihre charakteristische Zusammensetzung zu einer Gesellschaft erkennen."

Dementsprechend groß ist die Vielfalt von Versuchen, zu definieren, was unter einer ,,Gruppe" oder ,,Gruppierung" zu verstehen ist. Um alle möglichen Arten und Formen gruppenmäßiger Beziehungseinheiten zu erfassen, kann man zwar zunächst ganz formal davon ausgehen, daß „Gruppen" bzw. „Gruppierungen" immer mehrere Menschen umfassen, die sich zumindest durch ein gemeinsames Merkmal von anderen abgrenzen. Da wir in einer solchen vagen „Definition" jedoch beispielsweise sowohl alle „Weißen" oder Europäer wie auch alle Deutschen bis hin zur konkreten Familie Müller unterbringen können, ist eine solche inflationäre Aufblähung des Gruppenbegriffs analytisch wenig hilfreich. Zur soziologischen Beschreibung und Untersuchung verschiedenartiger Flechtwerke sozialer Beziehungen benötigen wir genauere Merkmale und Indikatoren, die sich auf beobachtbare und erfahrbare Unterschiede beziehen: z.B. die *Dauer* dieser zwischenmenschlichen Beziehungen, die Gruppen*größe*, die *Art des Zugangs* zur Gruppe und die *Formen der Mitgliedschaft*, die *gefühlsmäßige Intensität*, in der sich die Gruppenmitglieder untereinander verbunden wissen, die *Förmlichkeit* bzw. die *Zwanglosigkeit*, mit der sie miteinander umgehen, die *Bedeutung*, die sie der Gruppe für ihr eigenes Leben zuschreiben usw.

In seiner logischen Konsequenz führt dies zu einer notwendigerweise differenzierteren Terminologie und damit zu einer präziseren (wissenschaftlichen) Verwendung des Begriffs „Gruppe". Es kann nicht angehen, daß einer unter „Gruppe" nur ad hoc gebildete Ansammlungen von Personen auf Straßen und öffentlichen Plätzen, bei Volksfesten oder in Ausstellungen versteht, der andere den Gruppenbegriff mit „Gemeinschaft" assoziiert und darunter nur Mitglieder von Vereinen und ähnlichen Sozialgebilden subsumiert und wieder ein anderer zu Gruppen unterschiedslos auch organisierte Großgebilde wie Betriebe oder Verwaltungen rechnet. Trotz voraussehbarer Schwierigkeiten — wenn nicht gar der Unmöglichkeit —, die Grenzen zwischen den verschiedenen sozialen Gebilden ein für allemal scharf und eindeutig zu ziehen, müssen wir versuchen, zumindest ansatzweise Kriterien zu entwickeln und Randbedingungen anzugeben, um die verschiedenen Formen kollektiver sozialer Zusammenhänge zunächst einmal inhaltlich zu klären und damit auch begrifflich exakter zu fassen.

Zur vertiefenden und ergänzenden Lektüre

Bernhard Schäfers (Hrsg.), Einführung in die Gruppensoziologie. Geschichte, Theorien, Analysen. (Darin vor allem der Beitrag von Bernhard *Schäfers*, Entwicklung der Gruppensoziologie und Eigenständigkeit der Gruppe als Sozialgebilde, S. 19 - 34). Quelle & Meyer: Heidelberg 1980.

3.1.1 „Gemeinschaft" und „Gesellschaft"

Einer der ersten Versuche, soziale Zusammenhänge voneinander zu unterscheiden, stammt von dem deutschen Soziologen Ferdinand *Tönnies* (1855 - 1936). *Tönnies* knüpfte hierbei an romantisch-philosophische Vorstellungen bei *Fichte* und *Schleiermacher* an und reduzierte die Vielfalt sozialer Beziehungsmöglichkeiten und deren Konkretisierungen und Verfestigungen auf eine Zweiteilung in soziale Gebilde vom Typus der „*Gesellschaft*" und solche vom Typus der „*Gemeinschaft*". Entscheidendes Kriterium für diese dichotomische Unterscheidung ist das Ausmaß an mitmenschlicher Vertrautheit und seelischer, „innerer" Verbundenheit.

o Soziale Gebilde vom Typus der „Gemeinschaft" sind demnach durch einen sozialen Zustand der gefühlsmäßigen, teilweise sogar ethnisch und blutsmäßig begründeten Zusammengehörigkeit bestimmt; Mitglieder der Gemeinschaft sind füreinander da, bedeuten einander etwas, helfen einander in der Not. Die Gemeinschaft stellt nach *Tönnies* die ursprüngliche Form menschlichen Zusammenlebens dar und herrscht noch in kleinen, überschaubaren sozialen Einheiten: in der Familie, in der Nachbarschaft, im Stamm, im Dorf.

o Dagegen stehen die sozialen Erfahrungsbereiche der „Gesellschaft", wo man eigentlich nur miteinander in Verbindung tritt, um in egoistischer Absicht für sich bestimmte Ziele zu verfolgen bzw. bestimmte Tauschinteressen möglichst vorteilhaft durchzusetzen: „Keiner wird für den anderen etwas tun oder leisten, keiner dem anderen etwas gönnen und geben wollen, es sei denn um einer Gegenleistung oder Gegengabe willen, welche er seinem Gegebenen wenigstens gleich achtet." (*Tönnies* 1887, neu abgedr. 1963: 40). Die Mitglieder der Gesellschaft bleiben einander fremd und akzeptieren sich nur im Hinblick auf ihr gemeinsames Schicksal. Im Gegensatz zur ursprünglichen Form der Gemeinschaft repräsentiert die Gesellschaft als Folge der Ausbreitung industrieller Lebensbedingungen die moderne Form des „förmlichen" und von eigenen Interessen geleiteten Zusammenlebens. Soziale Konkretisierungen solcher anonymen und entfremdeten Beziehungen sind für *Tönnies* typischerweise die Lebensverhältnisse in den Groß- und Industriestädten, in Betrieben und Organisationen sowie im modernen Staat.

Der positiven Einschätzung der Gemeinschaft steht — so *Tönnies* in kulturpessimistischer Tendenz — der „bedauerlicherweise" nicht mehr rückgängig zu machende Fortschritt von der „Kultur des Volkstums" zur „Zivilisation des Staatstums" bzw. von der „organischen" Gemeinschaft zur „mechanischen" Gesellschaft gegenüber.

Wie hier wohl ganz deutlich wird, hat die *Tönnies*sche Typologie eben nicht nur beschreibenden Charakter bzw. eine klassifikatorisch-formale Struktur. Dadurch, daß *Tönnies* seine Begrifflichkeit nicht nur historisch fixiert, sondern überdies noch sozialethisch-normativ auflädt, wird sie für eine allgemeine soziologische Theorie unbrauchbar. Dies gilt in besonderem Maße für den sozialromantischen Gemeinschaftsbegriff, der insgesamt unscharf und unklar bleibt und somit auch von der späteren politischen Entwicklung im Deutschland der Nazi-Diktatur zum Ideal der „Volksgemeinschaft" hochstilisiert und damit ideologisch vereinnahmt werden konnte.

Zur vertiefenden und ergänzenden Lektüre

Wilhelm Bernsdorf (Hrsg.), Wörterbuch der Soziologie. (Dort die Artikel „Gemeinschaft" und „Gesellschaft"). Enke: Stutgart 1969.
Ralf Dahrendorf, Gesellschaft und Demokratie in Deutschland. (Darin zur Kritik an Tönnies: Kapitel 9 „Gemeinschaft und Gesellschaft", S. 144 - 158). Piper: München 1965.

3.1.2 Statistische Gruppen (Kategorien)

Weitaus nüchterner als der wertmäßig und emotional belegte Gemeinschaftsbegriff sind solche terminologischen Differenzierungen, wie sie beispielsweise von Demographen bei Volkszählungen oder bei der Erstellung der amtlichen Statistik benutzt werden. Mit „*statistischer Gruppe*" oder besser (weil unmißverständlich) mit „*Kategorie*" wird hier schlicht eine Anzahl von Personen bezeichnet, die sich aufgrund eines oder mehrerer gemeinsamer Merkmale zusammenfassen lassen. Hierunter fallen beispielsweise Brillenträger, Mopedfahrer, Linkshänder, Menschen mit der Blutgruppe A usw. Im Sinne einer statistischen Kategorie hat diese Gemeinsamkeit keine weitere soziale Bedeutung. Träger dieser Merkmale haben weder spezifische Normen und Werte gemeinsam, noch stehen sie aufgrund ihres statistischen bzw. kategorialen Merkmals miteinander in Interaktion und Kommunikation. Es handelt sich hier lediglich um eine gedankliche

Zusammenfassung bzw. Zuordnung von Menschen aufgrund bestimmter Merkmale.

3.1.3 Soziale Aggregate

Ganz ähnlich verhält es sich bei einer Anzahl von Menschen, die im Zusammenhang mit einem bestimmten Ereignis, zu einem bestimmten Zeitpunkt und an einem bestimmten Ort zusammenkommen. Man denke hier etwa an die Besucher eines Konzerts oder an die Zuschauer in einem Fußballstadion. Obwohl solche Menschen aufgrund gemeinsamer Merkmale und Interessen in einem räumlichen Zusammenhang stehen, müssen sie dennoch keine sozialen Kontakte und wechselseitigen Beziehungen aufweisen. Nach Joseph H. *Fichter* (1970: 58) ist bei der Definition und Beschreibung solcher *sozialer Aggregate* u.a. von folgenden Elementen auszugehen:

(a) Die Personen, die das Aggregat bilden, sind einander weitgehend fremd und bleiben auch relativ *anonym*.

(b) Das soziale Aggregat hat keine hierarchische Struktur im Sinne von spezifischen Rollen und Funktionen, d.h. es ist *nicht organisiert*.

(c) Trotz potentiell sehr großer physischer Nähe besteht innerhalb eines Aggregats – wenn überhaupt – nur sehr beschränkte soziale Kontaktmöglichkeit.

(d) Die meisten sozialen Aggregate sind durch bestimmte räumliche Begrenzungen umschrieben, so daß ihre soziale Bedeutung sich im wesentlichen auf die *territoriale* Dimension beschränkt.

(e) Die meisten Aggregate sind schließlich auch zeitlich definiert und haben *vorübergehenden Charakter*, insofern die Menschen in rascher Abfolge in sie ein- und aus ihnen austreten bzw. zwischen ihnen hin- und herpendeln.

Haupttypen sozialer Aggregate sind demnach:

o Die *Menschenmenge* als amorphe Ansammlung von Personen bei so unterschiedlichen und alltäglichen Anlässen wie als Fußgänger am Zebrastreifen bei Rotlicht oder als Neugierige bei einem Verkehrsunfall.

o Der *Mob*, der sich meist aus einem konkreten, stark emotionalisierten Anlaß heraus spontan entwickelt (z.B. bei Unzufriedenheit mit dem Ausgang eines Fußballspiels) und in meist von irgendwelchen „Rädelsführern" angestifteten destruktiven, antisozialen und gewalttätigen Verhaltensweisen (Aufruhr, Lynchjustiz) seinen aggressiven Ausdruck findet. Zwar sind auch hier die sozialen Interaktionen zwischen den teilnehmenden Individuen minimal, doch besteht — im Gegensatz zur Menschenmenge — fast immer irgendein (irrationales) Verhältnis zwischen „Anführern" und der „Gefolgschaft".

o Das *Publikum* als eine Anzahl von Personen, die sich mit dem vorsätzlichen Ziel versammeln, eine Aufführung oder eine Vorstellung zu sehen und zu hören und sich hierauf mit einer gewissen Aufmerksamkeit in rezeptiver Absicht konzentrieren.

o Als *öffentliche Demonstrationen* kann man oft kurzfristig geplante und organisierte soziale Aggregate bezeichnen, deren Personen sich in der bewußten Absicht zusammenfinden, eine bestimmte Idee oder Überzeugung zu unterstützen bzw. für eine Person oder eine Bewegung in sichtbarer Weise — und daher bevorzugt auf öffentlichen Straßen und Plätzen — Propaganda zu machen. Zu diesem Aggregatstyp gehören neben politischen Demonstrationen auch „ritualisierte", jährlich wiederkehrende religiöse Ereignisse wie Prozessionen, aber auch die Aufmärsche der Arbeiter am 1. Mai oder die Faschings- und Karnevalsumzüge.

o Sog. *Wohnaggregate* werden ferner von Bewohnern großer — in der Regel urbaner — Wohnanlagen gebildet, die zwar physisch dicht beieinander wohnen, dennoch aber einander fremd bleiben und untereinander keinen Kontakt (außer vielleicht dem gegenseitigen „Grüßen") pflegen wollen.

o Als *funktionelle Aggregate* werden schließlich jene Aggregatsformen bezeichnet, deren Mitglieder und deren Grenzen relativ willkürlich aufgrund bestimmter formaler Kriterien festgelegt werden. Hierzu zählen die Abgrenzungen von Ortsteilen und Wohnvierteln, die Einteilungen in Wahl- oder Schulbezirke, die räumlichen Zuordnungen zu Pfarreien usw., — schließlich aber auch beispielsweise Schulklassen, die aufgrund der gesetzlichen Schulpflicht unter Berücksichtigung von Jahrgang und Einzugsbereich gebildet werden und am ersten Schultag zunächst gleichfalls ein solches funktionelles Aggregat darstellen (das sich allmählich allerdings aufgrund von Interaktionen und Kommunikationen zu einer „Gruppe" hin entwickeln kann).

In all diesen Fällen handelt es sich um soziale Aggregate, insofern verschiedene Menschen raum-zeitlich zusammentreffen, jedoch in gegenseitiger Anonymität verbleiben. Aus den Aggregatszuständen heraus können sich gruppenbildende Prozesse entwickeln, sind jedoch keineswegs die Regel.

3.1.4 Sozialkategorien oder Quasi-Gruppen

Bedeutet ein gemeinsames Merkmal bei den davon betroffenen Menschen mehr als bloß eine statistische Gemeinsamkeit, dann spricht man häufig von einer *Sozialkategorie*. Dieser Begriff kann beispielsweise auf Personen mit hohem Einkommen angewandt werden, insofern sie aufgrund dieses Merkmals gesellschaftlich eine besondere Stellung einnehmen bzw. einer bestimmten sozialen Schicht angehören und dadurch oft Macht und politischen Einfluß ausüben können. Auch die Zugehörigkeit zu einem bestimmten Geschlecht, zu einer bestimmten Nationalität oder Rasse, aber auch die Tatsache, daß man ein bestimmtes Alter hat oder einen bestimmten Schulabschluß nachweisen kann, hat im allgemeinen mehr als eine nur statistisch feststellbare Bedeutung, d.h. sie hat weiterreichende, eben soziale Konsequenzen, die sich beispielsweise auf den sozialen Status, die Arbeitsmöglichkeiten oder die Gehaltshöhe u.ä. auswirken können: das vordergründig statistische bzw. kategoriale Merkmal wird damit *sozial* relevant.

Da überdies die gemeinsamen sozialen Anknüpfungspunkte, latent übereinstimmende Interessen und gleiche oder ähnliche Lebenslage dazu führen können, daß sich Personen unter gewissen Bedingungen und in bestimmten Situationen zu Gruppen zusammenschließen und organisieren, spricht man nach einem Vorschlag von Morris *Ginsberg* (1953) hier auch von *Quasi-Gruppen*. Solche Quasi-Gruppen können nach Ralf *Dahrendorf* z.B. überall dort vermutet werden, wo Menschen zueinander in einem Über- und Unterordnungsverhältnis stehen, die damit verbundenen divergierenden Interessen aber noch latent bleiben, d.h. noch nicht zur Bildung eines jeweils eigenen Gruppenbewußtseins geführt haben bzw. noch nicht als Motive für gemeinsame Aktionen zur Durchsetzung bestimmter Interessen wirksam werden konnten. Als Quasi-Gruppen können in diesem Sinne beispielsweise *soziale Klassen* bezeichnet werden.

113

3.1.5 Soziale Gruppen

Aufgrund gleicher — sozial relevanter — kategorialer Merkmale können sich bei den hiervon betroffenen Menschen unter bestimmten Voraussetzungen Gefühle der Zusammengehörigkeit entwickeln, die zur Aufnahme von sozialen Beziehungen untereinander und zur Ausbildung systematischer Muster der Interaktion führen können.

Wird das so entstandene soziale Gebilde von den Beteiligten selbst oder auch von ihrer Umwelt als „Einheit" angesehen und behandelt, dann können wir von der Existenz einer *„sozialen Gruppe"* sprechen.

„Die Haarfarbe spielt zwar bei uns im allgemeinen keine große Rolle, wenngleich sie auch nicht völlig folgenlos ist für mancherlei Zu- und Abneigungen. Eine auffallend rote Haarfarbe dagegen kann besondere Aufmerksamkeit erregen. Tatsächlich gelten Rothaarige oft als Außenseiter und als Objekte von negativen Vorurteilen, Spott und Diskriminierung. Deshalb könnte sich bei Rothaarigen ein Wir-Gefühl entwickeln und also eine soziale Gruppe entstehen.

Körpergröße ist zwar nicht unbedingt folgenschwer, aber zwergenhafter Wuchs war seit jeher vielfach Anlaß für Hohn und Beschränkung auf besondere Tätigkeiten. Und selbst auffällige Körperlänge kann zum Keim einer sozialen Gruppe werden, wie der ‚Verein langer Menschen‘ zeigt.

Die Sozialkategorie Einkommenshöhe bedeutet dann mehr, wenn die Bezieher höchster Einkommen beispielsweise der Oberschicht angehören und die Mitglieder der Oberschicht eine besondere Schichtmentalität aufweisen, die sich etwa an gleichen Lebenseinstellungen, Überzeugungen und Handlungen ablesen läßt. In dem Fall hätte man es mit einer sozialen Gruppe zu tun.

Ähnliches kann, muß aber nicht zutreffen beispielsweise für Hauseigentümer, hohes Alter, Rasse, Konfession und Pkw-Besitzer, desgleichen für Geschiedene, unehelich Geborene oder Handwerker." (*Bellebaum* 1972: 32).

Für das Vorhandensein einer sozialen Gruppe müssen demnach folgende Bedingungen gegeben sein:

— die Existenz gemeinsamer *Motive, Ziele und Interessen*, die die einzelnen überhaupt erst zusammenführen;
— ein „*Wir*"-*Bewußtsein* der Mitglieder, das einerseits bestimmt, „wer dazu gehört" und andererseits zur Abgrenzung gegenüber „den anderen" dient;
— ein gemeinsames *Wert- und Normensystem*, das die Regelmäßigkeiten des Handelns in den sozialen Beziehungen der Gruppenmitglieder begleitet;
— ein längerfristiges Zusammenwirken der Gruppenmitglieder und zumindest Ansätze einer internen *Rollenstruktur und Statusdifferenzierung*.

Auch diese begriffliche Fassung der sozialen Gruppe ist noch relativ abstrakt, insofern sie eine ganze Reihe verschiedener Arten und Formen alltäglicher Konkretisierungen „sozialer Gruppen" umspannt. Ohne Anspruch auf Vollständigkeit und gültige Systematisierung werden daher im folgenden unter Berücksichtigung zusätzlicher bzw. feinerer Merkmale weitere Begriffsdifferenzierungen zur Charakterisierung bestehender sozialer Gruppen vorgenommen.

Zur vertiefenden und ergänzenden Lektüre

Hans-Dieter Schneider, Kleingruppenforschung. Teubner: Stuttgart 1975.
Martin Schwonke, Die Gruppe als Paradigma der Vergesellschaftung. In: Bernhard *Schäfers* (Hrsg.), Einführung in die Gruppensoziologie. Geschichte, Theorien, Analysen. S. 35 - 50. Quelle & Meyer: Heidelberg 1980.

3.1.5.1 Primär- und Sekundärgruppen

Eine recht geläufige Unterscheidung von Gruppen ist die Einteilung in *Primär- und Sekundärgruppen*, – eine Differenzierung, die auf Charles H. *Cooley* (1864 - 1929) zurückgeht.

o Charakterisiert werden die sog. *Primärgruppen* durch enge und gefühlsmäßige Bindungen, überschaubare und umfassend personenbezogene Kontakte, direkte und unmittelbare zwischenmenschliche Beziehungen („*face-to-face-relations*") sowie durch relativ freie Handlungsräume mit der Möglichkeit zur Spontaneität. Als „primär" sind diese Gruppen sowohl im zeitlichen Sinne als erste soziale Erfahrungsräume als auch unter dem qualitativen Aspekt besonders nachhaltiger und entscheidender Prägungen auf die Sozialnatur des Individuums zu verstehen. Es sind Gruppen, die einem am nächsten stehen und denen man sich vor allen anderen Zugehörigkeiten verbunden fühlt. Als Prototyp einer Primärgruppe gilt gemeinhin die *Familie*, andere Beispiele wären aber auch eine enge freundschaftliche Verbindung, eine „Clique", eine Bande u.ä.

o Den Primärgruppen stehen die übrigen gesellschaftlichen Gruppenverflechtungen gegenüber, die zusammenfassend als *Sekundärgruppen* bezeichnet werden. Bei diesen Sekundärgruppen handelt es sich in der Regel um Gruppen, die auf bestimmte Ziele hin zweckhaft ausgerichtet und organisiert sind, wie beispielsweise Schulen, Industriebetriebe, Standesorganisationen, Vereine, politische Parteien u.ä. Solche Sekundärgruppen sprechen nicht mehr den „ganzen" Menschen an, sondern fragen — entsprechend ihrer Zielsetzung — jeweils relevante einzelne Fähigkeiten und Interessen des Menschen nach (z.B. berufliche Leistung, politische Fähigkeiten usw.). Von daher grenzen Sekundärgruppen die sozialen Beziehungen auf bestimmte Ausschnitte der Person ein. Die zwischenmenschlichen Kontakte sind weniger gefühlhaft, ja im Prinzip eher unpersönlich und sachlich bestimmt; sie werden auch weniger auf der Grundlage wechselseitigen Vertrauens als vielmehr über formale Abmachungen und rechtliche Vertragsvereinbarungen geregelt. Hinzu kommt, daß Sekundärgruppen aufgrund ihrer zahlenmäßigen Größe für das einzelne Mitglied oft unübersichtlich sind.

Gegenüber dem Begriff der Primärgruppe ist das Konzept der Sekundärgruppe relativ unscharf und diffus. Da es „alles Übrige" darstellt, ist es dem definitorischen Charakter nach eine ziemlich weitgespannte Restkategorie. Aus den Alltagserfahrungen ist uns aber bekannt, daß Primär- und Sekundärgruppen keineswegs immer so unvermittelt und kontrastierend einander gegenüberstehen, wie dies vielleicht von der theoretisch-systematischen Betrachtungsweise her erscheinen mag. Offenbar gibt es auch soziale Erfahrungsfelder, die sowohl primär- als auch sekundärgruppenhafte Bezüge nebeneinander ermöglichen. Dies führt uns zu einer weiteren in der Soziologie üblichen Unterscheidung, nämlich derjenigen von informeller und formeller Gruppe.

Zur vertiefenden und ergänzenden Lektüre

Bernhard Schäfers, Primärgruppen. In: Bernhard *Schäfers* (Hrsg.), Einführung in die Gruppensoziologie. Geschichte, Theorien, Analysen. S. 68 - 82. Quelle & Meyer: Heidelberg 1980.

3.1.5.2 Formelle und informelle Gruppen

o *Formelle Gruppen* finden wir überall dort, wo Menschen zusammengeführt werden, um bestimmte Ziele aufgrund planvoller organisatorischer Festlegungen zu erreichen, also insbesondere im *beruflichen* Bereich. Wie bei Sekundärgruppen steht auch bei formellen Gruppen der jeweils genau fixierte Zweckcharakter im Vordergrund: es sind geplante und stark strukturierte soziale Gebilde zur optimalen Erfüllung bestimmter Aufgaben. Die Auftei-

lung von Arbeiten und das Zusammenwirken bei den zu bewälti-
genden Aufgaben sind vielfach so weitgehend vorweggedacht und
die damit verbundenen Positionen neben möglichst eingehenden
und präzisen Rollenerwartungen so stark vorbestimmt und definiert, daß in der Regel nur noch Menschen gesucht werden, die in
der Lage sind, sich in die so entworfenen und organisierten Handlungsabläufe optimal einzufügen. An den Bewerbern für Aufgaben
in solchen formellen Gruppen ist daher in erster Linie ihre Funktionalität im Hinblick auf den formellen Gruppenzweck und die
daraus abgeleitete Arbeitsplatzbeschreibung bzw. spezifische Leistung interessant. Sie sollen sich möglichst reibungslos in das ihnen zugeordnete Funktionsgefüge einordnen, in der vorgeschriebenen Weise arbeitsteilig zusammenwirken und die erwarteten
Leistungsnachweise erbringen. Die sozialen Beziehungen der
Gruppenmitglieder untereinander sollen sich im Prinzip auf den
Austausch von formal definierten Einzelleistungen beschränken.
Infolgedessen sind die Handlungsabläufe in formellen Gruppen
über entsprechende Organisationspläne, Geschäftsordnungen,
Satzungen u.ä. in der Regel eindeutig geregelt und formal ausge-
staltet:

— Wer hat was zusammen mit wem unter Beachtung welcher Kom-
  munikationskanäle (,,Dienstweg'') zu tun?
— Auf welchen Ebenen werden Anweisungen mit welchen Wirkungen an welchen Personenkreis erteilt?
— Welche Stellen sind in Konfliktfällen anzurufen?

Hierzu ein Beispiel:

,,Die im Außendienst tätige Fürsorgerin besucht einen Klienten und schreibt
einen Bericht, der Sachbearbeiter im Innendienst liest den Bericht und hakt
ab, der Abteilungsleiter liest ebenfalls und genehmigt, die Sekretärin schreibt
die Zahlungsanweisung aus, der Kassierer liest gegen und überweist das Geld,
der Prüfer liest erneut und entdeckt einen Fehler, der Leiter des Sozialamtes
wird mit dem Fall befaßt, sein Assistent hält die Auszahlung überhaupt für
ungerechtfertigt, der Abteilungsleiter bekommt einen Rüffel, er gibt ihn an
den Sachbearbeiter weiter, dieser hält die Fürsorgerin für schuldig, sie macht
einen erneuten Besuch — und wenn sie auf ihrer Interpretation des Falles besteht und vielleicht noch die Presse davon erfährt, beginnt alles von vorn, ex-
akt, bürokratisch geregelt (. . .). Nicht persönliche Gefühle sollen für die Gestaltung der sozialen Beziehungen maßgeblich sein, sondern ausschließlich die
geltenden Arbeitsvorschriften. Würde sich ein Sachbearbeiter weigern, mit
Inspektor Y zusammenzuarbeiten, weil dieser CDU-, SPD-Mitglied, Schürzen-
jäger, Jude, Beat-Anhänger, Bachliebhaber, Junggeselle, Benutzer eines be-

stimmten Waschpulvers oder Fernsehzuschauer ist, würde das die vom Zweck der Organisation her vorgeschriebenen sozialen Beziehungen stören." (*Belle-baum* 1972: 40).

o Wie wir jedoch aus Ergebnissen einschlägiger soziologischer Unter-suchungen, aber wohl auch aus unseren eigenen Erfahrungen in beruflichen Arbeitsgruppen, in und mit großen Organisationen (Bundeswehr, Krankenhaus, Kirchen, Behörden u.ä.) oder auch Vereinen, Verbänden oder politischen Parteien usw. her wissen, sind die dort tätigen Menschen im allgemeinen keine blutleeren „Funktionäre", die gleichsam mechanisch und emotionslos ihre Position verwalten und ihre Rollen in organisatorisch vorprogram-mierten Formen vollziehen, sondern auch Menschen aus Fleisch und Blut, mit Stärken und Schwächen, deren Handeln sich – im allgemeinen wenigstens – nicht in formellen Beziehungen er-schöpft. Seitens der Organisationsleitung nicht berechenbar und im Hinblick auf die geplanten sozialen Beziehungen in formellen Gruppen durchaus nicht immer funktional, bringen die Gruppen-mitglieder als Individuen doch immer auch nicht kalkulierbare Ei-genschaften und Haltungen mit, persönliche Lebenserfahrungen und individuelle Arbeitsstile, mitmenschliche Wertungen und emotional getönte Zu- und Abneigungen, Kontaktbedürfnisse oder Distanzansprüche, so daß sie auf die ihnen dort zugedachten „objektiven" Anforderungen der Aufgaben im allgemeinen nur mehr oder weniger „persönlich" gefärbte Antworten zu geben vermögen.

Diese Gegebenheiten führen beispielsweise in einem Industriebe-trieb, einer Behörde oder einem Verband dazu, daß sich innerhalb oder auch außerhalb formeller bzw. organisierter Gruppen immer auch sog. „informelle" Sozialbeziehungen entwickeln, die wesent-lich auf persönlicher Sympathie, ähnlichen Gefühlslagen, gleich-gerichteten Interessen und Erwartungen u.ä. beruhen, formelle Strukturen oft durchkreuzen und sich in *informellen Gruppen* kristallisieren. Diese informellen Gruppen sind vergleichsweise klein und dienen primär der Befriedigung persönlicher, privater und emotionaler Bedürfnisse wie z.B. nach Anerkennung und Achtung, Mitsprache und Mitwissen, spontaner Personenbezie-hung, Geborgenheit, Kollegialität, Freundschaft u.ä., – indivi-duelle Bedürfnisse also, die im Rahmen von Großgruppen formal nur ungenügend berücksichtigt werden (können).

Da sich informelle Gruppen jedoch nicht nur auf die sie begründenden affektiven Aspekte und Verbundenheiten begrenzen lassen, wirken sie sich auch häufig in positiver *(funktionaler)* oder negativer (*dysfunktionaler*) Weise auf die formalen Organisationsstrukturen, -ziele und -zwecke aus. Da unmöglich alle Eventualitäten einer Organisation formal vorweg zu regeln sind, können informelle Beziehungen beispielsweise bestehende Lücken der formalen Organisation im Sinne flexibler, situativ und sachlich angemessener, ,,unbürokratischer" Problemlösungen ausfüllen. Umgekehrt kann aber auch der von der Organisationsleitung unkontrollierbare Austausch einzelner Leistungen und Informationen ,,Sand ins Getriebe" bringen: beispielsweise können sich leistungshemmende Cliquenstreitigkeiten und gruppenspaltende Rivalitäten entfalten, Gerüchte können sich ausbreiten, informelle, die offiziellen Arbeitsvorschriften unterlaufende Leistungs- und Verhaltensnormen können sich herausbilden u.v.m. Aus diesem Grunde können informelle Gruppen Folge wie Ursache von Spannungen und Problemen innerhalb formeller Gruppen sein.

Im Zusammenhang mit formellen Gruppen sind praktisch immer und überall auch informelle Gruppen anzunehmen. Selbst in ,,*totalen*" Organisationen wie Gefängnissen u.ä. lassen sich erfahrungsgemäß informelle Gruppen mit *subkulturellen* Effekten nicht verhindern, wenngleich sie sich dort allerdings in der Regel sehr geschickt zu tarnen vermögen.

Zur vertiefenden und ergänzenden Lektüre

Wolfram Burisch, Industrie- und Betriebssoziologie. 7. Aufl. (Darin Kapitel IV: ,,Das Sozialsystem des Industriebetriebs", S. 77 - 108). de Gruyter: Berlin, New York 1973.
George Caspar Homans, Theorie der sozialen Gruppe. 2. Aufl. (Darin vor allem das 3. Kapitel: ,,Der ,Bank Wiring Observation Room' ", S. 72 - 99). Westdeutscher Verlag: Köln, Opladen 1965.
Hans Rosenkranz, Soziale Betriebsorganisation unter anthropologischen und pädagogischen Aspekten. Reinhardt: München, Basel 1973.

3.1.5.3 Großgruppen und Kleingruppen

Daß jede Gesellschaft mehr ist als die Summe ihrer Individuen und daß sie sich nur über graduell abgestufte soziale Gruppen, Kreise und Kollektive in fließenden Übergängen und komplexen ,,Vernetzungen" konstruktiv begreifen läßt, haben wir bereits an anderer Stelle diskutiert. Wir wissen, daß jede Gesellschaft im allgemeinen nach irgendwelchen Teilen und Kriterien (z.B. Alters-, Geschlechts-, Abstammungs-, Berufsgruppen) gegliedert ist und somit jede Gesellschaft interne Differenzierungen aufweist. Dies gilt für kleine überschaubare Sozialgebilde, wie sie einfache Stämme und Naturvölker darstellen, ebenso wie für mittlere und größere gesellschaftlich-politische Entitäten wie beispielsweise die Schweiz oder auch die Bundesrepublik Deutschland oder Frankreich bis hin zu den riesigen sozialen Gebilden vom Typ der amerikanischen, sowjetischen oder chinesischen Gesellschaft. Die hier überall nachweisbaren gesellschaftlichen Differenzierungen als Teile umfassender sozialer Einheiten lassen sich u.a. auch nach der Zahl ihrer jeweiligen Mitglieder aufteilen, wobei üblicherweise dann zwischen *Großgruppen* und *Kleingruppen* unterschieden wird.

So sinnvoll diese Unterscheidung nach unserer Erfahrung ist, so theoretisch einleuchtend sich mit verschiedenen Quantitäten auch unterschiedliche Qualitäten verbinden, so schwierig kann es im Einzelfall werden, ein konkretes soziales Gebilde dem jeweils gemeinten Typ soziologisch zuzuordnen. Bei näherer Betrachtungsweise erweisen sich nämlich die Begriffe „Großgruppe" und „Kleingruppe" als außerordentlich vage, ja die jeweilige typologische Zuordnung kann – wie schon Georg *Simmel* bemerkte – geradezu sophistisch-spitzfindige Überlegungen provozieren: „Wieviel Soldaten eine Armee ausmachen, wieviel Teilnehmer nötig sind, um eine politische Partei zu bilden, wieviel Mittuende zu einem Auflauf gehören – alle derartigen Fragen scheinen die klassische Rätselfrage zu wiederholen: wieviel Weizenkörner einen Haufen geben: Denn da ein, zwei, drei, vier Körner es noch keineswegs tun, tausend aber jedenfalls, so müsse doch zwischen diesen Zahlen eine Grenze liegen, an der das Hinzufügen eines einzigen Kornes die bisherigen zu einem ‚Haufen' ergänze; macht man aber diesen Versuch des Weiterzählens, so zeigt sich, daß niemand diese Grenze anzugeben vermag." (*Simmel* 1908/1968: 53).

Wenn *Simmel* dennoch den Größenvariationen sozialer Gruppen besondere Bedeutung zumaß, dann deshalb, weil er klar erkannte, daß nicht nur die zunehmende Größe einer Gruppe ihre internen Strukturen verändert und unterscheidbare soziale Prozesse initiiert, sondern daß größere Gruppen auch inhaltlich und formal andere Probleme aufwerfen als kleinere soziale Gebilde. Hinzu kam seine Entdeckung, daß mit der numerischen Veränderung von Gruppen deren qualitativen sozialen Effekte nicht etwa linear, sondern vielmehr sprunghaft variieren, so daß nicht die relative, sondern die absolute

Größe zur jeweils entscheidenden Variablen wird. *Simmel* erläutert dies so: „Wenn in einer parlamentarischen Partei von 20 Köpfen sich vier, gegen das Parteiprogramm kritische oder sezessionistische Mitglieder befinden, so wird deren Rolle für die Tendenz und das Verfahren der Partei eine andere sein als wenn die Partei 50 Köpfe stark ist und zehn Rebellen in ihrer Mitte hat: im allgemeinen wird, trotz der gleichgebliebenen Zahlrelation, die Bedeutung der letzteren in der größeren Partei eine größere sein (. . .). Man hat hervorgehoben, daß eine Militärtyrannis ceteris paribus um so haltbarer sei, je größer ihr Gebiet sei; denn umfasse das Heer etwa ein Prozent der Bevölkerung, so ließe sich eher eine Bevölkerung von zehn Millionen mit einem Heer von 100.000 Mann im Zaume halten, als eine Stadt von 100.000 Einwohnern mit 100 Soldaten oder ein Dorf von 100 Einwohnern mit einem einzigen.

Das Eigentümliche ist hier, daß die absoluten Zahlen der Gesamtgruppe und der in ihr einflußreichen Elemente, obgleich ihre Relation als Zahlen die identische bleibt, doch gerade die *Relationen* innerhalb der Gruppe so merkbar verschieden bestimmen. Jene beliebig zu vermehrenden Beispiele zeigen, daß die Relation soziologischer Elemente nicht nur von der relativen, sondern zugleich von der absoluten numerischen Quanten dieser Elemente abhängt." (*Simmel* 1908/1968: 40).

o Für unseren Zusammenhang wird vor allem auch *Simmels* Diskussion der *unteren Grenze* von Kleingruppen wichtig. Auf der Suche nach dem Grenzpunkt zwischen Individuum und sozialer Kleingruppe stieß er nämlich auf die sozialen Gebilde der Zweierbeziehung oder des Paars (*Dyade*) und der Dreierbeziehung (*Triade*). Hierbei erkennt er in einer umfassenden Analyse den dyadischen Beziehungen eine spezifische soziale Qualität zu, die es nahelegt sie als Sozialgebilde eigener Art zu verstehen. Denn das Paar stellt jenes einzigartige soziale Gebilde dar, in der zwei – und nur zwei – Individuen sich unmittelbar gegenüberstehen und ihre Handlungen unvermittelt aufeinander beziehen. In keiner anderen sozialen Beziehung lassen sich so extrem und elementar die zwischenmenschlichen Gefühle der Liebe und des Hasses, der Freiheit und der Isolation, der Eifersucht und des Verständnisses, der Verehrung und des Verrats erfahren wie gerade in der Zweierbeziehung. Hier gibt es im Prinzip nur zwei zwischenmenschliche Bewegungen: das Aufeinanderzugehen und Miteinanderauskommen oder das Sichvoneinanderentfernen und sich schließlich Trennen.

Mit dem Hinzukommen einer dritten Person verändert sich nicht nur grundlegend die Struktur der Paarbeziehung zur Triade, sondern auch die Auswirkungen auf die beteiligten Personen sind unverhältnismäßig groß. Völlig neue Möglichkeiten des sozialen Arrangements entstehen: der „Dritte" kann in Konfliktfällen mit dem einen oder dem anderen „koalieren" oder auch als „lachender Dritter" abseits stehen, er kann aber auch als Vermittler oder Schiedsrichter intervenieren und – was *Simmel* für besonders wichtig hält – beim Ausscheiden einer Person aus der Triade wird, im Gegensatz zur Dyade, der soziale Charakter der Beziehung nicht fundamental erschüttert.

Von daher empfiehlt es sich, die untere Grenze von Kleingruppen bei mindestens drei Mitgliedern anzusetzen. Zweierbeziehungen sind als soziale Verflechtungen besonderer Art zu betrachten, die sich in ihren Beziehungsqualitäten, aber auch in ihren Beziehungsmöglichkeiten von anderen sozialen Gebilden in so typischer Art und Weise unterscheiden, daß sie auch terminologisch von Kleingruppen abgehoben und begrifflich eigens als „Paar" oder „Dyade" gefaßt werden müssen.

o Kann so die quantitative Bestimmung der Untergrenze von Kleingruppen noch einigermaßen problemlos konventionell festgelegt werden, so entstehen – wie schon bei *Simmel* angedeutet – größere Schwierigkeiten bei der Definition von deren *Obergrenze*. Zur Lösung dieses Problems kann als entscheidendes Kriterium für Kleingruppen das Vorhandensein direkter, unmittelbar persönlicher Beziehungsmöglichkeiten der Gruppenmitglieder untereinander herangezogen werden, jenes Merkmal der „*face-to-face-relations*", das uns bereits bei der Bestimmung von Primärgruppen begegnet ist. Entsprechend definiert auch einer der bekanntesten soziologischen Gruppentheoretiker, George Caspar *Homans* (1965: 29) die Kleingruppe als „eine Reihe von Personen, die in einer bestimmten Zeitspanne häufig miteinander Umgang haben und deren Anzahl so gering ist, daß jede Person mit allen anderen Personen in Verbindung treten kann, und zwar nicht nur mittelbar über andere Menschen, sondern von Angesicht zu Angesicht." Nun ist das menschliche Vermögen, mit anderen zu kommunizieren und zu interagieren, begrenzt. Wir können nicht mit unendlich vielen Menschen irgendeines Kollektivs soziale Beziehungen aufnehmen und unterhalten. Je mehr Personen aber in einer Gruppe sind, um so größer wird die Zahl möglicher sozialer Kontakte.

Mathematisch errechnen läßt sich nach *Moore* (1968: 97) die Anzahl potentieller zwischenmenschlicher Beziehungen in einer Gruppe mit bekannter Mitgliedzahl (n) mit Hilfe der Formel:

Summe der möglichen Zweierbeziehungen $= \dfrac{n(n-1)}{2}$

Für eine Fünfergruppe bedeutet dies: $\dfrac{5(5-1)}{2} = \dfrac{20}{2}$

d.h. zehn mögliche Zweierbeziehungen, für eine Gruppe mit zehn Mitgliedern sind es bereits ($\dfrac{10(10-1)}{2} = \dfrac{90}{2}$) 45

potentielle Kontakte, bei 20 Gruppenmitgliedern 190 usw. Berücksichtigt man darüber hinaus noch, daß Mitglieder sozialer Gruppen untereinander ja nicht nur wechselseitige Zweierbeziehungen, sondern auch größere Koalitionen, Cliquenverbindungen u.ä. eingehen können, so steigt die Zahl der Beziehungsmöglichkeiten noch sprunghafter. Zur Berechnung der Summe aller theoretisch möglichen sozialen Beziehungen in Gruppen mit gegebener Personenzahl (n) bedient man sich der Formel:

Summe der gruppeninternen Beziehungsmöglichkeiten $= \dfrac{(3^n - 2^{n+1}) + 1}{2}$

Sind es bei einer Gruppe mit drei Mitgliedern noch sechs verschiedene mögliche Beziehungskonstellationen, so gibt es bei fünf Mitgliedern bereits 90 unterschiedliche Verbindungsmöglichkeiten, bei sieben schon 966, bei zehn bereits die unglaubliche Menge von 28.501 potentiellen gruppeninternen Arrangements usw.

Diese Zahlen belegen eindrücklich, daß mit steigender Personenzahl die potentiellen Zweierbeziehungen und die Beziehungsmöglichkeiten insgesamt so stark zunehmen, daß die einzelnen Gruppenmitglieder in ihren Fähigkeiten, mit den anderen Kontakt aufzunehmen, an einem gewissen Punkt überfordert sind.

Schon von daher ist unter dem Aspekt der interaktionellen Muster und der kommunikativen Kapazität die obere Grenze von Kleingruppen bei einer verhältnismäßig geringen Zahl von Mitgliedern anzusetzen. Zwar hängt die optimale Größe nicht zuletzt vom jeweiligen Gruppenzweck ab, und es mag auch unter Umständen eine besondere Rolle spielen, ob die Zahl der Gruppenmitglieder gerade oder ungerade ist, doch sollen Kleingruppen – je nach ihrem „raison d'être" – nach Meinung von Soziologen und Sozialpsychologen nicht mehr als 7 bis 15 Mitglieder umfassen. Bei diesen Grenzen dürfte im allgemeinen bei den Gruppenmitgliedern noch ein Sicherheitsgefühl durch realisierbare soziale Kontakte sowie auch ein Gefühl des Akzeptiertwerdens erreichbar sein. Darüber hinaus wird es zumindest kritisch: Eine Studie über das Lernverhalten zeigt beispielsweise, daß die persönliche Beteiligung der einzelnen Gruppenmitglieder bei einer Lerngruppe über 15 Teilnehmer so stark zurückgeht, daß die Mitglieder sich dann genauso verhalten, als ob sie sich als Zuhörer in einer Vorlesung für 400 Personen befänden (*Boocock* 1966, zit. bei *Hopper & Weyman* 1977: 176).

Aus der bisherigen Diskussion ergibt sich, daß die Mitglieder von *Großgruppen* sich nicht persönlich zu kennen brauchen, die übrigen Bestimmungsmerkmale für soziale Gruppen (gemeinsame Ziele und Interessen, Wir-Bewußtsein, gemeinsames Wert- und Normensystem, interne Rollenstruktur und Aufgabenverteilung) indessen vorhanden sein müssen. Als typische Beispiele für solche Großgruppen gelten Verbände, Gewerkschaften, politische Parteien, Kirchen, Religionsgemeinschaften u.ä. Solche Großgruppen konstituieren sich oft zunächst nur durch abstrakte, gemeinsam geltende Vorstellungen und einander verbindende Überzeugungen: Man denkt und handelt wie die anderen, die sich oft erst in bestimmten Situationen durch ihre Handlungen, Haltungen, Aussagen, auch Abzeichen, Symbole usw. als gleichgesinnte „Mitglieder" zu erkennen geben. Hinzu kommt bei vielen Großgruppen auch ein bestimmter Grad an Organisiertheit, der sie als *Organisationen* kenntlich macht: eingeschriebene Mitglieder, Mitgliedsausweis, Zeitschrift, Führungsfunktionäre usw.

Wie jedes andere Konzept gerät auch der Begriff der Großgruppe dort an die Grenze seiner praktischen Brauchbarkeit und analytischen Ergiebigkeit, wo er inhaltlich überfrachtet und formal überdehnt wird. Man neigt deshalb dazu, die großen und umfassenden sozialen Gebilde wie beispielsweise die Gesellschaft der Bundesrepublik Deutschland nicht mehr als Großgruppe (nicht zuletzt weil sie

sich ja u.a. auch aus vielen Großgruppen zusammensetzt), sondern
als *Gesamtgesellschaften* zu bezeichnen.

Zur vertiefenden und ergänzenden Lektüre

Earl Hopper & Anne Weyman, Große Gruppen aus soziologischer Sicht. In:
  Lionel Kreeger (Hrsg.), Die Großgruppe. S. 154 - 183. Klett: Stuttgart
  1977.
Theodore M. Mills, Soziologie der Gruppe. 3. Aufl. Juventa: München 1971.
Michael S. Olmsted, Die Kleingruppe. Soziologische und sozialpsychologische
  Aspekte. Lambertus: Freiburg/Brsg. 1971.

3.2 Soziale Stabilität und Wandel der Gesellschaft

3.2.1 Gesellschafts-„bilder"

Zumindest ungefähr glauben wir alle zu wissen, was „Gesellschaft ‘
ist, aber meist fällt es uns schwer, genauer zu formulieren, was unter
diesem Begriff zu verstehen ist. Selbst bei Soziologen, den eigentlichen Gesellschaftswissenschaftlern, gibt es offenbar Schwierigkeiten,
Gesellschaft präzise zu bestimmen.
So etwa wenn Niklas *Luhmann* in einem einschlägigen Fachwörter-
buch unter dem Stichwort „*Gesellschaft*" lapidar feststellt, Gesellschaft sei „*das jeweils umfassendste System menschlichen Zusammenlebens*" und resignierend fortfährt: „*über weitere einschränken-
de Merkmale besteht kein Einverständnis*" *(Lexikon zur Soziologie*:
1978: 267).
Diese ziemlich diffuse Vorstellung und definitorische Verlegenheit
rührt sicher nicht zuletzt daher, daß mit „Gesellschaft" eben keine
konkrete Sache bezeichnet werden kann, sondern damit eher ein
Bild gemeint ist, das einerseits in einer verwirrenden und unübersicht-
lichen Vielfalt von Einzelheiten sozialer Tatsachen aufzugehen
scheint, andererseits aber auch eher abstrakte, weniger deutlich kor-
turierte Züge mit ineinander verwobenen Fließzonen aufweist.
Wir sind davon ausgegangen, daß der einzelne Mensch als soziale
und kulturelle Persönlichkeit die sozialen Bezüge zu den Primärgruppen als — wie *Cooley* dies nennt — „nursery of human nature" grundlegend benötigt, diese primären Beziehungsfelder jedoch wieder not-

wendigerweise in weitere und umfassendere Klein- und Großgruppen, formelle und informelle Kontakte, sekundäre Sozialgebilde und Organisationen eingebunden sind, so daß sich so das Gesamt dieser mannigfachen Formen der Verflechtungseinheiten und -zusammenhänge sozialer Gebilde innerhalb einer Kultur als „Gesellschaft" begreifen läßt. Rein deskriptiv lassen sich die Rahmenbedingungen dieses „Bildes" annähernd bestimmen durch eine Aufzählung von Eigenschaften wie beispielsweise: hinreichend große, altersmäßig und geschlechtlich gemischte Bevölkerung, gemeinsame Sprache und Geschichtsbewußtsein, Vorhandensein einer politischen Ordnung und der Bezug auf ein Territorium, bestimmte, das Gesamtsystem erhaltende bzw. dessen Grundbedürfnisse befriedigende Institutionen und Organisationen, bestimmter Grad der wirtschaftlichen Entwicklung und entsprechender Lebensstandard, eigene Kultur usw.

Es gibt zahlreiche gedankliche Entwürfe und viele „Bilder" von Gesellschaften und – was hinzukommt – eine und dieselbe soziale Realität hat oft noch verschiedene, je nach Standort und Betrachtungsweise variierende Facetten:

– Wenn wir beispielsweise von einer Agrar- oder einer Industriegesellschaft sprechen, so betonen wir damit zweifellos die für die jeweilige Gesellschaft typische Art und Weise wirtschaftlicher Produktion.
– Reden wir von sozialistischer oder kapitalistischer Gesellschaft, dann steht die jeweilige Eigentumsordnung im Vordergrund.
– Eine zurückgehende, stagnierende oder expandierende Gesellschaft bezieht sich auf die demographische Bilanz der Bevölkerungsentwicklung.
– Bei primitiven Gesellschaften denken wir an die schriftlose Kulturstufe.
– Die Bezeichnungen kommunistische oder faschistische Gesellschaft verweisen auf die zugrunde liegenden gesellschaftlich-politischen Ideologien.
– Totalitär ist im allgemeinen Sprachgebrauch eine Gesellschaft, die durch die diktatorische Macht des Staates auf allen Ebenen und in allen Lebensbereichen charakterisiert wird.

Die jeweilige Bezeichnung hebt immer etwas Wichtiges in prägnanter Weise hervor, vernachlässigt aber gleichzeitig anderes und erfaßt so die tatsächlichen gesellschaftlichen Strukturen und Abläufe nur unvollkommen. Ganz im Sinne der Max *Weber*schen Idealtypen haben solche Attribute eher *heuristische Funktionen* und besitzen den Charakter von abstrahierenden Modellen.

Der Soziologe steht also vor der Schwierigkeit, immer nach belangvollen und untersuchungswerten — relevanten — Bestimmungsfaktoren im Zusammenspiel der umfassenden sozialen Prozesse zu suchen, wohl wissend, daß in jeder Gesellschaft „eigentlich alles vorkommt", irgendwie „alles mit allem" zusammenhängt und somit eine eng verwobene „*Totalität*" bildet. Jedoch, „um eine exakte Theorie der Totalität zu haben, müßten wir alle Einzelvorgänge und ihre Ursachen, auch im geschichtlichen Verlauf, kennen. Zur Totalität gehört schließlich auch das eigene Denken über sie. Deswegen ist prinzipiell keine eindeutige Beschreibung und Analyse einer Totalität möglich. Auch in den Naturwissenschaften sind die Vorstellungen vom Gesamtzusammenhang aller Naturvorgänge (‚die Natur') notwendigerweise verschwommen. Eine ‚präzise Vorstellung' kann man nur über etwas haben, das sich auch präzise abgrenzen läßt und somit keine Totalität darstellen kann." (*Stromberger & Teichert* 1978: 208). Dies erklärt auch, weshalb man in den meisten soziologischen Lehrbüchern vergeblich nach einem eigenen Kapitel über die Gesellschaft sucht: „Die Autoren haben durchaus ein Gedankenbild, aber es ist undifferenziert, verträgt keine systematische Darstellung und kann oft mit wenigen Sätzen formuliert werden." (*Stromberger & Teichert*, ebenda).

Zur vertiefenden und ergänzenden Lektüre

Alfred Bellebaum, Soziologie der modernen Gesellschaft. (Darin Kapitel I: „Moderne Gesellschaft und Gesellschaftstypen", S. 11 - 20). Hoffmann und Campe: Hamburg 1977.

Ralf Dahrendorf, Gesellschaft und Freiheit. Zur soziologischen Analyse der Gegenwart. (Darin vor allem Kapitel 1: „Soziologie und industrielle Gesellschaft", S. 13 - 26). Piper: München 1961.

Günter Hartfiel & Karl-Heinz Hillmann, Wörterbuch der Soziologie. 3. Aufl. (Dort das Stichwort „Gesellschaft" mit zusätzlichen Literaturhinweisen). Kröner: Stuttgart 1982.

Talcott Parsons, Zur Theorie sozialer Systeme. (Darin der Beitrag „Der Begriff der Gesellschaft: Seine Elemente und ihre Verknüpfungen", S. 121 - 160). Westdeutscher Verlag: Opladen 1976.

3.2.2 Gesellschaft als soziales System: Soziale Stabilität

Trotz dieser vielfältigen Schwierigkeiten sind verschiedene Versuche gemacht worden, Gesellschaften auf ihre funktionalen Gemeinsamkeiten oder ihre strukturellen Unterschiede hin zu betrachten. Die wichtigsten klassischen Ansätze hierzu haben wir bereits bei Herbert *Spencer* (Gesellschaft als Organismus und Mechanismus) oder Karl *Marx* (Gesellschaftsbild des historischen Materialismus) kennengelernt. Für neuere, sog. „*systemtheoretische*" Ansätze sind insbesondere Arbeiten von Talcott *Parsons* und Niklas *Luhmann* wegweisend geworden.

So geht·*Parsons* beispielsweise davon aus, daß in allen Gesellschaften bestimmte Funktionsvoraussetzungen für das zwischenmenschliche Zusammenleben erbracht werden müssen, die dann überdies zum Handlungszwang im Hinblick auf den Bestand eines gesellschaftlichen Systems werden. In seinem berühmt gewordenen, jedoch relativ abstrakt gebliebenen sog. AGIL-Schema (worin die Begriffe *a*daption, *g*oal-attainment, *i*ntegration und *l*atency die vier wichtigsten Systemprobleme bezeichnen) faßt *Parsons* die Grundfunktionen sozialer Systeme zusammen:

o *Anpassung (adaption)* meint, daß alle Gesellschaften zunächst mit den natürlichen Gegebenheiten ihres Lebensraumes fertig werden müssen. Je nachdem wie die gegebenen Umweltbedingungen bewältigt werden und welche Ressourcen sich eine Gesellschaft hierbei zunutze macht, werden typische Formen des Arbeitens und Wirtschaftens entwickelt: In einer Jäger- und Sammlergesellschaft sichern die Menschen ihr Überleben vorwiegend durch das Sammeln von wild wachsenden Früchten und das Jagen von Tieren, in einer Agrargesellschaft erfolgt die materielle Lebenssicherung mit Hilfe von Ackerbau und Viehzucht sowie der Herstellung handwerklicher Gegenstände, in einer Industriegesellschaft sind die Arbeits- und Wirtschaftsprozesse vorwiegend durch die industrielle Güterproduktion und den damit verbundenen Gütertausch gekennzeichnet.

o *Zielerreichung (goal-attainment)* weist darauf hin, daß die Mitglieder einer Gesellschaft auf gemeinsame Zielvorstellungen bzw. kollektive Grundüberzeugungen hin zu verpflichten sind. An solchen „Grundwerten" sollen sich im Alltag die konkreten Handlungsvollzüge orientieren können. Solche normativen Rahmenbedingungen wären beispielsweise für die Gesellschaft der Bundesrepublik Deutschland im gesellschaftlich-politischen Auftrag des Grundgesetzes verankert.

o Um die Systemziele zu erreichen, ist eine *Integration* aller Systemelemente oder — anders ausgedrückt — eine „soziale Einheit" anzustreben. Die gegenseitigen Interaktionen sollen, über gemeinsame Deutungsschemata verknüpft, zu komplementären Handlungsmustern bzw. zu einem koordinierten Zusammenhalt gebracht werden.

o Schließlich ist allen Gesellschaften das Bemühen gemeinsam, ihre konstitutiven Merkmale, die sie als eigenständige Systeme von der Umwelt abheben, zu erhalten *(latency, pattern maintenance)*. Im Interesse dieser *Strukturerhaltung* und im Hinblick auf die Zukunft sollen daher die geltenden Überzeugungen und Maßstäbe im Innern der einzelnen Gesellschaftsmitglieder verankert werden.

Diesen funktionalen Hauptproblemen entsprechend erscheint nach *Parsons* die komplexe Ganzheit der Gesellschaft in verschieden strukturierte Teilsysteme ausdifferenziert. Jeweils bestimmte Teil- oder Subsysteme sehen eines dieser Probleme im Sinne des Gesamtsystems als ihre spezifische, jedoch nicht ausschließliche Aufgabe an indem sie bestimmte Zwecke anstreben und gleichzeitig geeignete Mittel und geistige Bedingungen produzieren, um diese Zwecke zu erreichen:

o So wird die Anpassungsfunktion dem *Wirtschaftssystem* zugeordnet, das imstande sein muß, gegebene Ressourcen je nach den entfalteten Bedürfnissen zu erschließen und bereitzustellen.

o Das Aushandeln von kollektiv verbindlichen Zieldefinitionen mittels derer die einzelnen gesellschaftlichen Gruppen mit ihren divergierenden Einzelinteressen zusammengehalten werden sowie die Mobilisierung von Potentialen zur Zielverwirklichung bzw. deren praktische Durchsetzung im Führungs- und Verwaltungshandeln ist im wesentlichen Aufgabe der *Politik*.

o Unter Zuhilfenahme von gemeinsamen Symbolen (z.B. Wappen, Fahne, Dynastie, Staatsoberhaupt u.ä.) und unter Bezug auf eine gemeinsame geschichtliche Entwicklung und kulturelle Tradition wird ein Bewußtsein der Zusammengehörigkeit aufgebaut, das die einzelnen Gruppen übersteigt, – eine integrative Funktion, die in modernen Gesellschaften im wesentlichen vom *Schulsystem* bzw. von gesellschaftlich organisierten Instanzen öffentlicher Sozialisation, Erziehung und Bildung übernommen wird.

o Das Subsystem *Familie* sorgt schließlich dafür, daß im Sinne der Erhaltungs- oder Reproduktionsfunktion der Gesellschaft neue Mitglieder zugeführt werden, die sich den gemeinsamen Maßstäben motivational verpflichtet fühlen und von sich aus handeln möchten, wie sie handeln sollen.

Wenn auch in dieser *strukturell-funktionalen Systemtheorie* den gesellschaftlichen Teilsystemen primär bestimmte Aufgaben zugeordnet werden, so bedeutet dies — wie schon angedeutet — keineswegs, daß diese Subsysteme nicht bewußt oder unbewußt auch andere Funktionen miterfüllen. So treten beispielsweise im Bereich der Sozialisation Schule und Familie miteinander in Konkurrenz (oder geraten gar in Konflikt miteinander), aber auch Wirtschaft und Politik sind an Inhalten und Formen von Erziehungs- und Bildungsprozessen nicht nur interessiert, sondern auch faktisch beteiligt. Gleichzeitig ist es für das Schulsystem über die integrative Funktionserfüllung hinaus unerläßlich, auch für das politische, ökonomische und familiale System bedeutsame Beiträge bzw. nachgefragte Leistungen zu erbringen. Insofern haben alle Teilsysteme von ihren je spezifisch ausdifferenzierten Aufgaben her einen interdependenten Bezug zum Gesamt der vier gesellschaftlichen Hauptprobleme herzustellen. Allerdings gilt in der *Parsons*schen Systemkonzeption als *zentrale Regelinstanz* für die konkreten Aufgaben und situativen Bedingungen die *normative Zielstruktur* einer Gesellschaft. Die Imperative, die das normative Gefüge definieren, stellen das eigentliche Kräftefeld und die faktischen Bezugspunkte aller sozialen Prozesse dar. Hierbei perpetuieren gesellschaftliche Systeme über eine Art „Trägheitsgesetz" ihre Identität, weshalb auch *Parsons* den kontinuierlichen Vorgängen der Gleichgewichtserhaltung und Stabilitätssicherung von Gesellschaften seine besondere Aufmerksamkeit schenkt.

Die Überlegungen von Talcott *Parsons* wurden von Niklas *Luhmann* weitergeführt, der sich insbesondere mit der Funktion von Systemstrukturen beschäftigt. Da die Welt stets komplexer ist als jedes System in der Welt, reduzieren nach *Luhmann* alle sozialen Systeme über ihren Sinnzusammenhang die Komplexität einer sozial kontingenten Welt dadurch, daß sie als strukturierte Beziehungsgefüge bestimmte soziale Handlungsmöglichkeiten auswählen, andere ausschließen und dadurch in der Lage sind, zwischenmenschliches Handeln und Erwarten sinnhaft zu orientieren. Dieses generell an die *Selektion von Sinngebung* gebundene Reduktionsprogramm findet seinen Ausdruck in einer spezifischen Sinnverwendung, die entsprechend differenziertes Rollenhandeln und -verhalten in den jeweiligen sozialen Systemen reguliert.

Doch nicht nur durch interne Antinomien, sondern auch durch externe Einflüsse einer äußerst komplexen und hochdynamischen Umwelt sind soziale Systeme kontinuierlich in ihrem Bestand gefährdet.

Ein durch exogene Variablen provoziertes elementares Bestandsproblem kann beispielsweise durch den Versuch einer Stabilisierung der Innen-/Außen-Differenz gelöst werden, indem der Komplexität der Umwelt eine hohe Eigenkomplexität des Systems entspricht. Diese Eigenkomplexität muß ausreichen, d.h. das System muß hinreichend viele Zustände annehmen können, um in einer sich verändernden Umwelt systemerhaltende Reaktionen zu ermöglichen. Oder anders ausgedrückt: je größer die Eigenkomplexität des Systems ist, um so mehr Umweltkomplexität kann das System absorbieren.

Gleichzeitig werden die gesellschaftlichen Subsysteme mit ihrer spezifischen Orientierung im arbeitsteiligen Sinne von übermäßiger Komplexität entlastet. D.h. eine entsprechende Innendifferenzierung steigert letztlich die Anpassungsfähigkeit des Systems, da bei wechselnden Anforderungen der Umwelt nicht jeweils das ganze System geändert werden muß. Vielmehr können eine veränderte Umweltlage und/oder auch interne Störungen ein Teilsystem zum Austausch oder zur Erweiterung seiner vorhandenen Programme (inklusiv seiner Zwecke) zur *Komplexitätsreduzierung* zwingen, da sonst sein Bestand gefährdet wäre. Im Systemprozeß übernehmen dann die anderen Teilsysteme ohne erneute Prüfung diese Selektionsleistung. Durch solche Innendifferenzierung lassen sich also Störungen bereits in einem Subsystem auffangen. „Damit deckt sich auch die Begründung, die die Anthropologie für die Notwendigkeit von Systembildung gibt. Soziale Systeme sollen der Vermittlung zwischen der äußersten Komplexität der Welt und der sehr geringen, aus anthropologischen Gründen kaum veränderbaren Fähigkeit des Menschen zu bewußter Erlebnisverarbeitung dienen. Zusammenfassend läßt sich sagen: Funktion sozialer Systeme ist Entscheidungsvereinfachung zur Steigerung einer als gering angesehenen menschlichen Fähigkeit zur Informationsverarbeitung." (*Grieswelle* 1974: 25).

Diese hochgradig abstrakte und formale strukturell-funktionale Systemtheorie ist – zumindest teilweise – auch als Reaktion auf bestimmte Ansätze einer „historisierenden" Soziologie zu verstehen, die sich – oft recht spekulativ – in die Entstehungsbedingungen und Ursachen von Gesellschaft bzw. bestimmter gesellschaftlicher Phänomene vertiefte. Im Gegensatz dazu macht der „Funktionalist" die gegebene soziale Situation zum Ausgangspunkt möglichst exakter Deskription und analysiert eher die *Folgen* eines bestimmten Phänomens für die Gesellschaft insgesamt oder für bestimmte Bereiche bzw. Gruppen innerhalb derselben, wobei er den wechselseitigen Zu-

131

sammenhängen (Interdependenzen) besondere Aufmerksamkeit widmet. Mit der zunehmenden Erkenntnis der tatsächlichen Komplexität des sozialen Lebens wird nicht mehr die Totalität der Gesellschaft zum Studienobjekt, sondern man beschränkt sich auf die Untersuchung von Teilen einer Gesellschaft oder bestimmten sozialen Erscheinungsformen. Über sogenannte *"Theorien mittlerer Reichweite"* (Robert K. *Merton*) will man bausteinartig wissenschaftliche Ergebnisse gewinnen, die schließlich zum Verständnis einer ganzen Gesellschaft führen können.

Zur vertiefenden und ergänzenden Lektüre

Detlef Grieswelle, Allgemeine Soziologie. Gegenstand, Grundbegriffe und Methode der Soziologie. (Darin das Kapitel I/2: „Soziales System", S. 20 - 25). Kohlhammer: Stuttgart, Berlin, Köln, Mainz 1974.

Jürgen Habermas & Niklas Luhmann, Theorie der Gesellschaft oder Sozialtechnologie. Was leistet die Systemforschung? Suhrkamp: Frankfurt/Main 1974.

Niklas Luhmann, Soziologische Aufklärung. Aufsätze zur Theorie sozialer Systeme. Band 1. 4. Aufl. (Darin insbesondere „Soziologie als Theorie sozialer Systeme", S. 113 - 136). Westdeutscher Verlag: Opladen 1974.

Talcott Parsons, Zur Theorie sozialer Systeme. (Darin vor allem den Beitrag „Zur Allgemeinen Theorie in der Soziologie", S. 85 - 120). Westdeutscher Verlag: Opladen 1976.

Talcott Parsons, Die Entstehung der Theorie des sozialen Systems. Ein Bericht zur Person. In: *Talcott Parsons, Edward Shils & Paul Lazarsfeld*, Soziologie – autobiographisch. Drei kritische Berichte zur Entwicklung einer Wissenschaft. S. 1 - 68. dtv/Enke: München, Stuttgart 1975.

3.2.3 Gesellschaft als Konfliktfeld: Sozialer Wandel

In diesem Zusammenhang erscheint die Auseinandersetzung Ralf *Dahrendorfs* mit Talcott *Parsons* von prinzipieller Bedeutung. Diese dreht sich in erster Linie um die Streitfrage: Wie können eigentlich soziale Konflikte in eine systematische soziologische Theorie eingebaut werden?

Dahrendorf stellt *Parsons* dabei als einen Vertreter der sog. „*Consensus-Theorie der gesellschaftlichen Integration*" dar, die auf den folgenden vier Annahmen (*Dahrendorf* 1961: 209) über die Eigenschaften menschlicher Gesellschaften beruhe:

(a) Jede Gesellschaft ist ein („relativ") beharrendes, stabiles Gefüge von Elementen (Annahme der Stabilität);

(b) Jede Gesellschaft ist ein gleichgewichtiges Gefüge von Elementen (Annahme des Gleichgewichts);

(c) Jedes Element in einer Gesellschaft leistet einen Beitrag zu ihrem Funktionieren (Annahme der Funktionalität);

(d) Jede Gesellschaft erhält sich durch einen Consensus aller ihrer Mitglieder über bestimmte gemeinsame Werte (Annahme des Consensus).

Diesem etwas vergröberten „harmonischen" Gesellschaftsmodell *Parsons'* stellt *Dahrendorf* in einer zugespitzt formulierten Alternative seine eigene *„Zwangstheorie der gesellschaftlichen Integration"* gegenüber, die er durch folgende vier Annahmen (*Dahrendorf* 1961: 210) charakterisiert:

(a) Jede Gesellschaft und jedes ihrer Elemente unterliegt zu jedem Zeitpunkt dem Wandel (Annahme der Geschichtlichkeit);

(b) Jede Gesellschaft ist ein in sich widersprüchliches und explosives Gefüge von Elementen (Annahme der Explosivität);

(c) Jedes Element in einer Gesellschaft leistet einen Beitrag zu ihrer Veränderung (Annahme der Dysfunktionalität oder Produktivität);

(d) Jede Gesellschaft erhält sich durch den Zwang, den einige ihrer Mitglieder über andere ausüben (Annahme des Zwanges).

Der Wahl von normativem Konsens, Integration, Konfliktlosigkeit und Stabilität als soziologische Zentralkategorien setzt *Dahrendorf* damit ein alternatives Begriffssystem entgegen, dessen zentrale Konzepte Zwang, Desintegration, Konflikt und Wandel sind. Nach *Dahrendorf* beinhaltet das theoretische System von *Parsons* einige empirische Annahmen, deren allgemeine Gültigkeit bestritten werden muß. Eine derartige „Integrationstheorie" sei eher programmatisch als realistisch, „weil sie sich darauf beschränkt, die Funktionsbedingungen eines utopischen sozialen Systems zu artikulieren" (*Dahrendorf* 1961: 99). Ferner — und das ist *Dahrendorfs* wichtigstes Argument gegen *Parsons* — lasse sich auf der Grundlage eines derartigen Systemmodells eine angemessene Analyse endogener sozialer Konflikte bzw. endogenen sozialen Wandels überhaupt nicht mehr durchführen. Um sozialen Konflikt oder Wandel zu erklären, müsse auf außerhalb des Systems liegende Variablen zurückgegriffen werden, da diese Theorie ja als Grundannahme die Tendenz sozialer Ordnung impliziere, die Grenzen einer bestehenden Struktur nicht zu durchbrechen: soziale Konflikte oder sozialer Wandel erschienen so als abweichendes Verhalten, als exzeptionell oder pathologisch.

Diese von *Dahrendorf* vorgetragene Kritik an der strukturell-funktionalen Systemtheorie *Parsons'* kann in dieser Form nicht unwidersprochen hingenommen werden. Obwohl sich *Parsons* häufig unangemessen schwierig und mißverständlich ausdrückt, steht doch fest, daß er seine Aussagen *nicht* als allgemeingültige, generelle Hypothesen verstanden wissen will (*Parsons* 1960: 482 ff.). Vielmehr handelt es sich einerseits um *begriffliche Konstruktionen*, andererseits um den Versuch der *Spezifizierung von Bedingungen*, unter denen bestimmte Phänomene wie etwa „Gleichgewicht" oder „Integration" eintreten. Ausdrücklich insistiert *Parsons* darauf, daß es sich hierbei nur um ein analytisches Hilfsmittel zur Vereinfachung des Erkenntnisproblems handelt. Der Verbindung zwischen den Prozessen und der Struktur eines sozialen Systems dient dabei der Begriff der *Funktion*, der sich sowohl auf die Funktionen im engeren Sinne („positive" Beiträge zur Erhaltung der Struktur) als auch auf Dysfunktionen („negative" Beiträge zur Veränderung der Struktur) bezieht.

Trotzdem glaubt *Dahrendorf*, daß seine Grundannahme von der „Ubiquität" (Allgegenwart) latenter Konflikte, die allerdings nur unter bestimmten Bedingungen manifest werden, besser zur Analyse sozialer Zusammenhänge geeignet sei als *Parsons'* Systemmodell. Unter „Konflikt" versteht er „alle strukturell erzeugten Gegensatzbeziehungen von Normen und Erwartungen, Institutionen und Gruppen" (*Dahrendorf* 1961: 125). Die Hauptaufgabe einer soziologischen Konflikttheorie (und damit einer Theorie des sozialen Wandels) sieht er in der Erklärung der Modalitäten sozialer Bewegung.

Um den Prozeß der Entfaltung eines gegebenen Konflikts aus bestimmten sozialen Strukturlagen zu erklären, unterscheidet *Dahrendorf* (1961: 217 ff.) analytisch drei Etappen, deren Trennung allerdings empirisch nicht immer in der gewünschten Schärfe möglich sein dürfte:

- Die *erste Etappe* der Manifestierung von Konflikten bildet die strukturelle Ausgangslage selbst.
- Die *zweite Etappe* wird gekennzeichnet durch das Bewußtsein latenter Interessen in der Konfliktkristallisierung.
- Die *dritte Etappe* schließlich besteht im Ablauf des ausgebildeten Konflikts.

In der Frage nach den sozialen Einheiten, in oder zwischen denen soziale Konflikte ausgetragen werden, schlägt *Dahrendorf* (1961: 203 ff.) analytisch fünf Alternativen vor:

A. Konflikte in und zwischen einzelnen Rollen;
B. Konflikte innerhalb einzelner sozialer Gruppen;
C. Konflikte zwischen organisierten oder nichtorganisierten sozialen Gruppierungen innerhalb von regionalen oder institutionellen Sektoren der Gesellschaft;
D. Konflikte zwischen organisierten oder nichtorganisierten Gruppierungen, die eine ganze Gesellschaft erfassen;
E. Konflikte innerhalb größerer Einheiten von Verbindungen zwischen zwei Ländern über breitere Föderationen bis zur gesamten Welt.

Quer zu dieser Einteilung legt *Dahrendorf* eine Klassifikation nach dem Rangverhältnis der am Konflikt beteiligten Gruppen bzw. Elemente. Hierbei werden analytisch drei Möglichkeiten unterschieden:

1. Konflikte zwischen prinzipiell ranggleichen Gegnern;
2. Konflikte zwischen unter einem relevanten Gesichtspunkt einander über- oder untergeordneten Gegnern;
3. Konflikte zwischen dem Ganzen der betreffenden Einheit und einem ihrer Teile.

Eine Kombination dieser beiden Klassifizierungsmerkmale ,,Umfang" und ,,Rangverhältnis" ergibt bereits fünfzehn mehr oder weniger typische Arten sozialer Konflikte, die von *Rollenkonflikten* (A1, A2, A3) über *Konkurrenzverhältnisse* (B1, C1), *Proporzkonflikte* (D1) und *Klassenkämpfe* (B2, C2, D2), über Diskriminierungen abweichenden Verhaltens und *Minderheitenkonflikte* (B3, C3, D3) bis zu den *Auseinandersetzungen auf internationaler Ebene* (E1, E2, E3) reichen.

Die Mittelwahl zur Austragung eines Konflikts ist nach *Dahrendorf* abhängig von der allgemeinen Situation, von der Involvierung der Betroffenen an gegebenen Konflikten und dem gewünschten Enderfolg. Der Grad der Gewaltsamkeit in der Austragung sozialer Konflikte hängt dabei weitgehend ab von einer Einschätzung ihrer instrumentalen Angemessenheit bzw. vom Vorhandensein oder Fehlen eines Systems rationaler Regelung. Überlagern sich soziale Strukturbereiche bei den Konfliktpartner und/oder fehlen solche Regelungsmechanismen, so nehmen die Konflikte an potentieller Schärfe zu; umgekehrt nimmt die Intensität sozialer Konflikte in pluralistischen Gesellschaften entsprechend ab. Durch ein – für moderne Industriegesellschaften typisches – Regelungssystem können Auseinandersetzungen in verbindlicher Weise kanalisiert werden, und durch die Anerkennung dieser „Spielregeln" durch beide Konfliktpartner werden gewaltsame Methoden der Interessendurchsetzung eingeschränkt und der Konflikt selbst entschärft. Dabei werden Konflikte nicht notwendigerweise auch gleich „gelöst"; auch ihr Intensitätsgrad braucht bei der Existenz eines Regelungssystems nicht geringer zu werden. Jedoch werden Konflikte kontrollierbar und ihre konstruktive Kraft kann zur allmählichen Entwicklung neuer sozialer Strukturen beitragen. *Dahrendorf* gibt schließlich vier Voraussetzungen für die rationale Regelung von Konflikten an:

o Konflikte müssen als berechtigt und sinnvoll anerkannt werden.
o Jeder Eingriff in Konflikte muß sich auf die Regelung seiner *Formen* beschränken.
o Konflikte müssen organisiert und kanalisiert sein (z.B. in Parteien, Gewerkschaften, Unternehmerverbänden usw.).
o Es muß Einigkeit über „gewisse Spielregeln" bestehen, nach denen der Konflikt ausgetragen wird.

Nach *Dahrendorfs* konflikttheoretischem Ansatz ist die Struktur sozialer Systeme nicht nur als integriertes, sondern vor allem als dichotomisches Ganzes zu sehen, als Ausdruck der verschiedenen Herrschaftsinteressen, die sich in der Gesellschaft überlagern. In jedem Sozialsystem ließen sich so grundsätzlich zwei durch gemeinsame Klasseninteressen vereinte Quasigruppen unterscheiden, deren Interessenorientierung durch den Anteil an bzw. den Ausschluß von der Herrschaft bestimmt sei. Der Konflikt zwischen kollidierenden Interessenorientierungen sei die Ursache des sozialen Wandels, der „rasch" oder „allmählich", „heftig" oder „geregelt", „umfassend" oder „stückweise" vonstatten gehe, jedoch niemals fehle (*Dahrendorf* 1961: 91). Damit sei sowohl der soziale Konflikt als auch der soziale Wandel in das allgemeine soziologische System integriert und nicht mehr von Variablen abhängig, die nach dem Modell von *Parsons* außerhalb des Systems gesucht werden müßten. Wenn *Dahrendorf* hierbei auch von *Marx* ausgeht und dessen umfassende und allgemeine Theorie des sozialen Wandels (oder: des Klassenkampfs) als fruchtbare Anregung versteht, so weist er doch darauf hin, daß die Rückführung sozialer Konflikte und Wandlungen auf die eine Ursache des Besitzes bzw. Nicht-Besitzes an Produktionsmitteln für die soziologische Analyse der vielfältig gelagerten und höchst komplizierten Strukturbedingungen der modernen Industriegesellschaft nicht angemessen sei.

Zur vertiefenden und ergänzenden Lektüre

Percy S. Cohen, Moderne soziologische Theorie. Erklärungsmodelle zwischenmenschlichen Verhaltens. (Darin Kapitel 7: „Die Erklärung von sozialem Wandel", S. 166 - 195). Böhlau: Wien, Köln, Graz 1972.

Wolfgang Zapf (Hrsg.), Theorien des sozialen Wandels. 3. Aufl. (Darin besonders die Aufsätze: *Talcott Parsons*, Das Problem des Strukturwandels: eine theoretische Skizze, S. 35 - 54 und *Ralf Dahrendorf*, Zu einer Theorie des sozialen Konflikts, S. 108-123). Kiepenheuer & Witsch: Köln, Berlin 1971

3.2.4 Zur „Reziprozität" und „Komplementarität" von Gesellschaftstheorien

Als Ergebnis unserer Diskussion der Konflikt- oder Zwangstheorie der Gesellschaft läßt sich festhalten, daß dieser von *Dahrendorf* besonders profiliert vertretene Ansatz nicht einen grundsätzlich neuen theoretischen Bezugsrahmen darstellt. „Sie (die Konflikttheorie H.P.H.) erscheint im Gegenteil — extrem formuliert — ihrem Gegner der strukturell-funktionalen ‚Integrationstheorie', so sehr verbunden daß man sie weitgehend als Variante der gleichen theoretischen Orientierung ansehen darf. Man kann sie auch als einen theoretischen Bezugsrahmen auffassen, der den kritisierten ergänzt, indem polar entgegengesetzte Begriffe und Problemstellungen (. . .), die im *Parsons*schen Ansatz implizit enthalten sind, explizit zum Bestandteil des analytischen Instrumentariums gemacht werden." (*Rüschemeyer* 1964: 25).

Nach Wilhelm E. *Mühlmann* ist darum auch die „Reziprozität" die allgemeinste Kategorie, unter die solche Polaritäten zu stellen sind „Alle empirischen Gruppen und Gesellschaften, vor allem aber unsere moderne Gesellschaft, sind hochgradig asymmetrisch aufgebaut, sie stecken voll von latenten oder offenen Unverträglichkeiten, Spannungen, Konflikten, Kämpfen, ‚dyschronen' Entwicklungstendenzen. Es stehen aber die Menschen dauernd unter der *Erwartung* eines anpassenden Ausgleichs, einer ‚gerechten' Lösung, einer vollkommenen Reziprozität in symmetrischen Sozialbeziehungen; an dieser Erwartung orientieren sie ihr Handeln. Diese Erwartung gehört

(. . .) zur Struktur der menschlichen Welt, sie ist die antizipierte ‚künftige Umwelt'. ‚Anpassung' und ‚Gleichgewicht' beim Menschen müssen unter dieser Perspektive gesehen werden." (*Mühlmann* 1962: 99).

In diesem Sinne, jedoch unter Verzicht auf die bei *Dahrendorf* immer wieder durchbrechende Polemik gegenüber *Parsons*, finden wir bei Lewis A. *Coser* (1965) in seiner Diskussion *Simmel*scher Thesen zum Problem des „Streits" eine geeignete Synthese der beiden im Grunde „komplementären" bzw. „reziprok" aufeinander bezogenen Ansätze. *Coser* geht dabei von *Simmels* zentraler These aus, die den „Streit" als eine „Vergesellschaftungsform" beschreibt. Das bedeutet bei *Simmel*, daß kein Sozialsystem völlig harmoniert, es sei denn, es lebe ohne Entwicklung und Struktur. *Simmel* (1908: 251) schreibt wörtlich: „Ein gewisses Maß von Mißhelligkeiten, innerem Auseinandergehen und äußeren Kontroversen ist mit alledem, was das Band schließlich zusammenhält, organisch verbunden (. . .). Auf der anderen Seite tritt die durchaus positive und integrierende Rolle des Antagonismus an Fällen hervor, wo die Struktur durch die Schärfe und sorgfältig konservierte Reinheit sozialer Einteilungen und Abstufungen charakterisiert wird (. . .). Feindseligkeiten hindern nicht nur die Abgrenzungen innerhalb der Gruppe am allmählichen Verschwinden (. . .), sie geben Klassen und Persönlichkeiten oft erst ihre gegenseitige Stellung, die diese nicht oder nicht so gefunden hätten (. . .), wenn etwa die objektiven Ursachen der Feindseligkeiten nicht von dem Gefühle und den Äußerungen der Feindschaft begleitet wären."

Coser verbindet diese und ähnliche Aussagen *Simmels* über die Funktionen sozialer Konflikte mit soziologischen Theoremen Robert K. *Mertons* sowie mit der genetischen Psychologie Jean *Piagets* und mit psychoanalytischen Erkenntnissen, wobei es sein Ziel ist, den Konflikt als positives Element in die strukturell-funktionale Theorie einzubauen. Sein theoretischer Ansatz, der sich in besonderer Weise für empirische Analysen eignet, unterstreicht den Nutzen von Konflikten für die Gesellschaftsordnung insofern, als Konflikte als unabdingbare Voraussetzungen für soziale Entwicklung und gesellschaftlichen Wandel gelten.

Zur vertiefenden und ergänzenden Lektüre

Lewis A. *Coser*, Theorie sozialer Konflikte. (Darin insbesondere Kapitel 1: „Einführung", S. 15 - 35). Luchterhand: Neuwied, Berlin 1965.

Joachim Israel, Die sozialen Beziehungen. Grundelemente der Sozialwissenschaft. Ein Leitfaden. (Darin Kapitel I/2: „Über die Natur der Gesellschaft", S. 36 - 46). Rowohlt: Reinbek 1977.

Wilbert E. Moore, Strukturwandel der Gesellschaft. 2. Aufl. (Darin vor allem das 1. Kapitel: „Der Wandel ist etwas Normales", S. 13 - 45). Juventa: München 1968.

4. Kapitel: Soziologisches Messen und Prüfen

4.1 Soziologie als empirische Wissenschaft

Der Begriff „Wissenschaft" läßt sich nach J. *Wössner* (1972: 255) definieren als „das von einer Gruppe von Menschen (Wissenschaftlern) nach anerkannten Regeln methodisch gewonnene und systematisch geordnete Wissen". Solches Wissen erscheint im allgemeinen zusammenhängend in entsprechenden *Theorien* ausformuliert, die den Charakter von konsistent angeordneten und logisch miteinander verbundenen Aussagen über die Wirklichkeit bzw. genauer: über einen Teil der Wirklichkeit haben. In diesem Sinne können Theorien jedoch beispielsweise auch in logisch geschickt angelegter Beweisführung letztlich lediglich „plausible" Ergebnisse spekulativer Schreibtischarbeit darstellen, von denen niemand nachweisen kann, ob das Behauptete auch tatsächlich der Wirklichkeit entspricht.

Wie wir uns erinnern, haben wir (in Abschnitt 1.3.2) in der Übernahme der Definition von Imogen *Seger* Soziologie umschrieben als „das systematische und kontrollierte Beobachten und Erklären von regelmäßig auftretenden sozialen Beziehungen, von ihren Ursachen, Bedingungen und Folgen". Dies bedeutet in anderen Worten nichts anderes, als daß wir Soziologie als eine *empirische*, d.h. auf Erfahrung sich gründende Wissenschaft verstehen. Aus dieser programmatisch-methodischen Orientierung der Soziologie folgt nicht nur, daß soziologische Aussagen und Theorien informativ und von einer gewissen praktischen Bedeutung sein sollen, sondern vor allem auch, daß sie immer wieder an der Wirklichkeit geprüft werden müssen und die Überprüfung kommunizierbar und nachvollziehbar sein muß. Darüber hinaus folgt aus der Forderung nach empirischer Prüfbarkeit wissenschaftlicher Aussagen, daß diese — etwa aufgrund neuerer oder weitergehender Forschungsergebnisse — prinzipiell verwerfbar sein müssen (= Kriterium der „Falsifizierbarkeit"). Gelingt es nicht, eine Theorie bei der Überprüfung zu verwerfen (zu „falsifizieren"), so gilt sie solange als „bewährt", bis sie aufgrund neuer Erkenntnisse schließlich doch noch verworfen oder zumindest relativiert bzw. modifiziert werden muß. Empirische Theorien sind also allenfalls solange gültig, bis in einem entscheidenden Punkt das Gegenteil bewiesen ist.

Ein Grundproblem von Wissenschaft ist, daß die volle Wirklichkeit – also das ganze „Material" möglicher Erkenntnis – niemals vollständig erfaßt werden kann. So wie unsere Kapazität zur Aufnahme und Verarbeitung alltäglicher Informationen (z.B. beim Autofahren, beim Stadtbummel, beim Zeitungslesen oder Fernsehen usw.) beschränkt und somit auch unsere Wahrnehmungsmöglichkeit sowie unsere hierauf basierende Strukturierung von Informationen immer nur selektiv ist (vgl. hierzu *Luhmanns* Konzept der „Reduktion von Komplexität"), so kann auch wissenschaftliche Erkenntnis immer nur auf einen Ausschnitt der „unübersehbaren Mannigfaltigkeit" (*Rickert*) des Wirklichen gerichtet sein.

Der Altmeister der modernen Wissenschaftstheorie, Karl Raimund *Popper* (1963: 46) berichtet hierzu von einem Versuch, den er einmal während einer Vorlesung unternommen hat. Er gab seinen Studenten den Auftrag: „Nehmt ein Blatt Papier! Beobachtet und schreibt Eure Beobachtung auf!" Sofort wurde im Hörsaal die Frage laut: „Ja, *was* sollen wir beobachten? Wie lautet unsere Beobachtungsaufgabe?"

Diese Fragen zeigen uns, daß wir zuerst einmal eine Idee über den Gegenstand und Zweck unserer Beobachtungen haben müssen. Das, *wonach* wir schauen oder suchen und *wie* wir dann die so bestimmten Phänomene betrachten, müssen wir in jeweiligen Begriffen zu fassen versuchen. Denn solche Begriffe sind Ausdruck unseres Auswahlprinzips und heben nach *Wössner* unser „Denkobjekt" nach bestimmten Kriterien und Merkmalskomplexen aus dem „Erfahrungsobjekt" heraus. Während beispielsweise für alle Sozialwissenschaften das Erfahrungsobjekt „Gesellschaft" *materiell* gleich ist, so werden doch aufgrund der unterschiedlichen wissenschaftlichen Perspektiven etwa des Ökonomen, des Juristen, des Historikers, des Politologen und eben auch des Soziologen im Hinblick auf dieses gemeinsame Erfahrungsobjekt *formell* die unterschiedlichsten Denkobjekte konstituiert. Jede dieser wissenschaftlichen Disziplinen hat eigene Erkenntnisinteressen oder „Einkaufszettel" wie das der Soziologe und Wissenschaftstheoretiker Hans L. *Zetterberg* genannt hat, auf denen Begriffe stehen, die uns sagen, worauf wir achten müssen, wenn wir die Gesellschaft aus wirtschaftlichem, rechtlichem, geschichtlichem, politikwissenschaftlichem oder soziologischem Blickwinkel betrachten. Die hierfür benutzten fachspezifischen Begriffe beinhalten jeweils fachtypische Vorstellungen von einem gesellschaftlichen Phänomen und stellen auch immer Abstraktionen dar, über die wir uns — paradoxerweise — erst an die konkrete Wirklichkeit herantasten können, — was nach zunehmender Einsicht unter Sozialwissenschaftlern letztlich befriedigend eigentlich nur interdisziplinär gelingen kann.

Zusätzlich erschwert wird unser erkenntnistheoretisches Problem dadurch, daß es auch in der Soziologie nicht nur *einen* ,,Einkaufszettel" gibt, sondern mehrere, da — wie wir es exemplarisch in der Diskussion zwischen *Parsons* und *Dahrendorf* gesehen haben — nicht alle Soziologen ,,Gesellschaft" auf dieselbe Art und Weise sehen. Hinzu kommt, daß das Fehlen bestimmter Begriffe uns gegenüber gewissen Phänomenen blind machen kann oder daß eine einseitige Umschreibung bzw. Fassung von Begriffen uns bestimmte Aspekte eines Phänomens leicht übersehen läßt, — ganz abgesehen von der forschungs-,,politischen" Frage, welchen Aspekt unseres Erkenntnisobjekts wir für eine Untersuchung auswählen bzw. wie wir unsere Problemstellung formulieren.

Da also Begriffe in hohem Maße unsere Wahrnehmung beeinflussen, ist es keineswegs unerheblich, welche Begriffe wir für analytische Zwecke benutzen. Wie wir immer wieder in den vorangegangenen Abschnitten unseres Grundkurses zu zeigen versuchten, bemüht sich die moderne Soziologie in besonderem Maße, Begriffe zu vermeiden, die einen emotionalen Beigeschmack haben bzw. schon ein implizites Urteil über das enthalten, was eigentlich bezeichnet werden soll. Zur Vermeidung von terminologischen Mißverständnissen und überflüssigen Diskussionen ist es darum notwendig, soziologische Begriffe sorgfältig zu definieren und bei diesen Abgrenzungen (,,Definitionen") präzise alle Merkmale anzugeben, die ein soziales Phänomen besitzen muß, damit es mit dem entsprechenden Begriff belegt werden kann.

Dies alles macht deutlich, wie sehr *soziologische Theoriebildung* und *empirische Sozialforschung* voneinander abhängig sind. Ein klassisches Beispiel dafür, wie durch theoretisch gesteuerte und methodisch reflektierte empirische Forschung nicht nur die analytischen Konzepte verfeinert, sondern gleichzeitig auch bestimmte theoretische Ansätze ,,bewiesen" bzw. weiterentwickelt wurden, bietet die berühmte Studie von Emile *Durkheim* (1897) über den

Selbstmord. In der Untersuchung der in seinem umfangreichen empirischen Material wirksamen Faktoren erkannte *Durkheim* sehr verschiedene Ursachen und Formen des Selbstmords, die er auch begrifflich klar differenzierte und theoretisch unterschiedlich einordnete: Neben dem sog. „egoistischen" Selbstmord, zu dem bisweilen Menschen in sozialer Isolierung getrieben werden, unterschied *Durkheim* aufgrund seiner Befunde den „alteruistischen" Selbstmord als Selbstaufopferung für eine Gruppe oder die Gesellschaft sowie den „anomischen" Selbstmord als Folge des Verlustes einer verläßlichen normativen Orientierung (vgl. *Durkheim* 1973, dort auch das ausgezeichnete Nachwort von René *König:* 470 - 502).

Zusammenfassend können wir demnach festhalten, daß ohne Erprobung an der Wirklichkeit Theorien spekulativ bleiben; da ihnen neues − vor allem auch widersprüchliches − Material fehlt, können sie sich überdies nicht weiterentwickeln und drohen deshalb zu stagnieren oder sich in einen unfruchtbaren Dogmatismus zu verheddern. Andererseits bleibt bloßes Faktensammeln oder „Sozialtechnik" ohne theoretische Leitgedanken und vorbereitende Studien meist ebenso unfruchtbar, weil in diesem Fall unklar bleibt, worauf man achten und wonach man suchen muß: eine blinde Methodengläubigkeit wird die soziale Praxis nachhaltig enttäuschen und eine ziellose Fragerei erweckt dann eher den Charakter eines aktionistischen „Fliegenbeinzählens".

Der amerikanische Soziologe Robert K. *Merton* (1957: 85) hat den einseitigen Theoretiker bzw. den einseitigen Empiriker folgendermaßen charakterisiert: Der eine sagt, „ich weiß nicht, ob das, was ich behaupte, wahr ist, aber es ist jedenfalls wichtig", der andere dagegen meint, „ob das, was ich behaupte, wichtig ist, weiß ich nicht, es ist aber auf jeden Fall wahr". Aufgabe der Soziologie ist es, zwischen diesen beiden extremen Neigungen eine Balance herzustellen, indem sie versucht, über wichtige Sachverhalte richtige Aussagen zu machen.

Zur vertiefenden und ergänzenden Lektüre

Ralf Dahrendorf, Gesellschaft und Freiheit. Zur soziologischen Analyse der Gegenwart. (Darin der Aufsatz „Sozialwissenschaft und Werturteil", S. 27 - 48). Piper: München 1961.

Detlef Grieswelle, Allgemeine Soziologie. Gegenstand, Grundbegriffe und Methode der Soziologie. (Darin Kapitel III: „Soziologische Methode", S. 89 - 99, mit weiteren Literaturangaben). Kohlhammer: Stuttgart, Berlin, Köln, Mainz 1974.

René König (Hrsg.), Handbuch der empirischen Sozialforschung. 3. Aufl. Band I: Geschichte und Grundprobleme. (Darin insbesondere die „Einführung" von *René König*, S. 1 - 20). dtv/Enke: München, Stuttgart 1973.

4.2 Zur Forschungslogik und -praxis empirischer Projekte

In diesem und den folgenden Abschnitten verbinden wir mehrere Absichten:

o Zum einen und auch zuallererst soll dem Studienanfänger die Scheu vor dem oft als „Buch mit sieben Siegeln" verstandenen Bereich der sozialwissenschaftlichen Empirie genommen werden.

o Des weiteren sollen dem Leser im „genetischen" Zusammenhang (von der Entstehung über die Begründung bis zur Verwertung von Untersuchungen) einige Kriterien zur Beurteilung der Seriosität und wissenschaftlichen Dignität von veröffentlichten Forschungsergebnissen vermittelt werden.

o Und schließlich könnte auch der eine oder andere Studierende dazu ermutigt werden, ein bestimmtes „soziales Problem" aus seinem Lebens- und Arbeitsbereich in eine „soziologische Frage" zu übersetzen und in Form eines bescheidenen eigenen Projekts zu überprüfen, um dieses „Phänomen" aus dem Bereich des vagen Vermutens und Dafürhaltens der Alltagstheorien in begründete und objektive Aussagen und Handlungsgrundlagen zu überführen.

Letzteres wird sicher von den Möglichkeiten dieses einführenden Grundkurses her nur ansatzweise „angestiftet" werden können. Denn hier kann lediglich ein geraffter, kursorischer Überblick über einige zentrale Aspekte und Techniken der empirischen Sozialforschung gegeben werden. Einmal „auf den Geschmack gekommen", stehen indessen für den interessierten Leser einige ausgezeichnete Studientexte zur gründlicheren Einführung und Vertiefung in dieses Gebiet zur Verfügung, die bei der Planung und Realisierung von Projekten (neben dem fachlichen Rat eines in Forschungsfragen erfahrenen Soziologen) weiterhelfen. Besonders hingewiesen sei in diesem Zusammenhang auf die im Anschluß an diesen Abschnitt angegebenen Einführungen in die Praxis von sozialwissenschaftlichen Forschungsprojekten.

Abbildung 9: Forschungslogischer Ablauf empirischer Untersuchungen

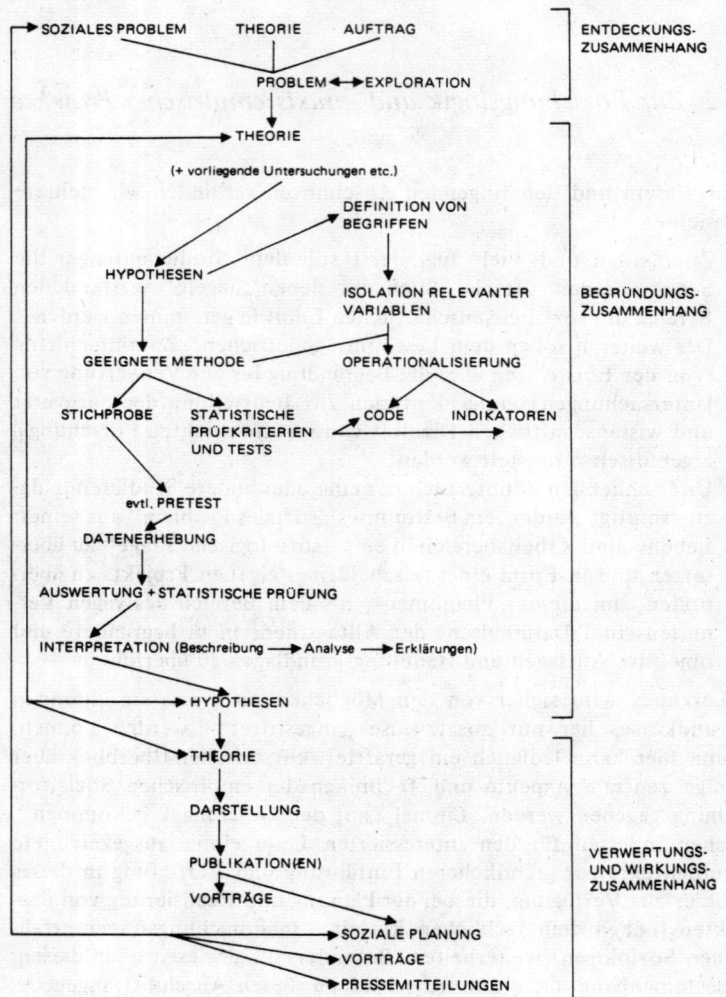

(Quelle: *Friedrichs* 1973:51)

Zunächst soll jedoch anhand eines Modells von *Friedrichs* (1973) der forschungslogische Aufbau empirischer Untersuchungen vorgestellt werden. Ähnliche Schemata finden sich in verzweigterer und detaillierterer Form bei *Schrader* (1973: 12 ff.) und *Zeugin* (1977: 67 ff.) sowie unter dem Gesichtspunkt der synchronen Darstellung verschiedener Dimensionen des Forschungsprozesses bei v. *Alemann* (1977: 148 f.).

In den folgenden Abschnitten werden dann die drei, auch zeitlich aufeinanderfolgenden ,,Grobphasen'' des

o *Entdeckungszusammenhangs,*
o *Begründungszusammenhangs* und
o *Verwertungs- und Wirkungszusammenhangs*

von empirischen Untersuchungen näher erläutert und diskutiert sowie schließlich (in Abschnitt 4.2.4) an einer konkreten Forschungsstudie exemplarisch illustriert.

Zur vertiefenden und ergänzenden Lektüre

Heine von Alemann, Der Forschungsprozeß. Eine Einführung in die Praxis der empirischen Sozialforschung. Teubner: Stuttgart 1977.
Peter Atteslander, Methoden der empirischen Sozialforschung. 4. Auflage. de Gruyter: Berlin, New York 1975.
Jürgen Friedrichs, Methoden empirischer Sozialforschung. Rowohlt: Reinbek 1973.
Fred N. Kerlinger, Grundlagen der Sozialwissenschaften. Band 1. Beltz: Weinheim, Basel 1975.
Andreas Krapp, Manfred Hofer & Siegfried Prell, Forschungs-Wörterbuch. Grundbegriffe zur Lektüre wissenschaftlicher Texte. Urban & Schwarzenberg: München, Wien, Baltimore 1982.
Helmut Kromrey, Empirische Sozialforschung. Modelle und Methoden der Datenerhebung und Datenauswertung. Leske + Budrich: Opladen 1980.
Achim Schrader, Einführung in die empirische Sozialforschung. Ein Leitfaden für die Planung, Durchführung und Bewertung von nicht-experimenteller Forschungsprojekten. 2. Aufl. Kohlhammer: Stuttgart, Berlin, Köln, Mainz 1973.

4.2.1 Der Entdeckungszusammenhang

Wie wir gesehen haben, beginnt soziologisches Denken und Forschen mit der Erfahrung und dem Bewußtwerden der Problematik sozialer Phänomene und gesellschaftlicher Zusammenhänge. Ausgangs- und Bezugspunkt soziologischer Analysen ist daher immer ein erklärungsbedürftiges bzw. zu „lösendes" soziales Problem.

o Empirische Sozialforschung kann dabei im problemlösenden Sinne primär auf eine theoretische oder aber auf eine unmittelbar praktische Ebene zielen. So können beispielsweise zu einem bestimmten sozialen Problem schon verschiedene Untersuchungen mit unterschiedlichen Ergebnissen vorliegen, oder aber die bereits vorhandenen und bekannten Theorien lassen kontroverse Interpretationen des Problems zu (wie z.B. die Erklärung von aggressivem Schülerverhalten zurückgeführt werden kann auf „endogene" Triebimpulse oder auf Folge von Frustrationen oder auf Resultate eines „Lernens am Modell").

o Konkreter Anlaß von empirischer Forschung kann indessen auch ein unmittelbar praktischer Untersuchungsauftrag privater oder öffentlicher Interessenten sein, insofern ein bestimmtes soziales Problem — etwa der Drogenkonsum von Jugendlichen, die politische Attraktivität „alternativer" Bewegungen, die gesellschaftliche Integration von „Gastarbeitern" oder auch ein manifester Konflikt innerhalb eines Industriebetriebes — analysiert werden soll, um Handlungsmöglichkeiten für soziale Veränderungen zu ermöglichen, die zu einer Lösung des Problems beitragen können.

Welches Problem „entdeckt" und für ein Projekt ausgewählt und aufbereitet wird, läßt sich selbst nicht forschungslogisch begründen. Denn dieser Entdeckungszusammenhang wird häufig von außer- oder vorwissenschaftlichen Zufällen und Momenten bestimmt, wie etwa durch das persönliche, in einer bestimmten politischen oder weltanschaulichen Einstellung gründende Interesse eines Forschers an einer ganz bestimmten Fragestellung oder aber schlicht durch eine Bewerbung um einen privaten oder öffentlichen Forschungsauftrag in einem Bereich, in dem ein Forscher oder ein Forschungsteam kontinuierlich arbeitet und somit bereits eine spezielle Forschungskompetenz erworben hat.

Um so mehr kommt es darauf an, daß Sozialforscher hier ein „Gefühl" dafür entwickeln, welche Problemstellungen im Hinblick auf die theoretische und methodologische Weiterentwicklung der Soziologie bzw. hinsichtlich praktisch verwertbarer Ergebnisse wichtige und bedeutungsvolle Sachverhalte darstellen, deren Analyse sich also theoretisch wie praktisch auch „lohnt" und die nicht im „soziologischen Datengrab" (*Friedrichs*) ihren „ewigen Frieden" finden. Dafür wiederum gibt es keine Rezepte, sondern erforderlich sind ein gewisses Maß an beruflicher Erfahrung sowie an sozialer Sensibilität und Neugierde; aber auch Originalität, Kreativität und ähnliche „Forschereigenschaften" sind gefragt.

Ein „professionell" arbeitender Soziologe wird sich erst einmal in einem Stadtviertel umsehen und mit einigen Bewohnern „ins Gespräch kommen", ehe er mit einer Studie über dessen Sanierung beginnt. In ähnlicher Weise wird er bei einer Studie über die Arbeitsmoral und das Betriebsklima in einem Industriebetrieb sinnvollerweise zunächst erst einige Vertreter der Arbeitgeber- wie der Arbeitnehmerseite als „Experten" zu einigen Facetten des Problems aus ihrer Sicht hören, ehe er sich der eigentlichen theoretischen und methodologischen Konzeptualisierung seiner Studie zuwendet.

Solche „explorativen" Gespräche vermögen oft genug das Vorwissen des Forschers überraschend zu erweitern und dienen einer — wenn auch zunächst noch eher „impressionistischen" — Strukturierung des gestellten Problems. Hinzu kommt in dieser Phase zweifellos ein gründliches Studium der einschlägigen Literatur, um sich ein Bild darüber zu verschaffen, welche Aspekte des ausgewählten Problems mit welchen Methoden und welchen Ergebnissen bereits erforscht sind und welche „Gesetze" von allgemeiner Gültigkeit für die Untersuchung herangezogen werden können. Insofern ist also der „Entdeckungszusammenhang" bei aller schöpferisch-explorativen Intuition nicht völlig voraussetzungslos, sondern eingebunden in eine Forschungstradition, an der sich letztlich erst die Relevanz einer Problemstellung sowie der Grad bzw. die Qualität einer Problemlösung messen lassen.

Zur vertiefenden und ergänzenden Lektüre

Claire Selltiz, Marie Jahoda, Morton Deutsch & Stuart W. Cook, Untersuchungsmethoden der Sozialforschung. Teil 1. (Darin insbesondere Kapitel 2: „Auswahl und Formulierung eines Forschungsproblems", S. 35 - 61 und Kapitel 3: „Forschungsplanung I", S. 62 - 96). Luchterhand: Neuwied, Darmstadt 1972.

4.2.2 Der Begründungszusammenhang

Das bereits angesprochene spezielle Literaturstudium soll nicht nur einen Einstieg in die Untersuchungsproblematik verschaffen und einen aktuellen Überblick über den vorhandenen Wissensstand ergeben, sondern insbesondere auch die Transformation des Problems in eine (testbare) soziologische Fragestellung erleichtern. Diese *Übersetzung des Forschungsproblems in die Fachsprache* soll sicherstellen, daß die benutzten Begriffe präzise definiert und in der soziologischen Terminologie und Forschungspraxis hinreichend ausgewiesen sind.

In der Praxis erfolgt dieser erste wichtige Schritt im sogenannten „Begründungszusammenhang" eines Projekts mit der Suche nach einleuchtenden und beweisbaren Annahmen über gesellschaftliche Zusammenhänge, Abhängigkeiten oder Regelmäßigkeiten. Da Soziologen oft als Spezialisten dafür bezeichnet werden, dort, wo andere Leute sich zufrieden geben, neue Fragen aufzuwerfen und neue Annahmen zu wagen, gehört die *Bildung und Entwicklung von Hypothesen* gewissermaßen zu den elementaren soziologischen Arbeitsformen. Hypothesen können hierbei sowohl formal aus bestehenden Theorien abgeleitet oder auch − wie *Hartmann* (1972: 91) dies ausdrückt − in „Intuition und Mut" erforderndem „Freistil" gewonnen werden.

Charakteristisch für die so gewonnenen Hypothesen ist, daß in ihnen ein erlebter oder bereits in der einschlägigen Literatur genauer beschriebener gesellschaftlicher Tatbestand entweder als Ursache oder als Folge bestimmter *anderer* sozialer Gegebenheiten angenommen wird. Da es sich jedoch im allgemeinen dabei um veränderliche Größen handelt, die erst durch die Fragestellung des einzelnen Forschers genauer abgegrenzt werden, spricht man hier von „*Variablen*". So ist beispielsweise das, was man als „soziale Schichtzugehörigkeit eines Schülers" umschreibt, bestimmten Schwankungen unterworfen, je nachdem, welche Kriterien man für das „Oben" und „Unten" in einer Gesellschaft anlegt bzw. wie man die Grenzen zwischen den einzelnen gesellschaftlichen Schichten definiert. Hinzu kommt, daß im Begründungszusammenhang eines Forschungsprojekts meist nicht nur zwei oder mehrere Variablen als Untersuchungsgegenstand in den Vordergrund gerückt, sondern auch die Beziehungen zwischen den einzelnen Variablen näher bestimmt werden. So enthält eine Hypothese immer eine Aussage darüber, welche Variable als Kausalfaktor (= *unabhängige* Variable) und welche als Wirkfaktor (= *abhängige* Variable) zu betrachten ist. Da indessen die meisten soziologischen Variablen in einem komplexen gegenseitigen Beziehungszusammenhang stehen und somit je nach Perspektive bzw. Fragestellung als abhängige wie als unabhängige Variable begriffen werden können, gehört es zur Entscheidung des Forschers, welchen Aspekt er primär untersuchen will.

„Politische Partizipation" kann beispielsweise einmal als unabhängige Variable für die abhängige Variable „Demokratisierung von Gesellschaften" betrachtet werden; „politische Partizipation" könnte jedoch andererseits selbst als von bestimmten Sozialisationserfahrungen, Persönlichkeitsfaktoren und der Stellung im Sozialsystem abhängige Variable untersucht werden. Die Bezeichnung „unabhängig" ist also nicht wörtlich zu nehmen: sie bezieht sich jeweils nur auf den theoretischen Bezugsrahmen einer bestimmten Hypothese und bedeutet, daß eine bestimmte Variable die andere Größe beeinflußt, sie selbst aber im Rahmen der Hypothese auf ihre eigenen Abhängigkeiten nicht weiter untersucht wird.

Wie auch immer Untersuchungshypothesen zustandegekommen sein mögen, ihre eigentliche Bedeutung liegt im Anreiz zur Überprüfung ihrer Aussagen. Diese Möglichkeit zur Überprüfung hängt nun aber von der *Meßbarkeit* der in den Hypothesen enthaltenen Begriffe und Beziehungszusammenhänge ab, was wiederum die Übersetzung der benutzten Begriffe in sog. *operationale Definitionen* voraussetzt. Durch operationale Definitionen sollen Begriffe der interpretativen Willkür entzogen und durch Angabe von meßbaren Merkmalen bzw. Ereignissen präzisiert und standardisiert werden. Diese sog. *Indikatoren* sind zur quantitativen Erfassung des durch den Begriff bezeichneten Sachverhaltes notwendig und werden zweckmäßigerweise jeweils im Hinblick auf die zu testenden Hypothesen entwickelt.

Noch relativ unproblematisch sind operationale Definitionen bei sogenannten *deskriptiven Begriffen*: denn beschreibende Merkmale von Individuen (wie Alter, Geschlecht, Ausbildung, Beruf, Familienstand, Einkommen u.ä.) oder von Gruppen (Einzugsbereich, Mitgliederzahl, Beitragshöhe usw.) lassen sich im allgemeinen ohne große Schwierigkeiten angeben. *Theoretische Begriffe* wie beispielsweise „Mündigkeit", „Entfremdung", „Konservatismus" u.ä. sind indessen über Indikatoren schon erheblich schwieriger zu konkretisieren.

Adorno und seine Mitarbeiter haben beispielsweise in einer inzwischen schon klassisch gewordenen Studie (1950) als Indikatoren für den Begriff der „autoritären Persönlichkeit" ein ganzes Bündel von in der Regel gemeinsam auftretenden Einstellungen (ein sog. „Syndrom") gewählt, wie u.a. eine hohe Bereitschaft zu konformem Verhalten, die Tendenz zur Unterwerfung unter Stärkere und zur Beherrschung Schwächerer, übermäßige Kontrolle der eigenen Gefühle und Impulse, Intoleranz, sexuelle Prüderie sowie Ethnozentrismus und Antisemitismus, – innere Einstellungen, die dann über sog. „Einstellungsskalen" gemessen wurden.

Durch die Indikatoren werden also die jeweiligen Forschungsoperationen schon mit festgelegt. Es ist somit notwendig, sie auf ihre *Gültigkeit* („Validität") und *Zuverlässigkeit resp. Verläßlichkeit* („Reliabilität") zu untersuchen, denn die Indikatoren sollen ja tatsächlich auch das messen, was sie zu messen vorgeben (Gültigkeit) bzw. unter gleichen Bedingungen bei wiederholter Messung desselben Sachverhalts gleiche Werte ergeben (Zuverlässigkeit). So ist z.B. ziemlich fragwürdig, ob Schulnoten valide Indikatoren für Schulleistungen sind und ob diese „Messungen" auch zuverlässig sind. Ähnliche Kritik läßt sich übrigens auch hinsichtlich der bekannten „Intelligenztests" begründen, da der jeweils gemessene Intelligenz-Quotient (IQ) das theoretische Intelligenz-Konzept allenfalls teilweise repräsentiert.

Wie schon angedeutet, ist eng mit den im Prozeß der Operationalisierung zum Ausdruck gebrachten Meßabsichten die Auswahl einer oder mehrerer geeigneter *Meßmethoden* verbunden. Hierfür stehen der empirischen Sozialforschung verschiedene Verfahren zur Verfügung wie beispielsweise

– die systematische Beobachtung,
– die Befragung mittels Fragebogen und Interview,
– die Inhalts- oder Dokumentenanalyse,
– die Soziometrie,
– das Experiment usw.

Selbstverständlich muß auch jedes gewählte und auf die Untersuchung hin organisierte bzw. oft auch speziell konstruierte Meßinstrument den bekannten Gütekriterien der Validität und Reliabilität genügen. Des weiteren muß in dieser Phase einer Untersuchung auch über die Festlegung der Beobachtungseinheiten für die Datengewinnung entschieden werden. Bei einer „Fall-Studie" (case-study), bei der man mit einer Person oder allenfalls mit wenigen Menschen Gespräche führt, um beispielsweise etwas über ihre Lebensgeschichte in Erfahrung zu bringen und zu ergründen, wie sie zu bestimmten

Denkweisen, Handlungen und Entscheidungen gekommen sind, ist dies natürlich kein Problem. Nur reicht eben auch das so gewonnene Wissen nicht über den untersuchten Einzelfall hinaus und führt allenfalls zur Entwicklung bestimmter Forschungshypothesen. Da Soziologen indessen ständig auf der Suche nach gewissen Regelmäßigkeiten und Zusammenhängen in der sozialen Wirklichkeit sind, benötigen sie für ihre Analysen eine breitere Datenbasis, weil nur so − durch das Gesetz der großen Zahl − zufällige Ergebnisse weitgehend ausgeschaltet werden können.

Dieses Problem ist also abhängig von der Untersuchungsfrage, der Größe der dadurch definierten ,,*Grundgesamtheit*" oder ,,*Population*" (beispielsweise der zu erfassenden Personen oder Gruppen) sowie der Reichweite der beabsichtigten Schlußfolgerungen. Bei einer Untersuchung der Sympathie- und Antipathiebeziehungen innerhalb einer bestimmten Schulklasse muß man sicher eine Vollerhebung durchführen und kann auch technisch ohne Schwierigkeiten alle Schüler dieser Klasse z.B. einem soziometrischen Test (vgl. hierzu Abschnitt 4.3.4) unterwerfen. Bei einer Untersuchung über ,,Einstellungsänderungen der Wähler durch den Wahlkampf in der Bundesrepublik Deutschland", über ,,Die soziale Lage der Gastarbeiter in West-Berlin" oder über ,,Ursachen und Motive des Studienabbruchs von Pädagogikstudenten" können indessen nicht nur aus technischen, sondern auch aus finanziellen Gründen nicht mehr alle Mitglieder der zu untersuchenden Grundgesamtheit befragt werden. Hier muß dann nach bestimmten Regeln eine *repräsentative Stichprobe (,,Sample")* gezogen werden, die ein möglichst genaues Spiegelbild der Population darstellt, um statistisch zuverlässige Schlußfolgerungen beispielsweise über das Wählerverhalten in der Bundesrepublik, über alle Gastarbeiter in West-Berlin oder aber für die Studienabbrecher im Fach Pädagogik zu ermöglichen.

Die Erkenntnis, daß aufgrund der statistischen Wahrscheinlichkeitsrechnung von einer relativ kleinen Zufallsauswahl auf die Grundgesamtheit geschlossen werden kann, hat die Entwicklung der empirischen Sozialforschung geradezu revolutioniert. Ohne allzu großen Kostenaufwand lassen sich über Stichproben mit geringen, überdies zuverlässig abschätzbaren Fehlergrenzen, verallgemeinernde Aussagen über ein bestimmtes soziales Phänomen und die Merkmale der damit in Verbindung stehenden Menschen der gesamten Population machen. Allgemein gilt hierfür die Regel, daß die Größe der Stichprobe abhängig ist vom Grad der Heterogenität der Grundgesamtheit. Mit anderen Worten: je mehr Variablen wie Alter, Geschlecht, Konfession, Familienstand, Ausbildung, Beruf, Wohnort usw. in die Untersuchung miteinbezogen werden, desto mehr Personen müssen befragt werden. Hierbei haben sich nach v. *Alemann* (1977: 91) folgende pragmatische Richtwerte für Stichprobengrößen eingebürgert:

2000 Personen (Einheiten): repräsentative Stichprobe einer heterogenen, umfangreichen Bevölkerung (etwa die Stimmbürger der gesamten Bundesrepublik), angebracht bei einer Untersuchung mit offener Themenstellung, die auch detaillierte Analysen von Teilgruppen erlaubt.

1000 Personen: repräsentative Stichprobe für eine Untersuchung mit spezifischer Themenstellung und verminderter Möglichkeit der Teilgruppenbildung.

500 Personen: repräsentative Stichprobe von spezifischen (homogenen) Grundgesamtheiten (Berufsgruppen, regionale Spezifizierung) und mit spezifischer Fragestellung der Untersuchung.

100 - 200 Personen: repräsentative Stichprobe von sehr spezifischen Grundgesamtheiten (einzelne Berufe) mit eingeschränkter, sehr spezifischer Fragestellung, wobei in der Auswertung weitgehend auf Teilgruppenaufgliederungen verzichtet werden muß.

Bevor die eigentliche Datenerhebung durchgeführt wird, empfiehlt es sich, insbesondere bei Benutzung eines Beobachtungsschemas oder eines Fragebogens das Untersuchungsinstrument vorab an einer kleinen Gruppe von Personen, die zur Zielgruppe der Untersuchung gehören, auszuprobieren (z.B. Probeinterview). Dieser sog. *Pretest* vermag manche Schwachstellen etwa in sprachlicher (Eindeutigkeit, Verständlichkeit), aber auch in logischer oder praktisch-psychologischer Hinsicht aufzudecken und gleichzeitig die „Diskriminationsfähigkeit" der benutzten Begriffe, Kategorien, Fragen usw. zu überprüfen und gegebenenfalls zu korrigieren. Manche Hauptuntersuchung ist durch diesen Prüfstand des Pretests schon vor unliebsamen Überraschungen und vermeidbaren Enttäuschungen bewahrt worden.

In der sogenannten Hauptuntersuchung („Feldphase") erfolgt dann die *Datenerhebung* in der durch die gewählte Methode möglichen und durch sie festgelegten Form. Daran anschließend müssen die gesammelten Daten oft noch „bereinigt" werden, indem beispielsweise unvollständige Beobachtungsschemata oder unklare Fragebogenmarkierungen u.ä. ausgeschieden werden. Erst mit „sauberen" Daten sollte die eigentliche *Auswertung* erfolgen, die heute meist — analytisch routiniert — mit Hilfe elektronischer Rechenanlagen vorgenommen wird. Hierfür sind auch einige einschlägige sozialwissenschaftliche Programme zur Datenanalyse verfügbar, die das Schreiben eigener Analyseprogramme weitgehend überflüssig machen: gebräuchlich sind vor allem das *SPSS (Statistical Package for Social Sciences)*, das *SAS (Statistical Analysis System)* und das allerdings etwas komplizertere *OSIRIS*-Programm.

Unmittelbar mit der Datenanalyse verknüpft sind zusätzliche statistische Prüfungen des bereinigten Materials. Überhaupt spielt die Statistik in der Sozialforschung eine sehr wichtige Rolle. Mit Hilfe bestimmter Formeln bzw. statistischer Kennwerte läßt sich nämlich prüfen, ob beispielsweise ein festgestellter Unterschied im Verhalten verschiedener Kategorien von Menschen, etwa zwischen Männern und Frauen, Katholiken und Protestanten, Jugendlichen und Erwachsenen usw. nur „zufällig" ist oder ob dieser Unterschied faktisch so groß ist, daß er nicht mehr dem Zufall zugeschrieben werden kann, sondern — wie man sagt — statistisch *signifikant* ist.

Oft wird auch der Fehler gemacht, aus einem bestimmten Zusammenhang zwischen X und Y zu schließen, X sei die Ursache von Y. Abgesehen davon, daß — wie wir schon gesehen haben — Y unter Umständen auch X bewirken könnte, erweist sich nämlich bei näherer Prüfung manche festgestellte Beziehung zwischen zwei Phänomenen nur als *Scheinkorrelation („spurious correlation")*.

So konnte beispielsweise tatsächlich eine Beziehung gefunden werden zwischen der Anzahl der bei Brandkatastrophen eingesetzten Feuerwehren *(X)* und der Höhe des entstandenen Sachschadens *(Y)* oder auch zwischen der Anzahl der in einer bestimmten Region nistenden Störche *(X)* und der Geburtenrate *(Y)* in dieser Region. Der Schluß, daß die Löschfahrzeuge den Sachschaden und die Störche den Kindersegen verursachen, ist zwar erheiternd, übersieht aber, daß man bei jeder Kombination von Merkmalen immer wieder prüfen muß, ob nicht eine zunächst verborgene, dann jedoch zu kontrollierende dritte, *„intervenierende"* Variable *(Z)* die Annahme einer Kausalbeziehung zwischen X und Y widerlegt oder wenigstens zum Teil miterklärt. So läßt sich bei unseren beiden Beispielen zeigen, daß die Beziehung zwischen der Anzahl der Löschzüge und der Höhe des Brandschadens mit der Größe des Schadensfeuers *(Z)*, die Beziehung zwischen der Anzahl der Störche und der Geburtenrate mit dem Grad der Urbanisierung *(Z)* zu erklären ist.

Die Beispiele zeigen, daß statistisch signifikante Zusammenhänge häufig keine kausalen Erklärungsmuster bieten, sondern lediglich vordergründig „rechnerisch" vermittelt sein können. D.h. der Prozeß der Auswertung und vor allem auch der Interpretation der Daten schließt Schritte ein, das erhobene Material auch unter anderen als

155

den zunächst für „bedeutungsvoll" erkannten Zusammenhängen und Beziehungen zu untersuchen.

Die *Interpretation* selbst sollte schließlich die methodisch gewonnenen Ergebnisse vor dem Hintergrund der in der Forschungsfrage zum Ausdruck gebrachten theoretischen Überlegungen diskutieren, wobei signifikante Ergebnisse in das theoretische Ausgangskonzept zurückzuübersetzen sind. Neben der deskriptiven Ausschöpfung des Gehalts der durchgeführten Erhebung sollen somit auch die formulierten Ausgangshypothesen überprüft, der Geltungsbereich der durch die Untersuchung gewonnenen − erweiternden, stabilisierenden oder einschränkenden − Aussagen abgeschätzt und die entsprechenden Konsequenzen für die Theorieentwicklung bzw. die praktische Problemlösung gezogen werden. In vielen Fällen werden deshalb im Anschluß an eine Untersuchung neue Hypothesen zu entwickeln sein.

Zur vertiefenden und ergänzenden Lektüre

Claire Selltiz, Marie Jahoda, Morton Deutsch & Stuart W. Cook, Untersuchungsmethoden der Sozialforschung. Teil I. (Darin Kapitel 4: „Forschungsplanung II", S. 97 - 172). Luchterhand: Neuwied, Darmstadt 1972.

4.2.3 Der Verwertungs- und Wirkungszusammenhang

Unter Verwertungs- und Wirkungszusammenhang einer empirischen Untersuchung werden ihr Beitrag zur Lösung des anfangs gestellten theoretischen oder praktischen Problems, ihre Resonanz in der „scientific community" der Fachkollegen und der interessierten Öffentlichkeit wie auch die Entwürfe entsprechender Handlungsstrategien bzw. die Effekte praktischer Schlußfolgerungen seitens eventueller Auftraggeber verstanden.

Zweifellos entscheidet nicht zuletzt die *Form der Darstellung* einer Studie über die Zugänglichkeit und Verbreitung ihrer Ergebnisse. Hierbei kommt es wesentlich darauf an, den Abstand − vielleicht sogar den „Abgrund" − zwischen dem Denken und der Sprache der Soziologen, d.h. der Theorie und der Forschung, und dem Denken und der Sprache des Alltags (der interessierten Öffentlichkeit, der Auftraggeber usw.), d.h. der Praxis, soweit wie möglich zu überwinden bzw. aufzuheben. Immer wieder zeigt es sich nämlich, daß soziologische Analysen für die soziale Praxis um so wirksamer zu machen sind, je dramatischer und konkreter ihre Relevanz sichtbar wird und je erfolgreicher ihre Übertragung aus der Sprache der Wissenschaft in die öffentliche Sprache erfolgt. Besonders eindrucksvoll ist dies hierzulande in jüngster Zeit den Autoren der vom *Jugendwerk der Deutschen Shell* finanzierten Studie „Jugend '81 — Lebensentwürfe, Alltagskulturen, Zukunftsbilder" (*Fischer, Fischer, Fuchs & Zinnecker* 1982, *Fischer & Lang* 1983) gelungen.

Neben der Form der Darstellung vermag auch die Art und Weise der *Interpretation* von Untersuchungsergebnissen deren praktische Verwertung und Wirkung nachhaltig zu beeinflussen. Wie stark hier die subjektive Ausnutzung objektiver Interpretationsmargen bei gleichen Befunden „ambivalente" Problemlösungen für die Praxis zu suggerieren vermögen, lehrt in zugespitzter Form jene Anekdote von dem Schuhfabrikanten, der zwei Marktforscher nach Zentralafrika schickte und nach einiger Zeit zwei Telegramme erhielt: *„Phantastische Möglichkeiten — Stop — Hier trägt niemand Schuhe"* und *„Keine Marktchance — Stop — Schuhe werden hier nicht getragen".*

Diese amüsante Geschichte berührt indessen ein grundsätzliches Problem jeglicher Darstellung, Interpretation und Verwertung von empirischen Befunden, — ein Problem, das besonders nachdrücklich die Forderung nach einer klaren und transparenten, kommunizierbaren und nachvollziehbaren Präsentation des Forschungsprozesses und seiner Ergebnisse unterstreicht: „Je exakter die Aussagen der Studie begründet wurden und je mehr die Untersuchung dem Umfang des anfangs formulierten Problems entspricht, desto eher werden sich auch Handlungsmöglichkeiten nennen lassen. Die Exaktheit des Begründungszusammenhangs ist demnach die Bedingung einer begründbaren Verwertung, einer Verwertung, die mehr ist als bloße Legitimation von Interessen durch einige empirische Ergebnisse." (*Friedrichs* 1973: 54).

Im Fall der primär „theoretisch" motivierten Forschung wird die Verbreitung der methodischen Prozesse und der Untersuchungsergebnisse im allgemeinen zunächst schriftlich in einschlägigen wissenschaftlichen Publikationsorganen oder auch mündlich auf wissenschaftlichen Fachtagungen, Symposien, Kongressen u.ä. erfolgen. Beide Formen der „Veröffentlichung" haben den Vorteil, daß damit die Chancen einer kompetenten und oft auch hochgradig selektiven Kritik der Studie durch interessierte Fachkollegen genutzt und mögliche eigene „Kunstfehler" (beispielsweise im Hinblick auf Repräsentativität, statistische Datenanalyse etc.) oder unter Umständen inzwischen eingetretene „Betriebsblindheit" hinsichtlich unzulässiger Schlußweisen (z.B. bezüglich Signifikanz, Korrelationen u.ä.) erkannt werden können. Damit sollen Untersuchungen nicht nur durch die „community" kontrollierbar sein, sondern nach erfolgreich bestandener kritischer Prüfung und Diskussion auch als „Bausteine" dem allgemeinen theoretischen und methodologischen Wissensstand der Soziologie zugeführt werden können. Eine nachfolgende Verbreitung von relevanten Forschungsergebnissen über Pressemitteilungen, öffentliche Vorträge, Interviews in den Medien usw. ist dann sicher gerechtfertigt. Der umgekehrte Weg ist risikoreich, ja kann gar blamabel werden, wenn über die öffentlichen Medien „sensationelle Forschungsergebnisse" angekündigt werden, die sich später als Windeier erweisen.

Schwieriger erweist sich die *Kontrolle* des Verwertungs- und Wirkungszusammenhangs bei angewandter Forschung und Auftragsforschung. Je nach Anlaß der Studie soll die „Verwertung" ja mittelbar, unmittelbar oder in schrittweiser Anwendung im Rahmen sozialer Planung erfolgen. Für notwendige Entscheidungsprozesse sollen bestimmte Informationen als grundlegende Entscheidungshilfen bereitgestellt werden, wobei die praktische Problem*lösung* immer im Vordergrund steht.

Gerade hier kommt es aber leider immer wieder vor, daß die rationale, wissenschaftliche Betrachtungsweise des forschenden (aber andererseits auch auftragsabhängigen) Soziologen zwischen nichtrationalen Interessenstandpunkten verbogen und aufgerieben wird. Paßt beispielsweise einem Auftraggeber das Resultat einer Untersuchung nicht, so ist von dieser Seite gelegentlich schnell der Vorwurf zur Hand, die Befunde könnten ja gar nicht wissenschaftlich, objektiv und „wertfrei" sein, vielmehr seien sie von der politischen Position oder weltanschaulichen Optik des Forschers her diktiert. Andererseits mag auch mancher Forscher gelegentlich den Eindruck gewinnen, daß er den Beifall eigentlich von der falschen Seite erhält.

Das hier angesprochene Problem der *Bewertung* der sich aus einer Untersuchung ableitbaren Schlußfolgerungen kann nun aber auf rationaler Ebene nicht mehr gelöst werden. Die hierfür notwendigen Kriterien sind vielmehr normativer Provenienz, also ethisch, moralisch, politisch usw., aber nicht mehr soziologisch begründbar. Aufgabe des Sozialforschers wird es daher sein, die verschiedenen praktischen Möglichkeiten, die sich aus verschiedenen (normativ gesetzten) Zielen ergeben, analytisch zu trennen und aufzuweisen, was

geschehen kann, wenn dieser oder jener Zielsetzung Priorität einge-
räumt wird.

Insgesamt zeigt sich also, daß die Phase der Verwertung und Wirkung von Forschungsprojekten keineswegs eine „quantité négli-
geable" darstellt. Will ein Forscher nicht das unkalkulierbare Risiko
einer willkürlichen Verfügung über seine Daten und Ergebnisse durch
andere eingehen, so wird er gut beraten sein, insbesondere die Prozesse der gesellschaftspolitischen Wirkung und Verwertung seiner
Untersuchung kritisch zu begleiten, – eine Forderung, aus der
manch einem forschenden Soziologen ein handfester Rollenkonflikt
zuwachsen mag.

Zur vertiefenden und ergänzenden Lektüre

Claire Selltiz, Marie Jahoda, Morton Deutsch, Stuart W. Cook, Untersuchungs-
methoden der Sozialforschung. Teil II. (Darin insbesondere Kapitel 13: „Die
Anwendung sozialwissenschaftlicher Forschung", S. 267 - 291). Luchter-
hand: Neuwied, Darmstadt 1972.
Peter Zeugin, Soziologie. Ihre wichtigsten Begriffe und Forschungstechniken.
(Darin Kapitel 7: „Auswertung und Bericht", S. 111 - 138). Kohlhammer:
Stuttgart, Berlin, Köln, Mainz 1979.

4.2.4 Ein Beispiel aus der Forschungspraxis

Wie schon oben angekündigt, soll ein konkretes Beispiel aus der
Forschungspraxis nochmals die Interdependenz von Entdeckungs-,
Begründungs- und Verwertungszusammenhang einer empirischen
Studie sichtbar machen. Hierzu wird auf der Folie des von *Friedrichs*
entwickelten forschungslogischen Modells (vgl. oben Abb. 9) ein
von *Pongratz* (1964) durchgeführtes Projekt benutzt (abgedruckt bei
Friedrichs 1973: 55 ff.)

*L. Pongratz: Prostituiertenkinder. Umwelt und Entwicklung in den ersten acht
Lebensjahren. – Stuttgart 1964.*

Forschungsablauf der Untersuchung

I. Entdeckungszusammenhang

Auftraggeber   1. Die Jugendbehörde Hamburg hatte in den Jahren 1957
bis 1960 eine zunehmende Zahl von Kindern von Prostituierten zu betreuen; sie wollte mit einer Untersuchung
beraten werden, wie Kindern und Müttern zu helfen sei.

Forschungsinteresse des Untersuchers	2. Aus vorangegangenen Untersuchungen an Jugendlichen mit deviantem Verhalten bestand ein Interesse an «Problemkindern», bei denen vor allem die frühkindliche Entwicklung aufgezeichnet oder rekonstruierbar war und somit anhand bestimmter Hypothesen überprüft werden konnte, ob sich die Genese von Verhaltensstörungen schon aus diesem Zeitraum herleiten läßt.

Zugleich sollten solche soziologischen Hypothesen einer Prüfung unterzogen werden, die sich generell auf den Sozialisationsprozeß in der frühen Kindheit beziehen.

Soziales Problem	3. Kinder von Prostituierten sind in dieser Gesellschaft starken Vorurteilen und daraus entstehenden Diskriminierungs- und Stigmatisierungsprozessen ausgesetzt (Peer Groups, Nachbarschaft, Schule, Behörden, Sozialarbeit), die häufig den Lebensweg dieser Kinder entscheidend zu beeinflussen scheinen.

II. Begründungszusammenhang

Theoretischer Bezugsrahmen	Sozialisationstheorien (GOODE, BOSSARD, KARDINER, BOWLBY, ERIKSON, CLAESSENS)
	Theorien über die Genese von Verhaltensstörungen (AICHHORN, BOVET, BRAUNECK, BENNETT, DÜHRSSEN, SPITZ)
Grundhypothesen	1. Die Grunderziehung eines Individuums, mit der ihm die kulturellen Grundverhaltensregeln anerzogen werden, findet in den ersten Lebensjahren statt. Diese Sozialisierung und der nachfolgende Sozialisationsprozeß können noch am ehesten und am günstigsten von der Kernfamilie geleistet werden, wobei der emotionalen Fundierung durch die Mutter-Kind-Beziehung als Voraussetzung für den weiteren Prozeß eine entscheidende Rolle zukommt.

Wenn Kinder diese Aufwuchsbedingungen nicht haben, dann verläuft ihre Sozialisation nicht reibungslos und störungsfrei.

2. Eine hereditäre Schädigung von Kindern einer bestimmten Personengruppe (Trinker, Kriminelle, Prostituierte) hinsichtlich ihrer Verhaltensweisen ist nicht nachzuweisen.
Wenn bei diesen Kindern deviantes Verhalten auftritt, dann liegen Störungen im Sozialisationsprozeß vor und (oder) ein von den gesellschaftlichen Normen und Wertvorstellungen abweichendes soziales Milieu.

Begriffe	*Relevante Variablen*	*Operationalisierung – Code*
Sozialisierungs-bedingungen	Individuelle Zuwen-dung	Betreuung durch Mutter oder Mutterersatzperson
		Länge des Zeitraumes
	Wechsel von Erzie-hungsstellen	Häufigkeit radikalen Wechsels

160

Erziehungsmilieu	Emotionale Einstellung der Eltern	«Affenliebe», warm, ambivalent, kühl
	Erziehungsverhalten der Eltern	bestimmt, stark nachgebend, schwankend, affektiv, überkonsequent
Frühkindliche Entwicklung	Motorische Fähigkeiten	Zeitpunkt von Sitzen, Stehen, Laufen
	Verbale Fähigkeiten	Zeitpunkt des Sprechens von Wörtern, Sätzen
	Sauberkeitserziehung	Zeitpunkt der Sauberkeit (Nässen, Koten)
	Kontaktverhalten	Aktiv suchend, passiv zurückgezogen, keine «Störung» erkennbar
	Neurotische Symptome	Enuresis, motorische Unruhe, Jaktatio, Ängste, Schlafstörungen etc. unterteilt in: Häufigkeit und Rückbildung

Methoden

Auswertung von Aktenunterlagen (Sekundäranalyse)
Persönliche Ermittlungen (freie Interviews mit Mutter und Mutterersatzperson, Heimerzieher, Kindern)
Fragebogenerhebung (Lehrer)
Neurologisch-psychologische Untersuchung (Kinder)

Datenerhebung, Auswertung und Statistische Prüfung

Die Daten der Akten, des Fragebogens und der persönlichen Ermittlungen wurden gemeinsam verschlüsselt und auf Lochkarten übertragen. Die Grundauszählung der Daten und die Anfertigung von etwa 350 Kreuztabellen, in denen die statistische Beziehung einer Variablen (z. B. Zeitpunkt der Sauberkeitsgewöhnung) zu einem zweiten Merkmal (z. B. Häufigkeit des Milieuwechsels) sichtbar wird, wurde mit der elektronischen Rechenanlage IBM 650 durchgeführt.
Bei einer kleinen Grundzahl (N = 140 Fälle) wird jede statistische Datenverarbeitung problematisch. Aus diesem Grunde wurde mit der einfachsten statistischen Möglichkeit, nämlich der Häufigkeitsverteilung zwischen zwei oder drei Merkmalen, gearbeitet, die einen Vergleich von Merkmalsgruppierungen gestattet.
Zur Prüfung der Abhängigkeit der Merkmale in einer Tabelle wurde der Chiquadrat-Test benutzt. Außerdem wurden zur Auswertung der verschiedenen Lebenswege der Kinder Soziographien benutzt.

Interpretation-Beschreibung-Analyse-Erklärung

1. Wechsel von Erziehungsstellen: An den häufigen Milieuwechseln, denen ein großer Teil der Kinder (zur Hauptsache wegen der Unzuverlässigkeit der Mütter, aber auch aus organisatorischen und sonstigen Gründen der betreuen-

den Behörde) bereits in den ersten Lebensjahren ausgesetzt waren, wird die Unsicherheit und Unstetigkeit, in der viele Kinder bereits von der Geburt an und dann oft auch in den folgenden Jahren lebten, besonders deutlich. Zur Zeit der Nachprüfung – im Alter von 7 bis 9 Jahren – mußten bei jedem 2. Kind vier oder mehr Wechsel verzeichnet werden.

Wechsel von Erziehungsstellen

Wechsel	bis zum 1. Lj.		bis zum 1¹/₂ Lj.		bis 7. – 9. Lj.	
	n	%	n	%	n	%
keinmal	59	42,2	43	30,7	15	10,7
1mal	40	28,6	39	27,9	10	7,1
2mal	22	15,7	27	19,3	22	15,7
3mal	10	7,1	10	7,1	16	11,4
4mal	6	4,3	10	7,1	23	16,5
5mal	2	1,4	5	3,6	20	14,3
6- und 7mal	1	0,7	4	2,9	12	8,6
über 7mal	–	–	–	–	19	13,6
unbekannt	–	–	2	1,4	3	2,1
Summe	140	100,0	140	100,0	140	100,0

Zusammenhang zwischen Verhaltensstörungen insgesamt und dem Aufenthalt während der ersten Lebensjahre

Neurotische Verhaltensstörungen insgesamt	Summe		Einzelpflege		Heim bis zu 1. od. 2. Lj.		Heim bis zu 3. Lj.		Heim länger als 3. Lj.	
	n	%	n	%	n	%	n	%	n	%
keine Störungen	63	51,6	31	81,6	13	61,9	7	36,8	12	27,3
Störungen leichten Grades	39	32,0	7	18,4	8	38,1	7	36,8	17	38,6
Störungen in ausgeprägter Form	20	16,4	–	–	–	–	5	26,4	15	34,1

2. *Neurotische Symptome und Beziehung zur Familien- und Heimpflege:* Am Ende des 3. Lebensjahres wies jedes zweite Kind mindestens ein neurotisches Symptom auf. Kinder, die gar nicht oder kürzere Zeit im Heim gelebt

hatten, zeigten keine oder nur leichtere Verhaltensstörungen; je früher die Einzelpflege einsetzte desto geringer waren die Verhaltensstörungen. Bei den Kindern, die bis zum Ende des 3. Jahres nicht in Einzelpflege kamen, fanden sich nicht nur die einzelnen Symptome gehäuft, sondern es waren insgesamt auch schwerer gestörte Kinder unter ihnen wie unter denen, die erst zwischen 2–3 Jahren in Familienpflege gegeben wurden, zu beobachten.

Hypothesen und Ergebnisse

1. Die sozial-kulturelle Entwicklung der pp-Kinder in den ersten acht Lebensjahren wird primär beeinflußt und geprägt von den jeweiligen Umweltbedingungen, unter denen sie aufwachsen.

2. Hinweise darauf, daß negative Entwicklungsverläufe wesentlich durch hereditäre Schädigung bedingt seien, fanden sich in unserem Material nicht.

3. Die Untersuchung bestätigte vielmehr, daß die Prostitution sich als sozial nachteiliger Faktor auswirkt.

4. Ist die Herkunft der pp-Kinder bekannt, dann reagiert die Umwelt hierauf mit mehr oder weniger starken Vorbehalten.

5. Die Betreuung der Kinder durch die Mutter oder Mutterersatzperson ist nach unseren Ergebnissen für die frühkindliche Entwicklung unersetzlich.

6. Die Institution Familie versagt allgemein in der Sozialisation von älteren Kindern, wenn die sozialen Verhaltensweisen und Wertvorstellungen ihrer Mitglieder von denen der Gesellschaft negativ abweichen.

III. Verwertungszusammenhang

Soziale Planung

Aufgrund der Untersuchungsergebnisse können für die Arbeit an der sozialen Praxis Rückschlüsse gezogen werden, die zur besseren Lösung der am Anfang genannten sozialen Probleme führen.

Die Ergebnisse der Untersuchung legen die Folgerung nahe, daß der Fehlentwicklung vieler Kinder von Prostituierten von vornherein durch bessere Lebensbedingungen begegnet werden könnte. Sie zu schaffen ist nun nicht in allen Fällen möglich. So sind wahrscheinlich die Bedingungen solcher Kinder, die in asozialen Familienverhältnissen der Mütter bzw. der Eltern aufwachsen müssen, kaum günstig zu verändern. Gerade dieser Personenkreis entzieht sich oft jeglicher fürsorgerischen Einwirkung. Hat jedoch der Staat von der Geburt an die Sorge für die von der Mutter verlassenen Kinder übernommen, sollte eine frühzeitige Planung und Einleitung geeigneter Maßnahmen möglich sein. Z. B. Reduzierung der Kinderheime und Plazierung der Kinder in Familien;

Rekrutierung von neuen Pflegestellen und Vermittlung der
Kinder unter anderen Bedingungen als bisher;
«Wert»-freie Adoptionsvermittlung, bei der das Haupt-
gewicht nicht auf die biologische Abstammung gelegt
wird;
Abbau der Mutter-Kind-Ideologie.

4.3 Einige Techniken der Datenerhebung

Angesichts der Zahlenmagie und des Methodenfetischismus, dem
manche Sozialforscher gelegentlich zu verfallen scheinen, wird immer wieder grundlegende Kritik an den herkömmlichen Forschungstechniken der Soziologie laut. Hauptsächlicher Stein des Anstoßes ist
dabei, daß auf diese Weise zustande gekommene Forschungsergebnisse komplexe und individuelle Lebensverhältnisse in fragwürdiger
Trennschärfe zu problematischen Zahlen und Tabellen verdichten.
Leicht bei der Hand ist dann auch die Redensart, wonach es Lügen,
große Lügen und Statistiken gäbe.

Hinzu kommt, daß der Gegenstand soziologischer Untersuchungen
immer die Gesellschaft oder genauer: ein bestimmter gesellschaftlicher Teilbereich ist. Dies kann bedeuten, daß der Sozialforscher auch
selbst in den Untersuchungsbereich involviert ist oder auch, daß sich
der Untersuchungsgegenstand sowohl während als auch gerade durch
den Einsatz sozialwissenschaftlicher Forschungstechniken verändert.
So haben beispielsweise Personen bei einer Umfrage nach dem „Ehe-
glück" oder nach den „Motiven für den Beitritt in einen Verein" erst
beim Interview erkannt, daß sie unglücklich verheiratet oder mit dem
Vereinsleben unzufrieden waren (*Seeley* 1963 in *Jager & Mok* 1972:
34). Ebenso kann die Veröffentlichung von Umfrageergebnissen
Menschen in ihrem Denken und Handeln beeinflussen. In den neue-
ren Ansätzen der sog. „Aktionsforschung" wird deshalb sogar die
durch eine Untersuchung ausgelöste Dynamik des Forschungsgegen-
stands bewußt und gewollt in die Anlage eines Projekts miteinbezogen.

Andererseits gibt es jedoch bei aller selbstkritischen Problematisie-
rung soziologischer Forschung keine Alternative zur Empirie. Gleichzeitig muß natürlich die berechtigte Methodenkritik ernst genom-

men werden, weshalb es sich in jedem Fall empfiehlt, bei empirischen Untersuchungen nicht nur die Ergebnisse vorzustellen, sondern auch die benutzten Methoden, insbesondere in ihrer je konkreten Anpassung an das Untersuchungsobjekt, ausführlich zu diskutieren.

Im folgenden sollen nun die wichtigsten Techniken der sozialwissenschaftlichen Datenerhebung vorgestellt werden. Zur vertiefenden Auseinandersetzung wie im Hinblick auf eine mögliche praktische Anwendung wird auf die jeweils angegebene ergänzende Literatur verwiesen.

4.3.1 Beobachtung

Von naiver Beobachtung, wie wir sie alltäglich im Hinblick auf unsere Mit- und Umwelt anwenden, sind sozialwissenschaftliche Beobachtungsverfahren durch ihre *geplante und systematische Erfassung sozialer Sachverhalte* zu unterscheiden. Man kann sagen, daß die methodische Beobachtung sozialer Tatbestände und die entsprechende Beschreibung des Beobachteten als grundlegende Technik stets am Anfang erfahrungswissenschaftlicher Forschung stehen muß. Zwar muß auch wissenschaftliche Beobachtung davon ausgehen, daß soziale Situationen niemals vollständig in allen Einzelheiten erfaßt werden können, da grundsätzlich alle Wahrnehmungen — ob wissenschaftlich oder naiv — selektiv sind, doch ist — im Unterschied zur willkürlichen und in der Regel auch unbewußten Auslese von Umweltreizen bei der naiven Alltagsbeobachtung — der erfahrungswissenschaftliche Selektionsprozeß bewußt und geplant. Dabei muß die methodische Beobachtung vorab drei Grundfragen klären:

1. *Was* überhaupt soll beobachtet werden?
2. Auf welche Art und Weise soll dies beobachtet werden?
3. In welcher Form kann das Beobachtete aufgezeichnet und festgehalten werden?

Zu 1: Mit Beobachtungstechniken können sehr verschiedene soziale Situationen und Zusammenhänge erfaßt werden, wie beispielsweise ganze Kulturen (was besonders in der Ethnographie üblich ist), religiöse Sekten, Rockergruppen, Entscheidungsprozesse in der Kommunalpolitik, das Verhalten von Lehrern und/oder Schülern im Unterricht, die Entwicklung einer Konferenzgruppe usw. Meist wird hier die Beobachtung des unmittelbaren *sprachlichen* Verhaltens als Analyseeinheit im Vordergrund stehen, doch je nach Untersuchungsziel bzw. Fragestellung werden oft auch *außersprachliches* Verhalten (wie Lautstärke, Modulation, Sprechdauer, Vokabular u.ä.), *non-verbales* Verhalten (wie bestimmte Gestik, Mimik, Augenspiel und allgemeine Körpersprache) sowie spezifisches *personen-, raum- und zeitbezogenes* Verhalten miteinbezogen.

Zu 2 : Methodisch können Beobachtungen auf recht unterschiedliche Art und Weise angelegt sein. Im Hinblick auf die Position des Forschers zum Untersuchungsobjekt bzw. den Versuchspersonen wird hier zunächst zwischen *teilnehmender* und *nicht-teilnehmender* Beobachtung unterschieden. Im ersten Fall versucht der Forscher sich selbst in die zu untersuchende Gruppe zu integrieren, um über seinen hohen Partizipationsgrad ein möglichst tiefes Verständnis seines Untersuchungsgegenstandes zu gewinnen. Bei der nicht-teilnehmenden Beobachtung geht der Forscher aus Gründen der Praktikabilität des Zugangs oder auch aus Sorge um die eigene Objektivität gleichsam von außen an sein Beobachtungsobjekt heran.

Des weiteren können Beobachtungen *kontrolliert* oder *unkontrolliert* sein, d.h. sie können eher aufgrund einer relativ eng vordefinierten Beobachtungsstruktur (zur Erfassung quantifizierbarer Elemente) oder aber eher auf lockere und impressionistische, dem generellen Untersuchungszweck dienende Art (z.B. zur Erfassung vornehmlich qualitativer Merkmale) gewonnen werden. Ferner können sie *offen* oder − falls Verzerrungseffekte bei den Versuchspersonen zu erwarten sind − auch *verdeckt* (z.B. Günter *Wallraff* als BILD-Journalist) durchgeführt werden. Und schließlich können die Rahmenbedingungen für Beobachtungen *natürliche* soziale und physische Umgebungen der Untersuchungsobjekte oder auch *künstliche* soziale Arrangements (z.B. in einer experimentellen Laboratoriumssituation zur Ausschaltung des Einflusses bestimmter Merkmale) sein. Hinsichtlich der Anwendung in der Praxis ist eine vom Forschungszweck und den Forschungsmöglichkeiten abhängige Mischform dieser verschiedenen Dimensionen üblich.

Zu 3 : Wie die Wahrnehmung kann auch die Aufzeichnung von Beobachtungen mehr oder weniger „strukturiert" werden bzw. das, was man festhalten will, kann mehr oder auch weniger dem Zufall überlassen werden. „Sitzt man etwa lediglich dabei, während ein Ehepaar sich streitet, und versucht nur ‚soviel wie möglich' aufzuschreiben oder zu behalten, so wird die Beobachtung weder vollständig noch objektiv sein. Hat man aber einen Bogen Papier bei sich, auf dem bereits bestimmte Kategorien vorgegeben sind, wie ‚aggressive Bemerkung von ihm', ‚aggressive Bemerkung von ihr', ‚Hohnlachen', ‚beschwichtigende Bemerkung', ‚aggressive Geste', ‚abwehrende Geste', ‚weint', ‚läuft davon' usw., und braucht also nur noch Haken oder Kreuze einzuzeichnen, so kommt man erstens besser mit und erfaßt zweitens wahrscheinlich die meisten Verhaltensformen, die den vorgegebenen Kategorien entsprechen — übersieht freilich andererseits wahrscheinlich viele, die man nicht vorgegeben hatte." (*Seger* 1970: 186).

Zur Aufzeichnung und Dokumentation von Beobachtungen werden deshalb am häufigsten inhaltlich und formal definierte *Kategorienschemata* benutzt. Das bekannteste dieser Beobachtungssysteme ist wohl die *Interaktionsanalyse* von Robert F. *Bales* (1962), die auf der Basis von selektiven Beobachtungsdaten die wechselseitig aufeinander bezogenen Verhaltensweisen zweier oder mehrerer Menschen systematisch erfassen und klassifizieren soll (vgl. hierzu Abb. 10, S. 168). Registriert wird hierbei sowohl das verbale wie das nonverbale Verhalten der Interaktonspartner, das in der Regel sofort mit Hilfe des selektiven Analysesystems den jeweils entsprechenden Bereichen bzw. Kategorien zugeordnet wird.

Dadurch können für die Akteure bestimmte Verhaltensprofile erstellt, aber auch verschiedene Phasen und Sequenzen des Interaktionsprozesses abgebildet bzw. die Stabilität und Veränderung sozialer Beziehungen transparent gemacht werden.

Bales hat inzwischen zusammen mit Stephen P. *Cohen* seine Interaktionsanalyse methodisch und theoretisch konsequent zum *SYMLOG* System (*Systematic Multiple Level Observation of Groups*) weiterentwickelt, das den Versuch unternimmt, Verhalten auf mehreren Ebenen — Verhaltensebene, Statusebene, Werturteilsebene — zu beobachten, zu beschreiben und zu analysieren (vgl. dazu Abb. 11 und Abb. 12, S. 169 und 170). Anwendungsbereiche solcher Beobachtungsverfahren sind beispielsweise die Gruppensoziologie, die Unterrichtsforschung sowie die angewandte Gruppendynamik („beschlußfassende" und „problemlösende" Konferenzgruppen, Familiendiagnostik und -therapie usw.).

Allgemein läßt sich sagen, daß Beobachtungsverfahren eine Reihe von Problemen in bezug auf Zuverlässigkeit und Gültigkeit aufwerfen. In der Praxis versucht man gerade bei komplexeren Kategorien-

Abbildung 10: Beobachtungskategorien bei der Interaktionsanalyse von Bales

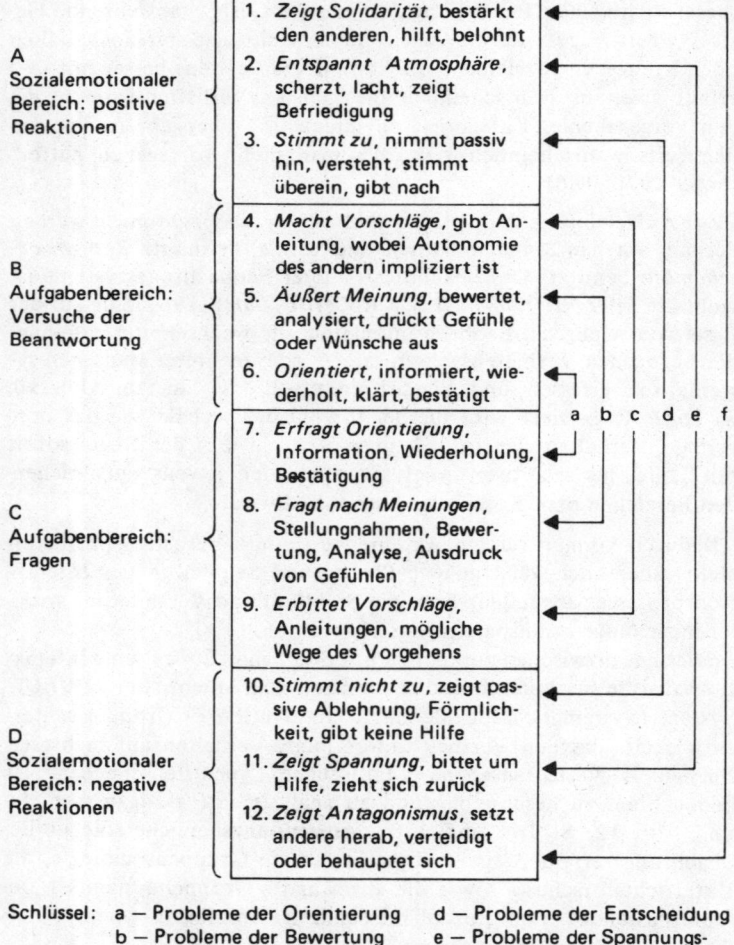

Schlüssel: a — Probleme der Orientierung   d — Probleme der Entscheidung
            b — Probleme der Bewertung   e — Probleme der Spannungs-
            c — Probleme der Kontrolle   bewältigung
                       f — Probleme der Integration

(aus Krapp, Hofer & Prell 1982: 73)

Abbildung 11: Der dreidimensionale SYMLOG-Verhaltensraum

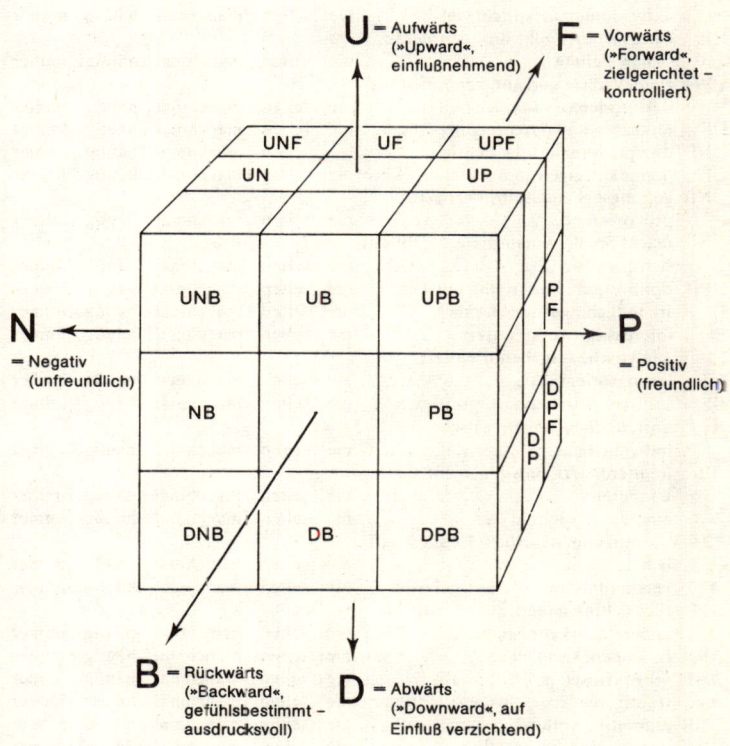

(aus Bales & Cohen 1982: 63)

Abbildung 12: Der SYMLOG-Beobachtungsbogen (adjektivische Einschätzungen)

Name _____ Gruppe _____

Name der beschriebenen Person _____

Machen Sie bei jedem Item einen Kreis um die zutreffende Antwort:

		(0)	(1)	(2)	(3)	(4)
U	aktiv, dominant, spricht viel...........	nie	selten	manchmal	häufig	immer
UP	extravertiert, geht aus sich heraus, sicher, beliebt	nie	selten	manchmal	häufig	immer
UPF	zielbewußter und aufgabenorientierter, demokratischer Leiter	nie	selten	manchmal	häufig	immer
UF	tatkräftig und durchsetzungsfreudig ..	nie	selten	manchmal	häufig	immer
UNF	disziplinierend, folgerichtig	nie	selten	manchmal	häufig	immer
UN	dominant, eigensinnig, nachdrücklich.	nie	selten	manchmal	häufig	immer
UNB	geltungsuchend, selbstbezogen, provozierend	nie	selten	manchmal	häufig	immer
UB	macht Späße, schauspielert, geht aus sich heraus	nie	selten	manchmal	häufig	immer
UPB	optimistisch, humorvoll, hilfsbereit ...	nie	selten	manchmal	häufig	immer
P	freundlich, partnerschaftlich	nie	selten	manchmal	häufig	immer
PF	interessiert, kooperativ	nie	selten	manchmal	häufig	immer
F	analytisch, aufgabenorientiert, lösungsorientiert	nie	selten	manchmal	häufig	immer
NF	kritisch, gewissenhaft, prinzipiell	nie	selten	manchmal	häufig	immer
N	unfreundlich, negativistisch, individualistisch	nie	selten	manchmal	häufig	immer
NB	uninteressiert, unwillig, nicht kooperativ	nie	selten	manchmal	häufig	immer
B	emotional, spontan	nie	selten	manchmal	häufig	immer
PB	warmherzig, natürlich, freundschaftlich	nie	selten	manchmal	häufig	immer
DP	verständnisvoll, tolerant, gelassen	nie	selten	manchmal	häufig	immer
DPF	rücksichtnehmend, zuverlässig, andere anerkennend	nie	selten	manchmal	häufig	immer
DF	besonnen, sachlich	nie	selten	manchmal	häufig	immer
DNF	selbstkritisch, pflichtbewußt	nie	selten	manchmal	häufig	immer
DN	traurig, niedergeschlagen, deprimiert.	nie	selten	manchmal	häufig	immer
DNB	entmutigt, verletzt, resignierend	nie	selten	manchmal	häufig	immer
DB	unentschlossen, ängstlich, unsicher ...	nie	selten	manchmal	häufig	immer
DPB	behaglich, gemütlich, zufrieden	nie	selten	manchmal	häufig	immer
D	passiv, introvertiert, spricht wenig	nie	selten	manchmal	häufig	immer

Anmerkung: Der vorliegende Adjektiv-Ratingbogen basiert auf empirischen Analysen der deutschen Übersetzer.

(aus *Bales & Cohen* 1982: 61)

schemata derartige Probleme dadurch aufzufangen, daß die Beobach-
ter zuvor einem intensiven Wahrnehmungs- und Kategorisierungstrai-
ning unterworfen werden und darüber hinaus die Registrierung des
konkreten Verhaltensaktes — neben dem Einsatz von Tonband- und
Videogeräten — durch multiple Beobachtung (zwei oder mehr Beob-
achter registrieren und kategorisieren den gleichen Sachverhalt) abgesichert wird.

Zur vertiefenden und ergänzenden Lektüre

Karl-Wilhelm Grümer, Beobachtung. Teubner: Stuttgart 1974.
René König (Hrsg.), Beobachtung und Experiment in der Sozialforschung.
Praktische Sozialforschung II. (Darin insbesondere die Beiträge von *René Kö-
nig*, ,,Einleitung: Beobachtung und Experiment", S. 17-47, *Marie Jahoda,
Morton Deutsch und Stuart W. Cook*, ,,Beobachtungsverfahren", S. 77 - 96,
Florence Kluckhohn, ,,Die Methode der teilnehmenden Beobachtung", S.
97 - 114, *Alvin Zander*, ,,Systematische Beobachtung kleiner Gruppen", S.
129 - 147 und *Robert F. Bales*, ,,Die Interaktionsanalyse: Ein Beobachtungsverfahren zur Untersuchung kleiner Gruppen", S. 148 - 167). Kiepenheuer
& Witsch: Köln, Berlin 1962.

4.3.2 Inhaltsanalyse

Eine der Beobachtung verwandte Methode der Sozialforschung ist
die Inhaltsanalyse (engl.: *content analysis*, — auch Text- oder Dokumentenanalyse genannt). Sie geht davon aus, daß Sprache eine wichtige soziale Funktion hat und daß die in Kommunikationen übermittelten sprachlichen Symbole Indikatoren für Einstellungen, Meinungen, Werthaltungen, Vorurteile oder andere nicht unmittelbar feststellbare Eigenschaften des jeweiligen Senders darstellen.
Da Träger dieser Inhalte die verschiedensten Medien sein können,
zählen zu den Untersuchungsobjekten der Inhaltsanalyse Gespräche,
Reden, Schulaufsätze, Briefe, Tagebücher und Autobiographien, bestimmte Zeitungsartikel oder ganze Jahrgänge von Zeitungen oder
Zeitschriften, Plakate oder Annoncen, Prospekte und ,,Rundbriefe",
Schlager oder Graffiti auf Häuserwänden, subkulturelle Sprüche
oder Autoaufkleber, bestimmte Funk- oder Fernsehsendungen usw.
McClelland (1966) hat beispielsweise versucht, anhand einer inter-
kulturell vergleichenden Inhaltsanalyse von Volksmärchen und Kin-
dergeschichten einen Zusammenhang zwischen Leistungsmotivation
und wirtschaftlicher Entwicklung eines Landes nachzuweisen.

Insofern wird deutlich, daß die Inhaltsanalyse methodisch einen recht breiten Anwendungsbereich bietet: Man bedient sich ihrer nicht nur in der Soziologie und Sozialpsychologie, sondern beispielsweise auch in der Literaturwissenschaft, Kulturanthropologie und Geschichtswissenschaft; in der Zeitungs- und Kommunikationswissenschaft ist sie eine der wichtigsten Forschungstechniken überhaupt.

In der Anwendung dieser Methode werden objektiv vorgefundene und feststellbare Eigenschaften von Kommunikationsinhalten, wie die Art und Häufigkeit von übermittelten Symbolen (*manifester Inhalt*), aufgrund theoretischer Überlegungen als Indikatoren formalisiert. Über die den Indikatoren zugrunde liegenden problemorientierten Hypothesen wiederum lassen sich anhand der Meßwerte Schlüsse ziehen im Hinblick auf die Einstellungen und Wertsysteme der Autoren bzw. Sender sowie für die Wirkungen auf die Zielgruppe bzw. Empfänger (*latenter Inhalt*). Analyseeinheiten sind in der Regel bestimmte Wörter, Symbole, Schlagzeilen usw., deren Auftreten und Häufigkeit, Umfang und Intensität gemessen wird.

Ein Beispiel: „Mit einer Mutter wurde ein Interview über ihr Erziehungsverhalten durchgeführt. Die Auswertung der Tonbandabschrift orientierte sich an Dimensionen des Erziehungsverhaltens aus der Erziehungsstilforschung. Jede dieser Dimensionen wurde in Kategorien zerlegt. Schlüsselbegriffe, Beispiele, Prinzipien etc. aus den zu untersuchenden Satzeinheiten des Interviews wurden den Kategorien zugeordnet. Aus dem relativen Vergleich der Kategorienhäufigkeiten zueinander wurde eine vorherrschende Einstellungsdimension zum Erziehungsverhalten erschlossen. Die Gültigkeit des Schlusses kann durch eine kommunikative Validierung überprüft werden, indem man entweder den Interviewpartner zum Ergebnis der Analyse Stellung nehmen läßt oder dessen Einstellung mit dem tatsächlichen Verhalten konfrontiert (Handlungsvalidierung)." (*Krapp, Hofer & Prell* 1982: 69).

Da das grundlegende Textmaterial indessen sehr oft recht umfangreich sein kann, ergeben sich praktische Probleme hinsichtlich der Repräsentativität der Textauswahl (Stichprobenproblem). Ebenso können Fragen in bezug auf die Zuverlässigkeit auftauchen, da bei der Einordnung der Einheiten in Kategorien die Maßstäbe der Untersucher sowohl untereinander wie auch im Zeitverlauf variieren können. Durch die Anwendung statistischer Methoden, insbesondere auch durch den zunehmenden Einsatz von Computern scheint das Problem der Textmasse heute weitgehend gelöst zu sein, während ge-

rade als Vorzug der Inhaltsanalyse immer wieder herausgestellt wird
daß ihre Messungen beliebig oft wiederholt werden können und deshalb subjektive Untersuchungsfehler intersubjektiv relativ einfach
überprüf- und korrigierbar sind. Besondere Schwierigkeiten ergeben
sich bei der Inhaltsanalyse indessen nach wie vor aus dem Problem
ganz bestimmte Elemente des Textverständnisses wie Ironisierung
verfremdete Redeweise, Situations- und Kontextabhängigkeit der
Aussage u.ä. analytisch zu erfassen.

Somit umfaßt das Vorgehen bei der Durchführung einer Inhaltsanalyse nach der theoretischen Vorbereitung im wesentlichen vier
Forschungsschritte:

„*a) Bestimmung von Untersuchungseinheiten*
Was soll untersucht werden: Zeitungen, die Zeitungen einer Region oder einer politischen Richtung, einzelne Rubriken, Radiosendungen, Filme, Werbeplakate, Fernsehsendungen, Parlaments-
debatten oder die Voten einzelner Politiker?

*b) Bestimmung eines geeigneten und systematischen Kategorienrah-
mens*
Was wird gemessen? Wie geschieht dies, was wird als Anzeiger
für die interessierenden theoretischen Größen verwendet (Indi-
katorenbildung).

c) Bestimmung der Stichprobe und der tatsächlichen Zähleinheiten
Welche Textstellen, Zeitungsseiten, Radiosendungen etc. werden
nun tatsächlich untersucht? Wie wird gezählt: vorgegebene Wörter, Wörter allgemein, Fremdwörter, Begriffe, Sätze, grammatikalische Strukturen, Inhalte etc.?

d) Zählen und Verschlüsseln.
Festlegung der Meßoperationen und Zählungsanweisungen.
Durchführung der Zählung. Intersubjektive Überprüfung der Zählung. Auswertung der erhobenen Daten. Anwendung komplexer
(statistischer) Analyseverfahren." (*Zeugin* 1979: 84).

Bei den Forschungsmethoden der Beobachtung (4.3.1) und Befragung (4.3.3) kann das Problem des Einflusses des Beobachters oder
des Interviewers auf die Untersuchungsperson nie vollständig gelöst
werden. Da die Inhaltsanalyse dagegen im Forschungsprozeß keine
Veränderungen beim Forschungsgegenstand auslöst, zählt man sie
auch zu den sogenannten *nicht-reaktiven* Methoden (im Gegensatz
zu den *reaktiven* Techniken wie Beobachtung oder Interview).

Zur vertiefenden und ergänzenden Lektüre

Ralf Lisch & Jürgen Kriz, Grundlagen und Methoden der Inhaltsanalyse. Rowohlt: Reinbek 1978.
Klaus Merten, Inhaltsanalyse. Einführung in Theorie, Methode und Praxis. Westdeutscher Verlag: Opladen 1983.
Alphons Silbermann, Systematische Inhaltsanalyse. In: *René König* (Hrsg.), Handbuch der empirischen Sozialforschung. Band 4: Komplexe Forschungsansätze. S. 253 - 339, mit umfassender Bibliographie. dtv/Enke: München, Stuttgart 1974.

4.3.3 Befragung

Personen darüber systematisch zu befragen, was sie über dies oder jenes denken und meinen, wie sie sich in diesem oder jenem Fall verhalten haben, was sie gewöhnlich tun oder welche Ziele sie in der Zukunft verfolgen, — dies ist heute sicher die Hauptbeschäftigung der praktischen empirischen Sozialforscher, ganz abgesehen von den routinisierten Umfragen der kommerziellen Demoskopie- und Marktforschungsinstitute. Und auch faktisch wird der weitaus größte Teil der Daten, die in der empirischen Sozialforschung verarbeitet werden, mit Hilfe von Umfrage-Techniken erhoben. Kein Wunder also, daß als typisches und gebräuchlichstes Forschungsinstrument zur soziologischen Datenerhebung der Fragebogen gilt und daß Soziologie und Umfragen geradezu gleichgesetzt werden. Imogen *Seger* (1970: 181) meint dazu: „Wie wir uns den Chemiker mit einem Reagenzröhrchen in der Hand vorstellen, den Biologen mit einem Mikroskop, so den Soziologen mit einem langen Fragebogen. Zwar teilt er dieses Instrument und Symbol seiner Arbeit mit einem Teil der Psychologen, zwar benutzt er noch eine ganze Reihe anderer Instrumente, doch hat sich der Fragebogen als charakteristisches (und häufig negativ beurteiltes) Werkzeug soziologischer Forschung im Bewußtsein jener Leute eingenistet, die sich überhaupt für Sozialwissenschaften interessieren."

Wenn nun auch die Befragung die inzwischen am weitesten und am systematischsten entwickelte sozialwissenschaftliche Forschungstechnik darstellt, die überdies sehr vielfältig einsetzbar ist, so ist gerade diese Methode auch einer wachsenden Kritik ausgesetzt. Als besonders diskussionswürdig erweisen sich hierbei folgende Argumente und Einwände:

174

o Durch Befragungen werden nur Aussagen, eventuell auch Einstellungen und Meinungen, nicht aber das tatsächliche Verhalten abgebildet. Es ist insofern schwierig, die Bedeutung von Aussagen, Meinungen oder Einstellungen für das tatsächliche Verhalten abzuschätzen.

o Das übliche Frage- und Antwortspiel von Interview bzw. Fragebogen — oft noch mit vorgegebenen Antworten zur „Auswahl" — kann niemals die ganze Komplexität der sozialen Wirklichkeit, wie sie der Befragte erlebt, erfassen.

o Die Messung von Einstellungen ist oft abhängig von der aktuellen Befragungssituation bzw. der konkreten Interviewerpersönlichkeit. Probleme der Gültigkeit entstehen deshalb u. U. dann, wenn prestigegeladene Fragen gestellt werden, die oft keine sachliche, sondern eine sozial erwünschte Antwort finden.

o Da es — wenigstens in modernen Gesellschaften — keine „einheitliche Sprache mit gleichartigem Stimuluscharakter" (*Scheuch* 1973: 77) gibt und somit das Begriffsverständnis oder die Abstraktionsfähigkeit von der Zugehörigkeit zu einer sozialen Schicht abhängig ist, sind große Befragungen (z. B. von Bevölkerungsquerschnitten) von den Methoden und den Ergebnissen her nicht unproblematisch.

o Schließlich wird zunehmend die eher „politische" Frage nach der Datenverwertung gestellt. Für viele Bürger sind die Verwertungsprozesse von erhobenen Daten nicht mehr durchschaubar. Trotz Datenschutzgesetz und zugesicherter Anonymität wächst die Angst vor „Datenpannen" und unkontrollierbarer „Überprüfung", während gleichzeitig die Auskunftsbereitschaft vieler Bürger entsprechend abnimmt.

Trotz dieser und anderer Bedenken erweisen sich Befragungen als eine Möglichkeit, bestimmte Aspekte und Ausschnitte der komplexen sozialen Wirklichkeit zu untersuchen. Hinzu kommt, daß es in vielen Fällen — nicht zuletzt aus Kostengründen — keine methodische Alternative zur Befragung gibt. Ansonsten werden eigentlich die Schwierigkeiten der Planung und Durchführung von seriösen Befragungen eher unter-, die Aussagekraft der erhobenen Befragungsdaten dagegen eher überschätzt. Insbesondere bei der Interpretation von Befragungsergebnissen und den hierauf gründenden Schlußfolgerungen sind deshalb die vorgenannten einschränkenden Argumente sorgfältig zu berücksichtigen.

Scheuch (1973: 70 f.) definiert die Befragung als „ein planmäßiges Vorgehen mit wissenschaftlicher Zielsetzung, bei dem die Versuchsperson durch eine Reihe gezielter Fragen oder mitgeteilter Stimuli (das können z.B. non-verbale Reize wie die Darbietung von Figuren, Karten oder Bildern sein, H.P.H.) zu verbalen Informationen veranlaßt werden soll". Wie bei den anderen Methoden auch hängt hierbei die formale und inhaltliche Qualität einer Fragebogenerhebung oder eines Interviews entscheidend ab von der Art des Forschungsziels und seiner mittels Indikatoren zu leistenden „Übersetzung" in erfragbare Sachverhalte. Darüber hinaus sind bei der praktischen Anwendung dieser Forschungstechnik folgende Punkte zu klären:

a) Befragungssituation
Je nach Art der Befragungssituation unterscheidet man zunächst die *mündliche* und die *schriftliche* Befragung. Bei der mündlichen Befragung stellt ein Interviewer einer Person oder auch einer zu diesem Zweck zusammengerufenen Gruppe Fragen; die Antworten hierauf werden vom Interviewer in der Regel unmittelbar festgehalten. Bei der schriftlichen Befragung dagegen füllen die Versuchspersonen selbständig, d.h. ohne externe Vermittlungshilfe bzw. Rückfragemöglichkeit, einen Fragebogen aus.

b) Standardisierungsgrad
Die Befragung selbst kann nun mehr oder weniger standardisiert sein. Bei der *standardisierten* Befragung ist der Wortlaut und die Reihenfolge der Fragen eindeutig (und meist schriftlich) festgelegt; „Improvisationen" seitens des Interviewers sind nicht erlaubt. Zwar können die einzelnen Fragen prinzipiell „*offen*" (Antworten können frei formuliert werden) oder „*geschlossen*" (Antwortalternativen sind vorgegeben) sein, doch werden in der Regel bei standardisierten Befragungen aus Gründen der Auswertbarkeit „geschlossene" Fragen bevorzugt.

Die *nicht-standardisierte* (auch „unstrukturiert" oder „ungelenkt" genannte) Befragung ist hingegen nur als „echtes" Interview praktikabel, da hier vollständig auf einen vorbereiteten Fragebogen verzichtet wird. Nur das allgemeine Erkenntnisziel der Befragung ist vorgegeben; der Interviewer kann also hier sensibel den Inhalt wie auch situativ den Verlauf der gesamten Befragung gestalten. Dies stellt indessen besondere Ansprüche an die Interviewer, so daß hierfür nur sehr erfahrene und geschickte Praktiker, die überdies mit dem Forschungsziel und dem theoretischen Bezugsrahmen gut vertraut sein müssen, in Frage kommen. Das nicht-standardisierte Interview hat eine deutliche explorative Funktion, es dient also primär der qualitativen Auslotung eines bislang noch wenig erforschten Problemfeldes.

Eine Mischform der beiden vorgenannten Typen stellt die *halbstandardisierte* Befragung dar, die im wesentlichen mit einem sogenannten *Interviewleitfaden* arbeitet, bei dem der Interviewer die Fragen situativ variieren und auch zusätzliche Sondierungsfragen einbringen kann. Auch hierfür ist ein hohes Qualifikationsniveau des Interviewers die entscheidende Voraussetzung.

c) Einzelbefragung oder Gruppeninterview

Befragungen können je nach Forschungsziel als Einzelbefragung und/oder auch als Gruppeninterview (Gruppendiskussion) durchgeführt werden. Handelt es sich eher um ,,subjektbezogene" Fragestellungen (Einstellungen, Meinungen der Versuchspersonen), wird die Einzelsituation die Regel sein. Handelt es sich dagegen um eine eher ,,objektbezogene" Befragung (z.B. Schüler werden über den Unterrichtsstil eines Lehrers, über das Schulklima oder über die Gestaltung des Pausenhofes befragt), dann ist auch ein halb- oder nicht-standardisiertes Gruppeninterview möglich, das üblicherweise mittels Tonband und/oder Videoaufzeichnung dokumentiert wird.

d) Häufigkeit der Befragung

Neben der *einmaligen* Befragung bestimmter Personen oder Gruppen gibt es noch die Möglichkeit zur sogenannten *Panel-Befragung*. Hier handelt es sich um die Befragung des gleichen Personenkreises in mehr oder weniger gleichmäßigen Abständen zum gleichen Sachverhalt. Dieses Verfahren der Mehrfachbefragung dient insbesondere der Untersuchung von Prozessen der Einstellungs- und Verhaltensänderung, ist aber − da oft wegen unkalkulierbarer ,,Ausfälle" mit einer relativ großen Stichprobe gearbeitet werden muß − ziemlich kostspielig.

e) Fragebogenkonstruktion

Bei der Entscheidung für ein standardisiertes Befragungsverfahren wird die Konstruktion eines Fragebogens notwendig. Hierbei sind einige generelle Grundsätze zu beachten:

− Die Fragen sollen im Hinblick auf den sachlichen Zweck des hypothetischen Hintergrunds möglichst *einfach* formuliert sein. Der Befragte soll sich also, was Begrifflichkeit, Wissensstand, Abstraktionsniveau und Erinnerungsvermögen betrifft, *nicht überfordert* fühlen.

- Die Fragen sollen dementsprechend *eindeutig* sein und *präzise* das erfassen, was abgefragt bzw. gemessen werden soll.
- Schließlich dürfen Fragen *nicht suggestiv* sein, d.h. sie sollten so neutral wie möglich abgefaßt werden.

Neben der bereits oben genannten Möglichkeit, Fragen „offen" oder „geschlossen" zu formulieren, können noch *direkte* oder *indirekte* Frageformen unterschieden werden. Gerade bei „heiklen" Themen werden indirekte Fragen bevorzugt, indem z.B. eine kleine Geschichte erzählt wird, zu der dann „projektiv" Stellung bezogen werden kann. Weitere Probleme der Fragebogenkonstruktion wie die Formulierung der *Einleitungsfrage* als „Eisbrecher", der *Übergangsfragen* zur Erleichterung eines Themenwechsels, der *Ablenkungs- und Pufferfragen* zur Verhinderung unerwünschter Ausstrahlungseffekte bereits angesprochener Themen, der *Filterfragen* zur Ausscheidung bestimmter für den Befragten irrelevanter Fragen oder Fragengruppen oder der *Kontrollfragen* zur Aufdeckung von Widersprüchen bzw. zur Prüfung der Aufrichtigkeit der Antworten können hier nicht im einzelnen besprochen werden. Es wird hier auf die nachfolgende Literaturempfehlung verwiesen.

Zur vertiefenden und ergänzenden Lektüre

Eberhard Erbslöh, Interview. Teubner: Stuttgart 1972.
René König (Hrsg.), Das Interview. Formen, Technik, Auswertung. Praktische Sozialforschung I. Kiepenheuer & Witsch: Köln, Berlin 1962.
Erwin K. Scheuch, Das Interview in der Sozialforschung. In: René *König* (Hrsg.), Handbuch der empirischen Sozialforschung. Band 2: Grundlegende Methoden und Techniken. S. 66 - 190, mit umfassender Bibliographie. dtv/ Enke: München, Stuttgart 1973.

4.3.4 Soziometrie

Als letzte der bekannteren soziologischen Forschungstechniken soll schließlich noch kurz die Soziometrie vorgestellt werden. Hier handelt es sich um eine bereits in den 30er Jahren in den USA von dem österreichischen Arzt und Psychiater Jacob L. *Moreno* ursprünglich für Zwecke der Gruppentherapie entwickelten Methode zur Erfassung und Darstellung der zwischenmenschlichen Beziehungen in einer Gruppe.

Mit Hilfe eines relativ einfach durchführbaren *soziometrischen Tests* sollen die sozialen Wechselbeziehungen zwischen Gruppenmitgliedern über die Kriterien der Zuneigung und Abneigung, der Interaktionspräferenz oder der faktischen Interaktionen gemessen werden. Dies wird dadurch zu erreichen versucht, daß die Gruppenmitglieder gefragt werden, welche anderen Mitglieder der Gruppe sie am meisten mögen oder nicht mögen, als Partner in bestimmten Situationen (z.B. bei der Arbeit, in der Freizeit, im Urlaub) bevorzugen oder ablehnen oder mit wem sie tatsächlich üblicherweise interagieren und kommunizieren und mit wem nicht. Es werden also Wahlakte aller Art erfragt, die sich primär auf die *affektive* („Wen würdest Du als besten Freund ansehen?") oder auf die *funktionale* („Mit wem möchtest Du bei dieser Aufgabe am liebsten zusammenarbeiten?") Ebene der Gruppe beziehen können.

Die Häufigkeit, mit der einzelne Gruppenmitglieder „positive Wahlen" oder „negative Wahlen" (d.h. Ablehnungen) auf sich vereinigen sowie die Einstellungen der Gruppenmitglieder zueinander (z.B. einseitige oder gegenseitige Zuneigung bzw. Ablehnung) können graphisch durch ein sog. *Soziogramm* (vgl. Abb. 13) oder in Matrizenform durch eine *Soziomatrix* dargestellt werden. Derartige Ergebnisse sind als aktuelle Momentaufnahmen der zwischenmenschlichen Beziehungsstrukturen in einer Gruppe oder auch in einem größeren sozialen Zusammenhang zu interpretieren und lassen beispielsweise kooperative Handlungsmuster ebenso wie Spannungsfelder, informelle Führungs- und Herrschaftsstrukturen ebenso wie Cliquenbildung bzw. „graue Eminenzen" ebenso wie isolierte „Mauerblümchen" oder „Sündenböcke" erkennen.

Dabei können soziometrische Erkenntnisse zur Regulierung möglicher oder bereits anderweitig festgestellter Entwicklungstendenzen des jeweiligen sozialen Netzwerks primär personenbezogener Präferenzen und Ablehnungen benutzt werden. So kann beispielsweise der Lehrer den von der Klasse isolierten Kindern zu helfen versuchen bzw. ältere Schüler auch mit dem Soziogramm ihrer Klasse kritisch konfrontieren und damit sozialpädagogisch herausfordern. Oder in betrieblichen Arbeitsgruppen können dem informell Führenden auch formal leitende Aufgaben übertragen werden, man kann ihn bei Personalförderungsprogrammen im Rahmen der betriebsinternen oder externen Weiterbildung berücksichtigen oder ähnliche Maßnahmen treffen.

Soziometrische Analyseverfahren und Anwendungsbereiche sind sehr vielfältig und werden auch laufend weiterentwickelt. So versucht man beispielsweise in der Kommunikationssoziologie über soziometrische Methoden „Meinungsführer" im Bereich von Mode, Politik u.ä. zu ermitteln. Ebenso werden in größeren soziologischen Untersuchungen mittels Soziometrie ganze Netzwerke von sozialen Beziehungen erfaßt (z.B. in der Eliteforschung und in der Gemeindesoziologie). Meist sind jedoch soziometrische Analysen aus technischen Gründen auf relativ kleine Gruppen beschränkt.

Abbildung 13: Beispiel für ein Soziogramm

In einer Gruppe von 8 Studenten wird als Indikator für „Sympathie" die Frage gestellt, wer im Rahmen einer Partnerarbeit mit welchen Studenten zusammenarbeiten möchte. Das Ergebnis ist in folgendem Soziogramm nach *Hofstätter* (1957: 113) dargestellt:

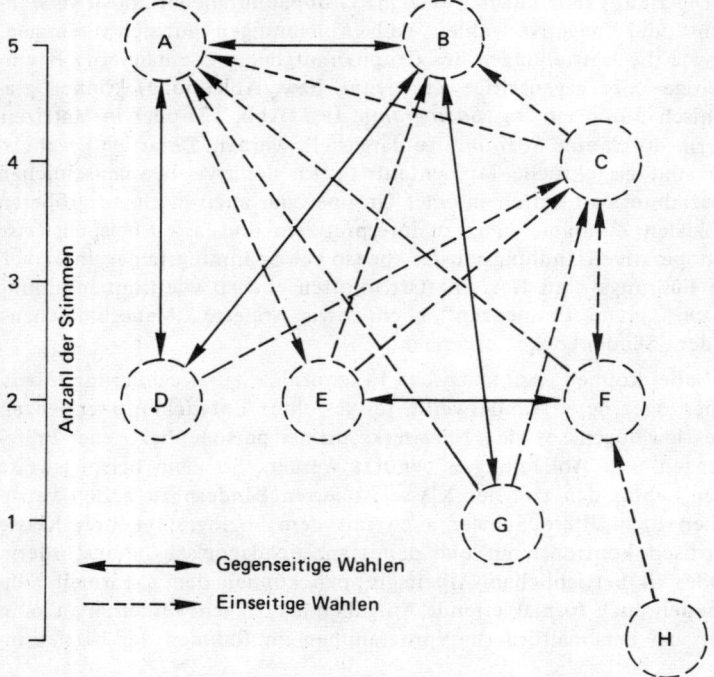

Aus dem nur positive Wahlen abbildenden Soziogramm lassen sich u.a. folgende Positionen bzw. Substrukturen der Gruppenstruktur erkennen: „Führer" (A); „Außenseiter" (H); „Clique" (A, B, D).

(aus Krapp, Hofer & Prell 1982: 146)

Zur vertiefenden und ergänzenden Lektüre

Georges Bastin, Die' soziometrischen Methoden. Huber: Bern, Stuttgart 1967.
Gerhard Brüggen, Möglichkeiten und Grenzen der Soziometrie. Ein Beitrag zur Gruppendynamik der Schulklasse. Luchterhand: Neuwied, Berlin 1974.
Rainer Dollase, Soziometrische Techniken. Techniken der Erfassung und Analyse zwischenmenschlicher Beziehungen in Gruppen. Beltz: Weinheim, Basel 1973.
Hans-Peter Krüger, Soziometrie in der Schule. Verfahren und Ergebnisse zu sozialen Determinanten der Schülerpersönlichkeit. Beltz: Weinheim, Basel 1976.
Jiri Nehnevajsa, Soziometrie. In: *René König* (Hrsg.), Handbuch der empirischen Sozialforschung. Band 2: Grundlegende Techniken und Methoden. S 260 - 299, mit umfassender Bibliographie. dtv/Enke: München, Stuttgart 1973.

Literaturverzeichnis

Adorno. Th.W.. Frenkel-Brunswik. E.. Levinson. D.J. & Sanford, R.N., 1950: The Authoritarian Personality. Studies in Prejudice. Harper: New York.

Alemann, H.v., 1977: Der Forschungsprozeß. Eine Einführung in die Praxis der empirischen Sozialforschung. Teubner: Stuttgart.

Arbeitsgruppe Soziologie, 1978: Denkweisen und Grundbegriffe der Soziologie. Eine Einführung. Campus: Frankfurt/M., New York.

Atteslander, P., 1975: Methoden der empirischen Sozialforschung. de Gruyter: Berlin, New York.

Bales, R.F., 1962: Die Interaktionsanalyse. Ein Beobachtungsverfahren zur Untersuchung kleiner Gruppen. In: *König, R.* (Hg.), Beobachtung und Experiment in der Sozialforschung. 2. Aufl., S. 148 - 167. Kiepenheuer & Witsch: Köln.

Bales, R.F. & Cohen, S.P., 1982: *Symlog*. Ein System für die mehrstufige Beobachtung von Gruppen. Klett-Cotta: Stuttgart.

Barley, D., 1977: Grundzüge und Probleme der Soziologie. Eine Einführung in das Verständnis des menschlichen Zusammenlebens. 8. Aufl. Luchterhand: Neuwied, Darmstadt.

Bastin, G., 1967: Die soziometrischen Methoden. Huber: Bern, Stuttgart.

Behrendt, R.F., 1962: Der Mensch im Licht der Soziologie. Kohlhammer: Stuttgart.

Bellebaum, A., 1972: Soziologische Grundbegriffe. Eine Einführung für soziale Berufe. Kohlhammer: Stuttgart.

Berger, P.L., 1971: Einladung zur Soziologie. Eine humanistische Perspektive. List: München.

Berger, P.L. & Berger, B., 1974: Individuum & Co. Soziologie beginnt beim Nachbarn. DVA: Stuttgart.

Boocock, S.S., 1966: Towards a Sociology of Learning. In: *Sociology of Education*, 39. Jg., S. 1 - 45.

Braun, H. & Hahn, A., 1973: Wissenschaft von der Gesellschaft. Entwicklung und Probleme. Alber: München, Freiburg.

Brüggen, G., 1974: Möglichkeiten und Grenzen der Soziometrie. Ein Beitrag zur Gruppendynamik der Schulklasse. Luchterhand: Neuwied, Berlin.

Burgess, E.W. & Locke, H.J., 1945: The Family. From Institution to Companionship. American Book Company: New York.

Casler, L., 1968: Perceptual Deprivation in Institutional Settings. In: *Newton, G. & Levine. S.* (Hg.), Early Experience and Behavior, S. 573 - 626. Springfield, Ill.

Child, I.L., 1959: Socialisation. In: *Lindzey, G.* (Hg.), Handbook of Social Psychology, Band 2, 3. Aufl. Addison-Wesley: London.

Coser, L.A., 1965: Theorie sozialer Konflikte. Luchterhand: Neuwied, Berlin.

Dahrendorf, R., 1961: Gesellschaft und Freiheit. Piper: München.

Dahrendorf, R., 1964: Homo sociologicus. Ein Versuch zur Geschichte, Bedeutung und Kritik der Kategorie der sozialen Rolle. 4. erw. Auflage. Westdt. Verlag: Köln, Opladen.

Dechmann, B. & Ryffel, Ch., 1981: Soziologie im Alltag. Eine Einführung. Beltz: Weinheim, Basel.

Deichsel, A., 1982: Soziologie. Eine Einführung. Bertelsmann: Gütersloh.

Djilas, M., 1963: Die neue Klasse. Eine Analyse des kommunistischen Systems. Kindler: München.

Dollase, R., 1973: Soziometrische Techniken. Techniken der Erfassung und Analyse zwischenmenschlicher Beziehungen in Gruppen. Beltz: Weinheim, Basel.

Dreitzel, H.P., 1972: Die gesellschaftlichen Leiden und das Leiden an der Gesellschaft. Vorstudien zu einer Pathologie des Rollenverhaltens. Enke: Stuttgart.

Duden, 1976 - 1981: Das große Wörterbuch der deutschen Sprache. 6 Bände. Bibliographisches Institut: Mannheim, Wien, Zürich.

Durkheim, E., 1961: Die Regeln der soziologischen Methode. Luchterhand Neuwied.

Durkheim, E., 1973: Der Selbstmord. Luchterhand: Berlin, Neuwied.

Eisermann, G., 1973: Geschichte der Soziologie. In: Ders. (Hg.), Die Lehre von der Gesellschaft. Ein Lehrbuch der Soziologie. 2. Aufl., S. 1 - 54. Enke Stuttgart.

Erbslöh, E., 1972: Interview. Teubner: Stuttgart.

Fend, H., 1972: Sozialisierung und Erziehung. Eine Einführung in die Sozialisationsforschung. 5. Aufl. Beltz: Weinheim.

Fichter, J.H., 1970: Grundbegriffe der Soziologie. 3. Aufl. Springer: Wien, New York.

Fischer, A., Fischer, R.Ch., Fuchs, W. & Zinnecker, J., 1982: Jugend '81. Lebensentwürfe, Alltagskulturen, Zukunftsbilder. (Studie im Auftrag des Jugendwerks der Deutschen Shell). Leske + Budrich: Opladen.

Fischer, A. & Lang, M. (Red.), 1983: Näherungsversuche. Jugend '81. Eine Studie, eine Tagung, Reaktionen. Leske + Budrich: Opladen.

Frey, H.P., 1974: Theorie der Sozialisation. Integration von system- und rollentheoretischen Aussagen in einem mikrosoziologischen Ansatz. Enke Stuttgart.

Friedrichs, J., 1973: Methoden empirischer Sozialforschung. Rowohlt: Reinbek.

Fürstenberg, F., 1971: Soziologie. Hauptfragen und Grundbegriffe. de Gruyter: Berlin, New York.

Gehlen, A. (Hg.), 1961: Anthropologische Forschung. Rowohlt: Hamburg.

Goffmann, E., 1973 a: Asyle. Über die soziale Situation psychiatrischer Patienten und anderer Insassen. Suhrkamp: Frankfurt/Main.

Goffmann, E., 1973 b: Interaktion: Spaß am Spiel. Rollendistanz. Piper: München.

Goslin, D.A. (Hg.), 1969: Handbook of Socialisation Theory and Research. Rand McNally: Chicago.

Gouldner, A.W., 1960: The Norm of Reciprocity. A Preliminary Statement. In: *American Sociological Review*, 25. Jg.; S. 161 - 178.

Gouldner, A.W., 1967: Enter Plato. Classical Greece and the Origins of Social Theory. London.

Gouldner, A.W., 1974: Die westliche Soziologie in der Krise. Rowohlt: Reinbek.

Grieswelle, D., 1974: Allgemeine Soziologie. Gegenstand, Grundbegriffe und

Methoden der Soziologie. Kohlhammer: Stuttgart, Berlin, Köln, Mainz.

Grümer, K.W., 1974: Beobachtung. Teubner: Stuttgart.

Habermas, J., 1968: Thesen zur Theorie der Sozialisation. Stichworte und Literatur zur Vorlesung im Sommersemester 1968. o.O.

Hartfiel, G., 1973: Einführung in Hauptprobleme der pädagogischen Soziologie. In: *Hartfiel, G. & Holm, K.* (Hg.), Bildung und Erziehung in der Industriegesellschaft. Pädagogische Soziologie in Problemübersichten und Forschungsberichten. S. 9 - 61. Westdt. Verlag: Opladen.

Hartmann, H., 1972: Empirische Sozialforschung. Probleme und Entwicklungen. 2. Aufl. Juventa: München.

Hassenstein, B., 1975: Bedingungen für die Sozialisation des Kindes in der Sicht der Verhaltensbiologie. In: *Neidhardt, F.* (Hg.), Frühkindliche Sozialisation. Theorien und Analysen. S. 76 - 113. Enke: Stuttgart.

Haug, F., 1972: Kritik der Rollentheorie und ihrer Anwendung in der bürgerlichen deutschen Soziologie. Fischer: Frankfurt/M.

Hazard, P., 1935: La crise de la conscience européenne. Paris.

Henecka, H.P., 1978: Schule als institutionelle Organisation und soziales Interaktionssystem. In: *Henecka, H.P. & Wöhler, K.*, Schulsoziologie. Eine Einführung in Funktionen, Strukturen und Prozesse schulischer Erziehung. S. 73 ff. Kohlhammer: Stutgart, Berlin, Köln, Mainz.

Henecka, H.P., 1980: Grundkurs Erziehungssoziologie. Soziologie und pädagogisches Handeln. Herder: Freiburg, Basel, Wien.

Hofstätter, P.R., 1957: Gruppendynamik. Rowohlt: Hamburg.

Holm, K., 1970: Der Intra-Rollenkonflikt des Werkmeisters. In: *Claessens, D.*, Rolle und Macht. 2. Aufl. S. 78 - 89. Juventa: München.

Homans, G.C., 1965: Theorie der sozialen Gruppe. 2. Aufl. Westdt. Verlag: Köln, Opladen.

Hopper, E. & Weyman, A., 1977: Große Gruppen aus soziologischer Sicht. In: *Kreeger, L.* (Hg.). Die Großgruppe. S. 154 - 183. Klett: Stuttgart.

Hurrelmann, K., 1976: Gesellschaft, Sozialisation und Lebenslauf. Zum theoretischen Stand der sozialwissenschaftlichen Sozialisationsforschung. In: *Ders.* (Hg.), Sozialisation und Lebenslauf. Empirie und Methodik sozialwissenschaftlicher Persönlichkeitsforschung. S. 15 - 33. Rowohlt: Reinbek.

Jager, H. de & Mok, A.L., 1972: Grundlegung der Soziologie. Bachem: Köln.

Jonas, F., 1968: Geschichte der Soziologie, Band I - IV. Rowohlt: Reinbek.

Kerlinger, F.N., 1975: Grundlagen der Sozialwissenschaften. Band 1. Beltz: Weinheim, Basel.

Klages, H., 1972: Geschichte der Soziologie. 2. Aufl. Juventa: München.

Klose, P., 1971: Das Rollenkonzept als Untersuchungsansatz für die Berufssituation des Lehrers. In: *Kölner Zeitschrift für Soziologie und Sozialpsychologie*, 23. Jg., S. 78 - 97.

Kob, J., 1976: Soziologische Theorie der Erziehung. Kohlhammer: Stuttgart.

König, R., 1955: Soziologie der Familie. In: *Gehlen, A. & Schelsky, H.*, (Hg.), Soziologie. Lehr- und Handbuch zur modernen Gesellschaftskunde. 3. Aufl., S. 121 - 158. Diederichs: Düsseldorf, Köln.

König, R., (Hg.), 1962 a: Das Interview. Formen, Technik, Auswertung. 3. Aufl. Kiepenheuer & Witsch: Köln, Berlin.

König, R. (Hg.), 1962 b: Beobachtung und Experiment in der Sozialforschung. 2. Aufl. Kiepenheuer & Witsch: Köln.

Krapp, A., Hofer, M. & Prell, S., 1982: Forschungs-Wörterbuch. Grundbegriffe zur Lektüre wissenschaftlicher Texte. Urban & Schwarzenberg: München, Wien, Baltimore.

Krappmann, L., 1975: Soziologische Dimensionen der Identität. Strukturelle Bedingungen für die Teilnahme an Interaktionsprozessen. 4. Aufl. Klett: Stuttgart.

Krüger, H.P., 1976: Soziometrie in der Schule. Verfahren und Ergebnisse zu sozialen Determinanten der Schülerpersönlichkeit. Beltz: Weinheim, Basel.

Landmann, M., 1961: Der Mensch als Schöpfer und Geschöpf der Kultur. Geschichts- und Sozialanthropologie. Reinhardt: München, Basel.

Lehr, U., 1975: Die Bedeutung der Familie im Sozialisationsprozeß unter besonderer Berücksichtigung psychologischer Aspekte familiärer Grenzsituationen. (= Schriftenreihe des BMJFG, Band 5). Kohlhammer: Stuttgart, Berlin, Köln, Mainz.

Lepenies, W., 1981: Geschichte der Soziologie. Studien zur kognitiven, sozialen und historischen Identität einer Disziplin. Suhrkamp: Frankfurt/M.

Lexikon zur Soziologie, 1978: hgg. v. *Fuchs, W., Klima, R., Lautmann, R., Rammstedt, O. & Wienold, H.,* 2. verb. u. erw. Aufl. Westdt. Verlag: Opladen.

Lindesmith, A.R. & Strauss A.L., 1974: Symbolische Bedingungen der Sozialisation. Eine Sozialpsychologie. Teil 1.Schwann: Düsseldorf.

Linton, R., 1974: Gesellschaft, Kultur und Individuum. Interdisziplinäre sozialwissenschaftliche Grundbegriffe. Fischer: Frankfurt/Main.

Lisch, R. & Kriz, J., 1978: Grundlagen und Modelle der Inhaltsanalyse. Rowohlt: Reinbek.

Luhmann, N., 1974: Soziologie als Theorie sozialer Systeme. In: *Ders.,* Soziologische Aufklärung. Aufsätze zur Theorie sozialer Systeme. Band 1. 4. Auflage. Westdt. Verlag: Opladen.

Malson, L., Itard, U. & Mannoni, O., 1974: Die wilden Kinder. Suhrkamp: Frankfurt/Main.

McCall, G. & Simmons, J.L., 1974: Identität und Interaktion. Untersuchungen über zwischenmenschliche Beziehungen im Alltagsleben. Schwann: Düsseldorf.

McClelland, D.L., 1966: Die Leistungsgesellschaft. Psychologische Analyse der Voraussetzungen wirtschaftlicher Entwicklung. Kohlhammer: Stuttgart.

Mead, G.H., 1973: Geist, Identität und Gesellschaft aus der Sicht des Sozialbehaviorismus. Suhrkamp: Frankfurt/Main.

Mead, M., 1970: Jugend und Sexualität in primitiven Gesellschaften. Band 3: Geschlecht und Temperament in drei primitiven Gesellschaften. dtv: München.

Merten, K., 1983: Inhaltsanalyse. Einführung in Theorie, Methode und Praxis. Westdt. Verlag: Opladen.

Merton, R.K., 1973: Der Rollen-Set. Probleme der soziologischen Theorie. In: *Hartmann, H.* (Hg.), Moderne amerikanische Soziologie. Neuere Beiträge zur soziologischen Theorie. 2. Aufl., S. 316 - 333. Enke/dtv: Stuttgart, München. chen.

Moore, W.E., 1968: Strukturwandel der Gesellschaft. 2. Aufl. Juventa: München.

Mühlmann, W.E., 1962: Homo Creator. Abhandlungen zur Soziologie, Anthropologie und Ethnologie. Harrassowitz: Wiesbaden.

Müller, H., 1977: Sozialisation und Individualität. Kösel: München.

Obiditsch, F., o.J.: Grundzüge der Soziologie. AKAD: o.O.

Parsons, T., 1960: Pattern Variables Revisited. In: *American Sociological Review*, XXV, S. 482 ff.

Parsons, T., 1964: The Social System. Free Press/Collier-Macmillan: London.

Parsons, T., 1976: Zur Theorie sozialer Systeme, hgg. v. *Jensen, St.*, Westdt. Verlag: Opladen.

Parsons, T. & Bales, R.F., 1955: Family, Socialisation and Interaction Process, 4. Aufl. Free Press: Glencoe, Ill.

Parsons, T. & Shils, E. (Hg.), 1951: Toward a General Theory of Action. Theoretical Foundations for the Social Sciences. Harper & Row: New York.

Pearlin, L.I. et al., 1967/68: Unintended effects of parental aspirations: the case of children's cheating. In: *American Journal of Sociology*, 73. Jg., S. 73 ff.

Popper, K.R., 1963: Conjectures and Refutations. The Growth of Scientific Knowledge. London.

Popper, K.R., 1975: Die offene Gesellschaft und ihre Feinde. I: Der Zauber Platons. II: Falsche Propheten. Hegel, Marx und die Folgen. Francke: München.

Portmann, A., 1969: Biologische Fragmente zu einer Lehre vom Menschen. 3. Aufl. Schwabe: Basel, Stuttgart.

Ritter, R., 1973: Grundfragen der Soziologie. Eine Einführung für Religionslehrer und praktische Theologen. Benziger: Köln, Zürich, Einsiedeln.

Ross, E.A., 1905: Foundations of Sociology. New York.

Rüegg, W., 1969: Soziologie. Fischer: Frankfurt/Main.

Rüschemeyer, D., 1964: Einleitung, in: *Ders.* (Hg.), Talcott Parsons. Beiträge zur soziologischen Theorie. Luchterhand: Neuwied, Berlin.

Schelsky, H., 1963: Die skeptische Generation. Eine Soziologie der deutschen Jugend. Diederichs: Düsseldorf, Köln.

Scheuch, E.K., 1973: Das Interview in der Sozialforschung. In: *König, R.* (Hg.), Handbuch der empirischen Sozialforschung. Band 2, S. 66 - 190. dtv-Thieme: München, Stuttgart.

Scheuch, E.K. & Kutsch, Th., 1972: Grundbegriffe der Soziologie. Band 1: Grundlegung und elementare Phänomene. Teubner: Stuttgart.

Schmalohr, E., 1975: „Mutter"-Entbehrung in der Frühsozialisation. In: *Neidhardt, F.* (Hg.), Frühkindliche Sozialisation. Theorien und Analysen. S. 188 - 229. Enke: Stuttgart.

Schneider, H.D., 1975: Kleingruppenforschung. Teubner: Stuttgart.

Schoeck, H., 1974: Geschichte der Soziologie. Ursprung und Aufstieg der Wissenschaft von der menschlichen Gesellschaft. Herder: Freiburg/Brsg.

Schrader, A., 1973: Einführung in die empirische Sozialforschung. Ein Leitfaden für die Planung, Durchführung und Bewertung von nicht-experimentellen Forschungsprojekten. 2. Aufl. Kohlhammer: Stuttgart, Berlin, Köln, Mainz.

Seger, I., 1970: Knaurs Buch der modernen Soziologie. Droemer/Knaur: München, Zürich.

Shils, E., 1975: Geschichte der Soziologie: Tradition, Ökologie und Institutionalisierung. In: *Parsons, T., Shils, E. & Lazarsfeld, P.F.*, Soziologie – autobiographisch. Drei kritische Berichte zur Entwicklung einer Wissenschaft. S. 69 - 146. dtv/Enke: München, Stuttgart.

Silbermann, A., 1974: Systematische Inhaltsanalyse. In: *König, R.* (Hg.), Handbuch der empirischen Sozialforschung. Band 4, S. 253 - 339. dtv/Thieme München, Stuttgart.

Simmel, G., 1968: Soziologie. Untersuchungen über die Formen der Vergesellschaftung. 5. Auflage (1. Aufl. 1908). Duncker & Humblot: Berlin.

Singh, J.A.L., 1964: Die „Wolfskinder" von Midnapore. Quelle & Meyer: Heidelberg.

Spitz, R., 1974: Vom Säugling zum Kleinkind. 4. Aufl. Klett: Stuttgart.

Strauss, A., 1969: Einleitung. In: *Mead, G.H.*, Sozialpsychologie. Luchterhand: Neuwied, Berlin.

Stromberger, P. & Teichert, W., 1978: Einführung in soziologisches Denken. Beltz: Weinheim, Basel.

Tenbruck, F.H., 1967: Über soziale Gebilde. In: *Kadelbach, G.* (Hg.), Wissenschaft und Gesellschaft. (= Funk-Kolleg zum Verständnis der modernen Gesellschaft). S. 293 - 320. Fischer: Frankfurt/M.

Tönnies, F., 1963: Gemeinschaft und Gesellschaft. (zuerst 1887, Wiederabdruck der 8. Aufl. von 1935). Darmstadt.

Turner, R.H., 1962: Role-Taking. Process vs. Conformity. In: *Rose, A.M.* (Hg.), Human Behavior and Social Process. S. 20 - 40. Routledge & Kegan, P.: London.

Vierkandt, A. 1928: Gesellschaftslehre. Stuttgart..

Watzlawick, P., Beavin, J.H. & Jackson, D.D., 1974: Menschliche Kommunikation. Formen, Störungen, Paradoxien. 4. Aufl. Huber: Bern, Stuttgart, Wien.

Weber, M., 1956: Soziologie, Weltgeschichtliche Analysen, Politik. Kröner: Stuttgart.

Weber, M., 1960: Soziologische Grundbegriffe. Mohr (Siebeck): Tübingen.

Wersig, G., 1968: Inhaltsanalyse. Einführung in ihre Systematik und Literatur. Berlin.

Wiese, L. v., 1954: Soziologie. Geschichte und Hauptprobleme. 5. Aufl. de Gruyter: Berlin.

Wilson, Th.P., 1973: Theorien der Interaktion und Modelle soziologischer Erklärung. In: *Arbeitsgruppe Bielefelder Soziologen* (Hg.), Alltagswissen, Interaktion und gesellschaftliche Wirklichkeit. S. 54 - 79. Rowohlt: Reinbek.

Wössner, J., 1972: Soziologie. Einführung und Grundlegung. 4. Aufl. Böhlau: Wien, Köln, Graz.

Wurzbacher, G., 1977: Die Familie unter den Aspekten eines lebenslangen Sozialisationsprozesses des Menschen. Hypothesen, Fragestellungen, Folgerungen. In: *Ders.* (Hg.), Die Familie als Sozialisationsfaktor. 2. Aufl., S. 1 - 32. Enke: Stuttgart.

Zeugin, P., 1979: Soziologie. Ihre wichtigsten Begriffe und Forschungstechniken. Kohlhammer: Stuttgart.

Personenregister

Adorno, Th.W. 151
Aichhorn, A. 160
Alemann, H.v. 147, 154
Argyle, M. 75
Aristoteles 33f.
Aron, R. 39, 43, 48, 49, 50
Atteslander, P. 147

Bahrdt, H.P. 59
Baldwin, J. 54
Bales, R.F. 93, 167ff.
Barley, D. 44
Bastin, G. 181
Becker, H.S. 91
Behrendt, R.F. 32
Bellebaum, A. 24, 59, 63, 65, 88, 114, 118, 127
Bennett, I. 160
Berger, B. 11, 14, 58
Berger, P.L. 5, 11, 14, 15, 18, 19, 55ff., 70, 104
Bernsdorf, W. 40, 49, 110
Boocock, S.S. 124
Bossard, J.H.S. 160
Bovet, M. 160
Bowlby, J. 59, 160
Braun, H. 24, 32, 99
Brauneck, A.E. 160
Brüggen, G. 181
Burgess, E.W. 57
Burisch, W. 119

Casler, L. 59
Child, I.L. 67
Claessens, D. 83, 160
Cohen, P.S. 137
Cohen, St.P. 167, 169f.
Comte, A. 21f., 37ff., 43f., 51
Condorcet, M.J.A.N. de 36, 38
Cook, St.W. 149, 156, 159, 171
Cooley, Ch.H. 115, 125
Coser, L.A. 90, 138
Crouch, C. 40

Dahme, H.J. 48
Dahrendorf, R. 40, 55, 60, 80, 83, 93, 96, 110, 113, 127, 132ff., 137f., 143, 144

Darwin, Ch. 40
Deichsel, A. 21
Deutsch, M. 149, 156, 159, 171
Dilthey, W. 54
Djilas, M. 20
Dollase, R. 181
Dreitzel, H.P. 86, 99ff.
Dührssen, A. 160
Durkheim, E. 22f., 45f., 50f., 64, 91, 92, 143f.

Eisermann, G. 34, 49
Elias, N. 32, 37
Engels, F. 41
Erbslöh, E. 178
Erikson, E.H. 160

Faßler, M. 55
Fend, H. 66
Ferguson, A. 35
Ferrarotti, F. 49
Fichte, J.G. 109
Fichter, J.H. 111
Fischer, A. 157
Fischer, R.Ch. 157
Frey, H.P. 94, 96
Friedrichs, J. 146ff., 157, 159
Fuchs, W. 157

Gehlen, A. 67
Geissler, R. 96
Giddings, F.H. 34
Ginsberg, M. 113
Goffman, E. 96, 99, 105
Goldfarb, W. 59
Goode, W.J. 88, 160
Goslin, D.A. 74
Gouldner, A.W. 96
Grieswelle, D. 51, 131, 132, 144
Grümer, K.W. 171
Gumplowicz, L. 35, 54

Habermas, J. 95, 101f., 132
Hahn, A. 32, 99
Hartfiel, G. 23, 24, 65, 95, 127
Hartmann, H. 83, 88, 150
Hassenstein, B. 59
Hazard, P. 35

Sachregister

Abweichendes Verhalten 63 f., 83, 88 ff., 94 f.
Aggregat, soziales 39, 111 ff.
–, Definitionsmerkmale 111
–, Haupttypen 111 f.
AGIL-Schema 128 f.
Agrargesellschaft 126, 128
Agrarwirtschaft 36
Aktionsforschung 164
Alltag(s) 60 ff., 102 f., 107
– erfahrung 5, 12 f., 31, 85
– theorie 145
– welt 19
– wissen 16 f., 66
Ambiguitätstoleranz 104
Analysedimension 27 f.
Anomie 64, 144
Anpassung 128, 138
Antagonismus, sozialer 42
→ Konflikt, sozialer
Arbeitsteilung 33, 39, 50
Arbeitszerlegung 36
Aufklärung 37 f.
Auftragsforschung 158 f.

Befragung(s) 152, 173, 174 ff.
–, Definition 176
–, Standardisierungsgrad 176 f.
– technik 176 f.
Begriff 142 f., 160
–, deskriptiver 151
–, theoretischer 151
Begründungszusammenhang 147, 149 ff., 157, 160 ff.
Beobachtung(s) 32, 35, 45, 142, 173
– methoden 166 f.
–, systematische 152, 165 ff.
Bewußtsein 41
–, kollektives 50
Bezugsgruppe 81, 82, 85, 87, 91
Bezugsperson 81, 82, 87
Brauch 49, 61, 68

case-study 152
Chancengleichheit 24
Consensus 55, 133
– theorie 132 f.

content analysis 171
→ Inhaltsanalyse
Darwinismus 40
Datenanalyse 154 f., 161
Datenerhebung 154, 165 ff.
Dateninterpretation 155 ff., 161 f., 175
Definition 143
–, operationale 151
Deprivation 59
Desintegration 133
Dreistadiengesetz 38
Dyade 121 f.

Ehe 57, 62
Einzelbefragung 177
Elite 33, 46
Empathie 104
Empirie 34
Entdeckungszusammenhang 147 ff., 159 f.
Erbanlagen 53, 57
Erkenntnisinteresse 18, 30 f., 142
Erziehung 66 f.
Ethnologie 22, 62, 68 f.
Etikettierungsansatz 89 f.
Evolution, soziale 39
Experiment 45, 152

face-to-face-relations 115, 122
Faktor, sozialer 22 f.
Fallstudie 152
Falsifizierbarkeit 141
Familie 62 f., 72, 74, 78, 109, 115
–, Reproduktionsfunktion 129
–, „sozialer Mutterschoß" 58
Feldphase 154
folkways 62
Forschungsprozeß 147
Fortschritt, sozialer 37, 40, 41, 44, 110
Frage, soziale 20, 45 f.
Fragebogen 174, 176
– konstruktion 177 f.
Frustrations-Aggressions-Hypothese 85
Funktion 128 ff., 134
Funktionalität 133

UTB FÜR WISSEN SCHAFT

Fachbereich Soziologie

316 Hauser: Bevölkerungsprobleme
der Dritten Welt
(Haupt). 1974. DM 19,80

359 Tews: Soziologie des Alterns
(Quelle & Meyer). 3. Aufl. 1979.
DM 26,80

372 Holm (Hrsg.): Die Befragung 1
(Francke). 2. Aufl. 1982. DM 19,80

435/436 Holm (Hrsg.):
Die Befragung 5/6
(Francke). 1977/1979. DM 17,80/22,80

472/473 Popper: Die offene Gesellschaft und ihre Feinde 1/2
(Francke). 6. Aufl. 1980. Je DM 18,80

517 Weiß: Max Webers Grundlegung der Soziologie
(K. G. Saur). 1975. DM 18,80

541 Weber: Soziologische Grund-
begriffe
(J. C. B. Mohr). 5. Aufl. 1981.
DM 7,80

574 Kreckel: Soziologisches Denken
(Leske). 3. Aufl. 1982. DM 19,80

667 Rousseau: Politische Schriften 1
(Schöningh). 1977. DM 17,80

740 Lamnek: Theorien abweichenden Verhaltens
(W. Fink). 2. Aufl. 1983. DM 22,80

765 Mayntz: Soziologie der öffent-
lichen Verwaltung
(C. F. Müller). 2. Aufl. 1982.
DM 19,80

832 Filser: Einführung in die
Familiensoziologie
(Schöningh). 1978. DM 19,80

884 Buß/Schöps: Kompendium für
das wissenschaftliche Arbeiten
in der Soziologie
(Quelle & Meyer). 1979. DM 15,80

996 Schäfers (Hrsg.): Einführung
in die Gruppensoziologie
(Quelle & Meyer). 1980. DM 25,80

997 Hach: Gesellschaft und Religion
in der Bundesrepublik Deutschland
(Quelle & Meyer). 1980. DM 18,80

1040 Kromrey: Empirische Sozialforschung
(Leske). 1980. DM 24,80

1102 Emge: Soziologie des Familien-
haushalts
(Schöningh). 1981. DM 17,80

1131 Schäfers: Soziologie des
Jugendalters
(Leske). 1982. DM 19,80

1161 Willke: Systemtheorie
(Gustav Fischer). 1982. DM 16,80

1164 Hauser: Bevölkerungslehre
(Haupt). 1982. DM 29,80

1167 Vilmar/Kißler: Arbeitswelt
(Leske). 1982. DM 19,80

1198 Denz: Analyse latenter
Strukturen
(Francke). 1982. DM 11,80

1217 Filser: Einführung in die
Kriminalsoziologie
(Schöningh). 1983. DM 26,80

Preisänderungen vorbehalten.

Uni-Taschenbücher.
Wissenschaftliche Taschenbücher
für alle Fachbereiche.
Diese Anzeige enthält nur einen
Teil unseres Programms.
Das UTB-Gesamtverzeichnis erhal-
ten Sie vom Buchhändler oder von
UTB 7000 Stuttgart 80
Postfach 801 124.